Kohlhammer

Der Autor

Dr. rer. nat. Christian Rupp ist Psychologe und Psychologischer Psychotherapeut mit Fachkunde Verhaltenstherapie. Als solcher ist er niedergelassen in eigener Praxis mit vollem Versorgungsauftrag in einer ländlichen Region Schleswig-Holsteins. Auf seinem Blog »psycholography« verfasst er seit 2013 Artikel zu psychologischen und psychotherapeutischen Themen für interessierte Laien.

Christian Rupp

Blackbox Psychotherapie

Von Irrtümern, Missständen und Lösungsansätzen

Verlag W. Kohlhammer

Dieses Werk einschließlich aller seiner Teile ist urheberrechtlich geschützt. Jede Verwendung außerhalb der engen Grenzen des Urheberrechts ist ohne Zustimmung des Verlags unzulässig und strafbar. Das gilt insbesondere für Vervielfältigungen, Übersetzungen und für die Einspeicherung und Verarbeitung in elektronischen Systemen.

Pharmakologische Daten verändern sich ständig. Verlag und Autoren tragen dafür Sorge, dass alle gemachten Angaben dem derzeitigen Wissensstand entsprechen. Eine Haftung hierfür kann jedoch nicht übernommen werden. Es empfiehlt sich, die Angaben anhand des Beipackzettels und der entsprechenden Fachinformationen zu überprüfen. Aufgrund der Auswahl häufig angewendeter Arzneimittel besteht kein Anspruch auf Vollständigkeit.

Die Wiedergabe von Warenbezeichnungen, Handelsnamen und sonstigen Kennzeichen berechtigt nicht zu der Annahme, dass diese frei benutzt werden dürfen. Vielmehr kann es sich auch dann um eingetragene Warenzeichen oder sonstige geschützte Kennzeichen handeln, wenn sie nicht eigens als solche gekennzeichnet sind.

Es konnten nicht alle Rechtsinhaber von Abbildungen ermittelt werden. Sollte dem Verlag gegenüber der Nachweis der Rechtsinhaberschaft geführt werden, wird das branchenübliche Honorar nachträglich gezahlt.

Dieses Werk enthält Hinweise/Links zu externen Websites Dritter, auf deren Inhalt der Verlag keinen Einfluss hat und die der Haftung der jeweiligen Seitenanbieter oder -betreiber unterliegen. Zum Zeitpunkt der Verlinkung wurden die externen Websites auf mögliche Rechtsverstöße überprüft und dabei keine Rechtsverletzung festgestellt. Ohne konkrete Hinweise auf eine solche Rechtsverletzung ist eine permanente inhaltliche Kontrolle der verlinkten Seiten nicht zumutbar. Sollten jedoch Rechtsverletzungen bekannt werden, werden die betroffenen externen Links soweit möglich unverzüglich entfernt.

1. Auflage 2024

Alle Rechte vorbehalten
© W. Kohlhammer GmbH, Stuttgart
Gesamtherstellung: W. Kohlhammer GmbH, Stuttgart

Umschlagabbildung: kichigin19 – stock.adobe.com

Print:
ISBN 978-3-17-043244-4

E-Book-Formate:
pdf: ISBN 978-3-17-043245-1
epub: ISBN 978-3-17-043246-8

Abkürzungsverzeichnis

AP	Analytische Psychotherapie (Richtlinienverfahren)
ÄP	Ärztliche:r Psychotherapeut:in
BGB	Bürgerliches Gesetzbuch
BPtK	Bundespsychotherapeutenkammer
et al.	Lat. »et alii«, wissenschaftliche Schreibweise für »und andere (Autor:innen)«
G-BA	Gemeinsamer Bundesausschuss
GdB	Grad der Behinderung
GKV	Gesetzliche Krankenversicherung
GT	Gesprächspsychotherapie (nach Rogers)
HeilprG	Heilpraktikergesetz
IRRT	Imagery Rescripting and Reprocessing (traumatherapeutische Methode)
KBV	Kassenärztliche Bundesvereinigung
KJP	Kinder- und Jugendlichenpsychotherapeut:in
KT	Kognitive Therapie
KV (Pl. KVen)	Kassenärztliche Vereinigung(en)
KVT	Kognitive Verhaltenstherapie
MDK	Medizinischer Dienst der Krankenkassen
o. D.	Wissenschaftliche Schreibweise für »ohne Datum«
PKV	Private Krankenversicherung
PP	Psychologische:r Psychotherapeut:in
PsychThG	Psychotherapeutengesetz

Abkürzungsverzeichnis

SGB V	Fünftes Sozialgesetzbuch
ST	Systemische Therapie (Richtlinienverfahren)
StGB	Strafgesetzbuch
TI	Telematikinfrastruktur
TP	Tiefenpsychologisch fundierte Psychotherapie (Richtlinienverfahren)
TSS (Pl. TSSen)	Terminservicestelle(n)
vdek	Verband der Ersatzkassen
VT	Verhaltenstherapie (Richtlinienverfahren)
WBP	Wissenschaftlicher Beirat Psychotherapie

Inhalt

Abkürzungsverzeichnis		5
Vorwort		9
1	Warum Menschen, die zur Psychotherapie gehen, nicht »bekloppt« sind	13
2	»Ich hab' ne Überweisung zum Psychologen«: Was an diesem Satz falsch ist und was sich wirklich hinter den verschiedenen Berufsbezeichnungen verbirgt	18

Was ist ein Heilberuf?	19
Ist »Heilpraktiker« ein Heilberuf?	21
Was sind und tun denn jetzt eigentlich Psychologen?	24
Die drei Arten von Psychotherapeuten	26
Was sich an den psychotherapeutischen Berufen in Zukunft ändert	33
Was wiederum ist nun ein Psychiater?	36
Doktor = Arzt? Die Sache mit dem Doktortitel	36
Nicht Arzt, aber Facharzt	38
Weitere Berufsbezeichnungen auf dem »Psycho-Markt«	38

3	Von Couch bis Schaumstoffhammer: Was in einer Psychotherapie wirklich passiert	43

Die Psychoanalyse und ihre Töchter	46
Gesprächspsychotherapie nach Rogers	53
Verhaltenstherapie	56
Systemische Therapie	62
Die Sache mit den Wirksamkeitsnachweisen bei Psychotherapie	65
Blick über den Tellerrand: Eine Betrachtung jenseits der Unterschiede	74

Inhalt

4	**Verbote, Pflichten und Gebote: Über das komplizierte Regelwerk der Psychotherapie und die Frage, für wen sie gedacht ist und für wen nicht**	**89**

Von der Anfrage bis zum Therapiebeginn: Der lange Weg zur Behandlung 91
Die strengen Vorgaben von Berufsordnung und Co.: Von der Aufklärungs- bis zur Dokumentationspflicht 102
Warum Psychotherapie nicht für jeden gedacht ist: Das Wirtschaftlichkeitsgebot und die Bedeutung der Diagnose 112
Die Befugnisse von Psychotherapeutinnen: Was dürfen sie und was nicht? 118

5	**Faule Psychotherapeuten oder Versagen der Gesundheitspolitik? Eine Analyse zu den Ursachen der langen Wartezeiten und der schlechten Versorgungslage**	**122**

Die Perle des deutschen Gesundheitssystems: Die Bedarfsplanung 129
Der Faulheits-Vorwurf: Machen Psychotherapeuten ihre Arbeit nicht? 133
Die (Schein-)Lösungen der Gesundheitspolitik 152
Lösungsansätze »innerhalb« des aktuellen Systems: Man kann es besser machen 170
Lösungssätze »außerhalb« des aktuellen Systems: Mehr Gesundheit statt Krankheit 179

6	**Zwischen Heimlichkeit, Hassobjekt und Heiligkeit: Ein Blick auf Licht und Schatten in meinem Beruf**	**192**

Die Schattenseiten: Vieles hat gar nichts mit Patientinnen zu tun 192
Die hellen Seiten: Was diesen Beruf besser macht als viele andere 203

Vorwort

Liebe Leserin, lieber Leser,

es freut mich, dass Sie sich offenbar für dieses Buch interessieren, und bedanke mich für Ihre Neugier. Ich denke, dass dieses Buch für Sie eine Vielzahl an interessanten Informationen, Erkenntnissen und Antworten bereithalten wird, ganz gleich ob Sie selbst Laie, angehende Psychotherapeutin, schon praktizierender Psychotherapeut, Ärztin oder Mitglied eines anderen Gesundheitsberufs oder aber ein Mensch sind, der entweder schon einmal eine Psychotherapie gemacht hat oder der künftig diesen Schritt gehen möchte. Mein Anspruch ist, dass dieses Buch für all diese Zielgruppen aufschlussreich und zugleich verständlich sein soll. Je nachdem zu welcher Gruppe Sie gehören, werden unterschiedliche Kapitel für Sie am interessantesten sein.

Den Anlass für dieses Buch stellte der Umstand dar, dass ich sowohl im privaten Umfeld als auch bei meiner täglichen Arbeit als niedergelassener Psychotherapeut in einem kleinen Dorf im Zentrum Schleswig-Holsteins immer und immer wieder mit denselben Fehlannahmen, Irrtümern und falschen Vorstellungen über meinen Beruf konfrontiert werde und in mir der Wunsch wuchs, in gut verständlicher Sprache darüber aufzuklären, wie dieser Beruf tatsächlich funktioniert – und Ihnen somit einen Einblick in die »Blackbox« zu gewähren, deren Inneres der Öffentlichkeit meist verborgen bleibt. Das bedeutet, Sie erfahren in diesem Buch als allererstes, warum Menschen, die zur Psychotherapie gehen, alles andere als »bekloppt« sind, um danach zu lernen, warum ein Hausarzt Ihnen keine Überweisung zu einer Psychologin ausstellen kann, was der Unterschied zwischen Psychologe, Psychiater und Psychotherapeut ist und was für eine Rolle in diesem Sammelsurium Heilpraktikerinnen zukommt.

Anschließend führe ich Sie durch die verschiedenen Formen von Psychotherapie, erkläre Ihnen, warum Psychotherapie selten auf einer Couch stattfindet, und beschreibe, welche Antworten die Wissenschaft auf die Frage gibt, ob, warum und wodurch Psychotherapie eigentlich wirkt. In Kapitel 4 widme ich mich dann den zahlreichen Regeln und Geboten, an die Psychotherapeuten sich zu halten haben, und erkläre Ihnen, warum Psychotherapie, wenn man diese Prinzipien ernst nimmt, entgegen der landläufigen Annahme bei Weitem nicht für alle Menschen gedacht ist, denen es schlecht geht. Weiter geht es dann mit einem heißen Eisen: Im ausführlichsten Kapitel setze ich mich mit

Vorwort

der kontroversen Frage auseinander, warum die Versorgungslage im Bereich der Psychotherapie in Deutschland so schlecht ist und die Wartezeiten so lang sind, gebe eine möglichst faire und differenzierte Antwort auf die Frage, wer oder was dafür verantwortlich ist, und schlage selbst mögliche Lösungen für die Misere vor. Im letzten Kapitel lasse ich Sie dann noch an der Innensicht eines Psychotherapeuten auf seinen Beruf teilhaben und erzähle Ihnen ehrlich und transparent, was den Beruf häufig anstrengend und frustrierend macht (Disclaimer: Die Patienten sind es überwiegend nicht!) – um Ihnen dann aber auch die Vorzüge des Berufs zu beschreiben und Ihnen zu erklären, warum ich keinen anderen Beruf ausüben wollen würde.

Was Sie erwartet, ist eine Fülle von Informationen, die hier und da mit einer Portion Humor, einer Dosis Selbstironie und manchmal auch mit einer Prise Sarkasmus angereichert sind, da ich der festen Auffassung bin, dass man Wissen am besten so vermittelt, dass der Leser auch schmunzeln darf, u. a. weil der Autor sich selbst nicht zu ernst nimmt. Was Sie derweil nicht erwartet, sind Abbildungen und Tabellen, wobei ich mich umso mehr einer anschaulichen Sprache bemüht habe, die diese auch überflüssig macht. Wo Inhalte nicht nur meinem über die Jahre gesammelten oder aus Gesprächen mit Experten gezogenen und für Sie zusammengefassten Wissen entspringen, erwarten Sie hingegen nach jedem Kapitel nach Themen gruppierte Quellenverzeichnisse, da es mir wichtig war, Sie tatsächlich in die Lage zu versetzen, bei Interesse selbst nachzulesen, wo ich die präsentierten Daten und Informationen hergenommen habe. Um Platz für die wirklich wichtigen Informationen zu schaffen, habe ich mich derweil entschieden, viel mit Abkürzungen für immer wiederkehrende Bandwurmvokabeln zu arbeiten. Damit Sie sich diese nicht das gesamte Buch über merken müssen, finden Sie ganz vorne im Buch auch ein Abkürzungsverzeichnis zum Nachschlagen.

Mein Ziel ist somit, Sie alle als Lesende zu informieren, aufzuklären und klarzustellen, was klargestellt werden muss. Falls Sie selbst eine Psychotherapie machen möchten, ist es mein Ziel, dass Sie dies in einem mündigen und aufgeklärten Zustand tun können. Falls Sie angehende Psychotherapeutin sind, möchte ich, dass Sie einen realistischen Eindruck Ihres künftigen Berufs erhalten, der etwas repräsentativer ist als die Käseglocke, die Sie in einer typischen Ausbildungsambulanz kennenlernen. Und falls Sie Angehörige eines anderen Gesundheitsberufs sind, ist mein Bestreben, dass Sie meinen Beruf besser verstehen und Patientinnen gezielter eine Psychotherapie empfehlen (oder es noch gezielter *unterlassen*) können. In letzterem Fall möchte ich Sie allerdings auch vorwarnen, dass es für Sie, falls Sie Ärztin oder schon lange praktizierender Psychotherapeut sind, in diesem Buch sowohl Stellen geben wird, an denen Sie sich auf den Schlips getreten fühlen könnten, als auch solche, an denen ich Sie verteidige und Partei für Sie ergreife. Ich denke, die Ausgewogenheit wird spätestens dann deutlich, wenn Sie bis zum Ende lesen. Wie es einer differenzierten Betrachtungsweise innewohnt, tut sie manchmal weh, ist aber unter dem Strich ausgewogen und so nah an der Wahrheit dran wie nur möglich. Um letzteres geht es mir – nicht darum, irgendwen zu verletzen oder bloßzustellen.

Die Frage des Genderns hat mich derweil nicht nur allgemein, sondern speziell auch deshalb beschäftigt, weil der überwiegende Teil der psychotherapeutisch Tätigen in Deutschland Frauen sind. Daher verbat es sich aus meiner Sicht, das generische Maskulinum zu verwenden. Da eine Form des Genderns mit Sternchen, Doppelpunkt oder Binnen-I jedoch gravierend zulasten der Lesbarkeit gegangen wäre, haben der Verlag und ich uns für die Lösung entschieden, jeweils über ein gesamtes Kapitel hinweg entweder das generische Femininum (Kapitel 1, 3, 4 und 6) oder das generische Maskulinum (Kapitel 2 und 5) zu verwenden. Die Doppelpunkt-Variante findet sich aus praktischen Gründen lediglich im Abkürzungsverzeichnis. Grundsätzlich gilt selbstverständlich, dass jeweils immer *alle* Menschen gemeint sind, egal welchem Geschlecht oder welcher Stelle zwischen den binären Geschlechtern sie sich zuordnen. Und nun wünsche ich Ihnen viel Freude beim Lesen!

1 Warum Menschen, die zur Psychotherapie gehen, nicht »bekloppt« sind

Als Psychotherapeut, dessen Praxis sich in einem 800-Seelen-Dorf auf halbem Weg zwischen Nord- und Ostsee im ländlichen Schleswig-Holstein befindet, bin ich durchaus hier und da noch mit der Fehlannahme konfrontiert, zum Psychotherapeuten gingen nur »Bekloppte«, wenngleich ich sehr viel seltener hiermit konfrontiert bin, als ich erwartete, als ich im Jahr 2018 Nordrhein-Westfalen verließ und meine Praxis als »Landpsychotherapeut« eröffnete. Jedoch existiert diese Annahme immer noch in den Köpfen vieler Personen, und natürlich führt diese Annahme zu einer Stigmatisierung von Menschen, die mich oder meine Kolleginnen aufsuchen. Warum diese Annahme eine Fehlannahme ist und was dies mit der These zu tun hat, dass meine Kolleginnen und ich eigentlich die Falschen behandeln, werde ich in diesem ersten kurzen Kapitel beschreiben.

Es bietet sich bei diesem Punkt an, mit einer Statistik zur Häufigkeit psychischer Störungen einzusteigen, die klassischerweise von Laien massiv unterschätzt wird. Tatsächlich ist es so, dass nach einer repräsentativen, methodisch gut gemachten Untersuchung (Jacobi et al., 2004) in Deutschland 42 von 100 Menschen im Laufe ihres Lebens irgendeine psychische Störung entwickeln (man spricht hierbei von der so genannten »Lebenszeitprävalenz«). Mit am häufigsten vertreten sind dabei depressive Störungen, woran rund 17 % der Deutschen zwischen dem 18. und 65. Lebensjahr irgendwann mindestens einmal erkranken. Zum Vergleich: Einen Herzinfarkt erleiden in einem ähnlichen Zeitraum durchschnittlich 4,7 % der Menschen (Gößwald et al., 2013) und einen Schlaganfall 2,9 % (Busch et al., 2013). Wahrscheinlich gehen Sie beim Lesen jetzt auch im Kopf ihren Bekanntenkreis durch und kommen zu dem Ergebnis, dass das nicht sein kann, weil »die doch alle ganz normal sind«. Hiermit liegen Sie leider falsch, und zwar aus zwei Gründen, die miteinander verbunden sind: Erstens, weil man psychische Störungen den meisten Menschen nicht anmerkt, und zweitens, weil im privaten Umfeld noch zu wenige Menschen hiervon (sowie davon, dass sie eine Behandlung beginnen) *erzählen*.

Diese beiden Gründe sind deshalb miteinander verbunden, weil der Grund für das Nicht-Anmerken und das Nicht-Erzählen in der Regel derselbe ist: Scham. Scham, die bedingt ist durch eben solche gesellschaftlichen Stigmata wie »Nur Bekloppte gehen zur Psychotherapie« – und die dazu führt, dass Menschen sich verstellen, eine »fröhliche Maske« aufsetzen und somit gar nicht erst den Verdacht aufkommen lassen, dass sie vielleicht unter Depressionen oder übermäßigen Ängsten leiden. Bei den meisten Betroffenen sind diese Gedanken ihrerseits verbunden mit der Fehlannahme, ihr Problem sei sehr selten und sie mit diesem somit allein, weil ja auch »alle anderen total normal« wirken und anscheinend mühelos mit dem Leben klarkommen. In der Folge begeben sich diese Menschen dann nicht oder »nur heimlich« in Behandlung. Dieses Handeln im Geheimen wiederum verstärkt, dass Menschen mit psychischen Störungen nicht sichtbar werden und sich an der verbreiteten Annahme, sie seien selten, nichts ändert. Wie Sie erkennen (auch ohne Abbildung): ein klassischer Teufelskreis.

Nun lohnt es sich aber natürlich auch, sich zu fragen, was denn nun eigentlich mit »bekloppt« gemeint sein soll. Wenn ich Menschen dies frage (sowohl solche, die bei mir eine Behandlung suchen, als auch jene in meinem privaten Umfeld), kommen meist zunächst weitere Adjektive wie »gaga«, »nicht mehr ganz dicht« und »verrückt« als Antwort. Wenn ich dann weiter nachfrage, inwieweit eine »verrückte« Person denn anders als eine »normale« sei, kommt entweder gar nichts mehr – oder es werden nach längerem Nachdenken bestimmte Verhaltensweisen genannt. Mir gegenüber wurden hier u. a. scheinbar grundloses Schreien, ein »komischer Blick«, das »Reden von wirrem Zeug«, »seltsame Bewegungen«, »unheimliche Zuckungen« oder das Erzeugen von unangenehmen Geräuschen genannt. All das gibt es sicherlich im breiten Spektrum psychischer Störungen, jedoch eher in Bereichen wie den psychotischen Erkrankungen, vor allem der Schizophrenie, den verschiedenen Arten von Demenz oder, allgemein gesagt, als Folge von Hirnschädigungen jeglicher Art. Menschen mit solchen Problematiken wird man jedoch in der Regel nicht in einer psychotherapeutischen Praxis antreffen, weil Psychotherapie hierfür überwiegend nicht das Behandlungsverfahren der ersten Wahl, sondern höchstens begleitend zu anderen Behandlungsformen sinnvoll ist, wenngleich es in den letzten Jahrzehnten viele Bemühungen gab, psychotherapeutische Verfahren für diese Menschen anzupassen. Eher wird man Betroffene mit einer dieser Problematiken jedoch bei einer Neurologin oder Psychiaterin antreffen. Zudem benötigen sie meist noch weitergehende Behandlung und praktische Alltagsunterstützung, z. B. in Form von Soziotherapie, Ergotherapie oder ambulanter psychiatrischer Pflege.

1 Warum Menschen, die zur Psychotherapie gehen, nicht »bekloppt« sind

In einer psychotherapeutischen Praxis wiederum überwiegen sehr deutlich Behandlungsanlässe, die man den Betroffenen von Natur aus kaum anmerken *kann* – so, wie Sie auch nicht bei jemandem, den Sie auf der Straße treffen, sagen können, ob er Nierensteine hat. Das ist deshalb so, weil die psychischen Funktionen, die es erfordert, sich »nach außen hin unter Kontrolle zu haben«, bei diesen Menschen meist noch gut funktionieren – und dennoch haben sie ein behandlungsbedürftiges Problem (mehr dazu, was das bedeutet, in ▶ Kap. 4). Störungsbilder, die bei mir wie auch in den meisten anderen psychotherapeutischen Praxen den größten Anteil ausmachen, sind leichte bis mittelgradige depressive Episoden, Belastungsreaktionen, Angststörungen und somatoforme Störungen. Objektive, deutschlandweite Daten, die dies bestätigen, finden sich z. B. bei Böker und Hentschel (2023, S. 104, Grafik 1). All jenen Störungsbildern ist gemeinsam, dass man sie von außen nicht einfach so *sieht*, sondern man die Betroffenen genau *fragen* muss, um die Diagnose stellen zu können.

An dieser Stelle möchte ich jedoch noch einen weiteren Aspekt ergänzen und dabei den Titel des Buchs von Manfred Lütz aus dem Jahr 2011 aufgreifen, der bereits die Kernthese aufstellt, dass wir im Bereich der Psychiatrie und Psychotherapie eigentlich »die Falschen behandeln«. Ich gebe Herrn Lütz insofern Recht, als ich es tagtäglich (wenngleich nicht ausschließlich) erlebe, dass eben nicht die Person vor mir sitzt, die das »primäre« Problem hat, sondern die Person, die zum *Opfer* ersterer Person geworden ist. Dies gilt insbesondere für die Angehörigen von Menschen mit Suchterkrankungen oder mit schweren (z. B. narzisstischen oder histrionischen) Persönlichkeitsstörungen, denen oft eine Einsicht dahingehend, dass *sie* ein Problem haben (und nicht ihr Umfeld) fehlt, und die infolgedessen durch ihr Verhalten ihrem Umfeld bewusst oder unbewusst Schaden zufügen, z. B. durch Abwertung, Missachtung oder emotionale Manipulation. Ein bisschen zugespitzt bedeutet das: An mich wendet sich in der Regel nicht der alkoholabhängige Ehemann, der betrunken seine Frau schlägt, sondern die co-abhängige Ehefrau, die nicht mehr weiterweiß, und es kommt auch eher nicht die histrionisch persönlichkeitsgestörte Mutter zur Therapie, sondern deren Tochter, die sich aus einer hochgradig ungesunden Abhängigkeitsbeziehung zu ihrer Mutter lösen möchte. Diese Beispiele beinhalten in der Tat zugespitzte Stereotype. Diese Stereotype sind jedoch real. Natürlich haben die »Opfer« in diesen Beispielen auch teilweise ihren eigenen Anteil am Geschehen, z. B. weil sie es zu lange zulassen, so behandelt zu werden, aber ich denke, es ist offensichtlich, wo jeweils das ursächliche Problem liegt. Genau wie Lütz sehe auch ich es daher so, dass unser »Problem« in der Gesellschaft nicht diejenigen sind, die sich psychotherapeutische oder psychiatrische Hilfe *suchen*. Im Gegenteil: Diese

Menschen sind in der Regel sehr reflektiert, haben ein Problembewusstsein, sind (da sie entgegen einem Stigma handeln müssen) ziemlich *mutig* und übernehmen dadurch *Verantwortung* für sich und andere. All diese Aspekte unterscheiden diese Menschen von jenen, die uns gesellschaftlich wirklich Sorgen bereiten sollten: Menschen, oft ohne *diagnostizierte* Störung, die keine Verantwortung für ihr Leben und Handeln übernehmen, in der Vorstellung leben, dass ihr Umfeld an allem schuld ist, dadurch nicht selten tiefen Hass entwickeln und deshalb u. a. anfällig für Gewaltdelikte und Radikalisierung jeglicher Couleur werden – mit all den Folgen, die wir leider kennenlernen mussten. Jetzt werden Sie verstehen, warum ich z. B. vor einiger Zeit sehr beeindruckt und auch berührt von einer Person war, die eben diese Einsicht aufwies und im Erstgespräch das Therapieziel formulierte, »kein Arschloch mehr« sein zu wollen. Davor würde ich meinen Hut ziehen, wenn ich einen trüge.

Sollten Sie also demnächst wieder einmal jemanden in eine psychotherapeutische Praxis gehen sehen, so sollten Sie sich bewusst machen, dass dieser Mensch nicht »bekloppt« ist, sondern Verantwortung übernimmt und mutiger ist als die meisten anderen. Übrigens hat es einen Grund, warum ich bei meiner Landpsychotherapeuten-Praxis nie darauf aus war, einen versteckten Praxiseingang in irgendeinem Hinterhof zu haben, wo die Menschen, die zu mir kommen, »nicht so gesehen werden«. Der Grund ist derselbe wie der, aus dem ich im letzten Jahr einer Patientin widersprochen habe, die sich wünschte, dass ich ihr einen Brief mit Unterlagen ohne Absenderangaben schicke, und er ergibt sich aus dem oben beschriebenen Teufelskreis. Wenn ich einen versteckten Hinterhofeingang hätte und den Absender auf Briefen weglassen würde, würde ich jenen Teufelskreis nur weiter befeuern, weil ich erstens dadurch vermitteln würde, dass man sich zu schämen hat, wenn man zum Psychotherapeuten geht, und zweitens dazu beitragen würde, dass Menschen mit psychotherapeutischem Anliegen weiter ungesehen bleiben und sich dadurch die Fehlannahme zementiert, psychische Störungen seien »selten« (denken Sie an die 42 %). Beides würde gewaltig dem entgegenstehen, was mein erklärtes Ziel ist, nämlich den Besuch bei mir genauso »normal« zu machen wie den bei der Zahnärztin, Gastroenterologin, der Fußpflege oder der Physiotherapie. Und es würde auch dem Ziel widersprechen, das ich mit genau diesem Buch verfolge – nämlich anschaulich und verständlich zu beschreiben, wie das Innere der »Blackbox« Psychotherapie ausschaut. Fangen wir also damit an, wie Sie sich im Irrgarten der Berufsbezeichnungen auf dem Gesundheitsmarkt zurechtfinden und widmen uns der Frage, warum eine Hausärztin Sie nicht zur einer Psychologin überweisen kann.

Literatur

Böker, U. & Hentschel, G. (2023). Ambulante psychotherapeutische Versorgung: Hohe Krankheitslast – bedarfsgerechte Versorgung. *Deutsches Ärzteblatt für Psychologische Psychotherapeuten und Kinder- und Jugendlichenpsychotherapeuten, 22*(3) 103–106.

Busch, M. A., Schienkiewitz, A., Nowossadeck, E. & Gößwald, A. (2013). Prävalenz des Schlaganfalls bei Erwachsenen im Alter von 40 bis 79 Jahren in Deutschland. *Bundesgesundheitsblatt-Gesundheitsforschung-Gesundheitsschutz, 5*(56), 656–660.

Gößwald, A., Schienkiewitz, A., Nowossadeck, E. & Busch, M. A. (2013). Prävalenz von Herzinfarkt und koronarer Herzkrankheit bei Erwachsenen im Alter von 40 bis 79 Jahren in Deutschland. *Bundesgesundheitsblatt-Gesundheitsforschung-Gesundheitsschutz, 5*, 650–655.

Jacobi, F., Wittchen, H. U., Hölting, C., Höfler, M., Pfister, H., Müller, N. & Lieb, R. (2004). Prevalence, co-morbidity and correlates of mental disorders in the general population: results from the German Health Interview and Examination Survey (GHS). *Psychological medicine, 34*(4), 597–611.

Lütz, M. (2011). *Irre! Wir behandeln die Falschen: Unser Problem sind die Normalen.* Goldmann Verlag.

2 »Ich hab' ne Überweisung zum Psychologen«: Was an diesem Satz falsch ist und was sich wirklich hinter den verschiedenen Berufsbezeichnungen verbirgt

Nachdem wir uns im ersten Kapitel mit dem großen Stigma der Psychotherapie beschäftigt haben, tauchen wir nun in den Dschungel der verschiedenen Berufsbezeichnungen ein, die (das muss man zugeben) in meinem Fachgebiet stets für viel Verwirrung sorgen, aber deswegen eben auch zu Fehlvermittlungen, falschen Hoffnungen oder sogar zu Behandlungsfehlern führen. Als Aufhänger für diesen Teil habe ich im Titel bereits den mir beinahe täglich begegnenden Satz von Patienten gewählt, die sich mit der Aussage in meiner Praxis melden, sie hätten, in der Regel vom Hausarzt, eine »Überweisung zum Psychologen« bekommen. Da mir tatsächlich schon von Patienten durch Ärzte ausgefüllte Überweisungen überreicht wurden, auf denen im Feld für die Fachrichtung »Psychologe« oder sogar »Psychologie« stand, ist es mir wichtig zu beschreiben, warum das absolut falsch ist.

Zum einen benötigen Patienten, um einen Psychotherapeuten aufzusuchen, gar keine Überweisung (das war einmal so, wurde aber vor rund 10 Jahren abgeschafft). Doch der wichtige Punkt ist ein anderer. Überweisungen erfolgen im Gesundheitssystem nur zwischen Angehörigen akademischer Heilberufe, und zwar (im Bereich der Humanmedizin) in der Regel von einem weniger spezialisierten Arzt (z.B. einem als Hausarzt tätigen Facharzt für Allgemeinmedizin) zu einem spezialisierteren Facharzt, z.B. einem Gastroenterologen, einem Neurologen – oder einem Psychotherapeuten. Nun könnte man meinen, die Sache sei eigentlich ganz einfach, weil Psychotherapeuten Ärzte sind und deshalb nicht »Psychologe« auf der Überweisung stehen darf. Dies wäre aber falsch, und leider ist es bei Weitem nicht so einfach, sondern in der Tat ziemlich kompliziert. Aber ich führe Sie dadurch, keine Sorge – ich muss nur leider ein bisschen weiter ausholen, um die Sache wirklich verständlich zu machen. Am Ende werden Sie aber wissen, warum »Psychologe« kein Heilberuf ist, »Psychotherapeut« aber schon, warum die meisten Psychotherapeuten auch Psychologen sind (manchmal aber auch Ärzte), und warum Psychotherapeuten zwar meist keine Ärzte sind, aber zu den Fachärzten zählen. Zu Genüge verwirrt? Gut, also los geht's.

Was ist ein Heilberuf?

Zum Einstieg möchte ich zunächst kurz beschreiben, was es mit den so genannten Heilberufen auf sich hat. Da es sich hier um nationale Gesetzgebung handelt, gilt das Folgende nur für die Bundesrepublik Deutschland (BRD); in anderen Ländern sind diese Unterscheidungen teilweise völlig anders geregelt. Nun zur Sache.

Artikel 74 Absatz 1 Nummer 19 des Grundgesetzes besagt, dass der Bund die Zulassung zu den Heilberufen regeln darf. D.h., es gibt eine ganze Reihe von Heilberufen, deren Verwendung als Berufsbezeichnung rechtlich geschützt ist und die staatlich geregelt werden, was im Allgemeinen bedeutet, dass die Ausbildung in diesen Berufen hinsichtlich der Ausbildungsinhalte und der staatlichen Prüfung (Staatsexamen) gesetzlich *festgelegt* und vor allem *einheitlich* ist. Es gibt in der Regel klar formulierte Zugangsvoraussetzungen, Prüfungsordnungen und zuständige Aufsichtsinstanzen. Bei Ärzten gibt es als Selbstverwaltungsorgan, das u.a. eine Aufsichtsfunktion erfüllt, z.B. die jeweiligen Landesärztekammern, an die man sich wenden kann, wenn man als Patient eine (sachlich begründete) Beschwerde gegen einen Arzt vorbringen möchte. Diese von Bundesgesetzen geregelten Heilberufe werden dementsprechend »Geregelte Berufe« genannt und teilen sich grob in zwei Gruppen ein: die akademischen Heilberufe und die nicht-akademischen Heilberufe. Erstere umfassen sechs Berufe, die alle ein Universitätsstudium als Basis erfordern:

1) Ärzte,
2) Apotheker,
3) Kinder- und Jugendlichenpsychotherapeuten (KJP),
4) Psychologische Psychotherapeuten (PP),
5) Tierärzte und
6) Zahnärzte.

Angehörigen dieser sechs Berufe ist gemeinsam, dass sie über eine *Approbation* verfügen, d.h. über die staatliche Zulassung zur eigenständigen Ausübung der Heilkunde, die allerdings auf bestimmte Gebiete beschränkt sein kann (z.B. bei

Tierärzten auf die Behandlung von Tieren, bei Psychotherapeuten auf die Behandlung psychischer Erkrankungen). Wer sich jetzt schon fragt, wie die Ausbildung zu den psychotherapeutischen Berufen (PP und KJP) aussieht, muss nicht mehr lange warten – das werde ich auch noch in diesem Kapitel beschreiben.

Zunächst komme ich jedoch zu den nicht-akademischen *geregelten* Heilberufen, die auch als *Heilhilfsberufe* oder, zeitgemäßer und weniger abschätzig, *Gesundheitsfachberufe* bezeichnet werden. Zu dieser Gruppe zählen sehr viel mehr Berufe. Die Gemeinsamkeiten bestehen darin, dass alle ebenso gesetzlich geregelt sind wie die akademischen Heilberufe, man jedoch kein Hochschulstudium zu deren Ausübung benötigt. Allgemein gilt, dass die Leistungen *aller* geregelten Heilberufe, egal ob akademisch oder nicht, im Gegensatz zu den nicht geregelten Heilberufen in der Regel von den gesetzlichen Krankenkassen übernommen werden. Typischerweise handelt es sich bei den Gesundheitsfachberufen um Ausbildungsberufe, die jedoch zahlreiche Fort- und Weiterbildungsmöglichkeiten beinhalten. Beispiele für diese Berufe sind u. a. alle Pflegeberufe, der Beruf des Notfallsanitäters, des Ergotherapeuten, des Logopäden, des Physiotherapeuten und des medizinisch-technischen Angestellten. Das Nicht-Verfügen über eine Approbation bedeutet allerdings, dass die Angehörigen dieser Berufe nach offizieller Lesart in der Regel keine *eigenständigen* Heilbehandlungen durchführen und auch keine *Diagnosen stellen* dürfen. Eine teilweise Ausnahme hiervon ist der Notfallsanitäter, dem die Durchführung invasiver Maßnahmen bei bestehender Lebensgefahr des Patienten erlaubt ist, solange noch kein Notarzt vor Ort ist. Das ist der Grund dafür, dass man als Psychotherapeut oder Arzt den Patienten z.B. nicht zur Ergotherapie *überweist* (wir erinnern uns: Das geht nur zwischen den Berufen mit Approbation), sondern ihm eine *Verordnung* erstellt. Das Verständnis dahinter ist also hierarchisch geprägt und bedeutet: Der Arzt oder Psychotherapeut ordnet an, und der Angehörige des Gesundheitsfachberufs setzt die Verordnung um. Das ist übrigens der Grund, warum es z.B. beim Physiotherapeuten so oft Probleme gibt: Wenn der Arzt das Falsche in die Verordnung schreibt, darf der Physiotherapeut bestimmte Behandlungen am Patienten offiziell nicht durchführen.

Ist »Heilpraktiker« ein Heilberuf?

Vielleicht ist es Ihnen aufgefallen, dass ich einen Beruf bisher nicht erwähnt habe, und zwar den des Heilpraktikers. Dabei ist es unerheblich, ob es sich um die Bezeichnung »Heilpraktiker« oder z. B. die Unterform »Heilpraktiker für Psychotherapie« (früher auch »kleiner Heilpraktiker« genannt) handelt. Beim Heilpraktikerberuf handelt es sich um keinen auf die oben beschriebene Weise *geregelten Heilberuf* (weder akademisch noch nicht-akademisch), d. h. es gibt *keine* einheitlich geregelte Ausbildung und auch kein Staatsexamen. Ebenso gibt es, anders als in der Medizin und der Psychotherapie, keine enge Verzahnung mit der empirischen Wissenschaft und keine Repräsentation an Universitäten. Zwar gibt es thematisch verwandte Studiengänge an privaten Hochschulen, wie z. B. das »Fernstudium Naturheilkunde und komplementäre Heilverfahren« an der Fernhochschule Diploma, das mit einem Bachelor of Science abschließt, jedoch darf dies nicht mit einem Studium verwechselt werden, das zur Qualifikation als Heilpraktiker *führt*, wie dies bei geregelten akademischen Heilberufen der Fall wäre.

Die Basis des Heilpraktikerberufs, den es außerhalb von Deutschland kaum gibt, ist das Heilpraktikergesetz (HeilprG) aus dem Jahr 1939, das ursprünglich als »Aussterbegesetz« konzipiert war und mit dem lediglich das Ziel verfolgt wurde, für einen vorübergehenden Zeitraum eine Quasi-Legitimation für die Ausübung von Heilkunde durch Nicht-Ärzte zu schaffen, nachdem in Deutschland bis zu diesem Zeitpunkt die sogenannte *Kurierfreiheit* gegolten hatte, die im Grunde bedeutete, dass jeder Mensch sich völlig unabhängig vom Vorliegen einer bestimmten Ausbildung oder Qualifikation heilkundlich betätigen konnte. Ursprünglich war in § 4 des HeilprG sogar deswegen geregelt, dass die Ausbildung von Nachwuchs verboten ist. Auf diese Hintergründe stößt man in den damaligen Begründungen der nationalsozialistischen Reichsregierung, die im »Reichs- und Staatsanzeiger« vom 28. Februar 1939 veröffentlicht wurden (zitiert nach Scholz, 2019). Was man dem HeilprG somit zugutehalten kann, ist also, dass es eigentlich dem Bestreben entsprungen ist, die Kurierfreiheit zu beenden und Heilberufe staatlich zu regeln, wenngleich vielerorts auch angeführt wird, dass es dem Hitler-Regime darum ging, den Mangel an Ärzten zu kompensieren, nachdem jüdischen Ärzten ihre Approbation entzogen worden war (Scholz, 2019). Wie Scholz ebenfalls beschreibt, ist der Umstand, dass das HeilprG bis heute existiert, es sehr wohl Nachwuchs gibt und der Beruf alles andere als ausgestorben ist, u. a. auf Konflikte mit Teilen des neuen Grundgesetzes der BRD zurückzuführen. Sehr detailliert beschreibt zudem auch Stock (2021) die Verfassungswidrigkeiten vonÄnderungen am HeilprG und den dazugehörigen Durchführungsverordnungen, die in Summe zum Ergebnis haben, dass das Gesetz bis heute in Kraft ist.

Bitte machen Sie sich jedoch klar: Dieses Gesetz regelt *keine* Prüfungsinhalte oder Qualitätsstandards, wie es die Gesetze für die geregelten Heilberufe, z.B. das Psychotherapeutengesetz (PsychThG) aus dem Jahr 1999, tun. Als wesentliche Voraussetzungen, um die Erlaubnis zur Ausübung der Heilkunde erteilt zu bekommen, werden in der ersten Durchführungsverordnung zum Heilpraktikergesetz (§ 2 HeilprGDV 1) aus dem Jahr 1939 ein Mindestalter von 25 Jahren, ein Volksschulabschluss, die gesundheitliche Eignung, die »sittliche Zuverlässigkeit« (sprich, keine Vorstrafen) sowie der sichere Ausschluss dessen festgelegt, »dass die Ausübung der Heilkunde durch den Betreffenden eine Gefahr für die Gesundheit der Bevölkerung« darstellt. Mit anderen Worten bedeutete die damalige Regelung: Wenn man davon ausgehen kann, dass der Heilpraktiker zumindest keinen Schaden anrichtet, darf er loslegen, aber Qualifikationen oder eine bestandene Prüfung muss er nicht vorweisen. Die Durchführungsverordnungen zum HeilprG wurden seit 1939 (zum Glück) überarbeitet, jedoch kocht hier jedes Bundesland sein eigenes Süppchen. Im Literaturverzeichnis zu diesem Kapitel finden Sie beispielhaft die Durchführungsverordnung des Bundeslands Bayern aus dem Jahr 2010, in der unter Punkt 3.2 die Voraussetzungen aus dem Jahr 1939 in die Neuzeit übersetzt, aber nicht wesentlich verändert wurden: Geburtsurkunde, Lebenslauf, mindestens ein Hauptschulabschluss, behördliches Führungszeugnis, ärztliches Zeugnis bzgl. gesundheitlicher Eignung und eine Erklärung des Antragsstellers, dass gegen ihn kein Strafverfahren läuft – mehr bedarf es nicht zur Antragsstellung bei der zuständigen Kreisverwaltungsbehörde. Punkt 4 der bayerischen Durchführungsverordnung regelt die Prüfung, bestehend aus einem mündlichen und einem schriftlichen Teil, in der Kenntnisse von Anatomie über Krankheitslehre bis hin zu Injektionstechniken und Untersuchungsverfahren abgefragt werden. Machen Sie sich hierbei nur bitte klar: *Wie* die Prüfungskandidaten sich dieses Wissen angeeignet haben, ist dabei egal – und ob jemand praktisch in der Lage ist, eine Spritze zu setzen, wird nach meinem Verständnis der Durchführungsverordnung auch nicht geprüft.

Sicherlich ist das Ablegen einer Prüfung gegenüber der Durchführungsverordnung von 1939 (da gab es nicht einmal eine Prüfung) ein Zugewinn bzgl. der Qualität, aber in Anbetracht dessen, dass derweil die *Vermittlung* des relevanten Wissens weiterhin *nicht* staatlich geregelt ist und es wohl kaum möglich ist, in einer 120-minütigen schriftlichen und einer maximal 45-minütigen mündlichen Prüfung herauszufinden, ob jemand den gleichen umfassenden Kenntnisstand wie ein Arzt nach fünf Jahren Medizinstudium hat, bleibt das HeilprG auch in seiner jetzigen Form nach meinem Urteil problematisch. Denn es bedeutet im Klartext, dass Menschen ohne akademische und auch ohne sonstige Ausbildung (man muss zwar die Zulassungsprüfung bestehen, aber wie man sich das Wissen aneignet, bleibt einem selbst überlassen) und ohne Approbation (!) die staatliche Erlaubnis erhalten, *uneingeschränkt* Heilkunde auszuüben – bzw. beim Heilpraktiker für Psychotherapie nur auf dem Gebiet der Psychotherapie (dort ist übrigens auch die Zulassungsprüfung entsprechend »abgespeckt«). Wenn ich Ihnen im weiteren Verlauf dieses Kapitels beschrieben habe, wie aufwändig und langwierig die Ausbildung zum Psychotherapeuten ist, werden Sie verstehen, warum ich es mehr als kritisch finde, dass die Bezeichnung »Heilpraktiker für Psychotherapie« überhaupt existiert.

Vorab sei aber noch gesagt, dass die aus meiner Sicht irrsinnigen Verhältnisse, die das HeilprG vor fast 85 Jahren geschaffen hat (Beispiel: Ein Heilpraktiker ohne geregelte Ausbildung darf eigenständig Heilkunde ausüben, ein Physiotherapeut mit geregelter Ausbildung und staatlicher Prüfung darf aber nur auf Verordnung arbeiten), letztlich nicht nur ein Ärgernis für die Angehörigen der geregelten Heilberufe ist, sondern vor allem eine Gefahr für Patienten. Diese werden, z. B. durch Bezeichnungen wie »Heilpraktiker für Psychotherapie«, die eine Ebenbürtigkeit zu Psychotherapeuten suggerieren, potenziell in die Irre geführt. Aufgrund der vielfach diskutierten und zurecht immer wieder angemerkten Missstände rund um das HeilprG hat das Bundesgesundheitsministerium ein Rechtsgutachten in Auftrag gegeben (Stock, 2021), das u. a. Vorschläge dafür formuliert, wie der Heilpraktikerberuf zu einem geregelten Gesundheitsberuf werden könnte, aber auch beleuchtet, wie eine Abschaffung des Heilpraktikerberufs erfolgen könnte. Dabei betont Stock interessanterweise ziemlich deutlich den Aspekt der Autonomie der Patienten, denen bei einer Abschaffung die Möglichkeit genommen würde, sich alternativmedizinisch durch einen nicht-ärztlichen Behandler behandeln zu lassen (vgl. Stock, S. 265 u. 274).

Um die Ausgangsfrage zu beantworten: »Heilpraktiker« kann wohl als Heilberuf bezeichnet werden, ist aber kein *geregelter* Heilberuf, was auch der Grund dafür ist, dass Heilpraktikerbehandlungen in aller Regel nicht von den gesetzlichen Krankenkassen übernommen werden. In diesem Kontext ist eine Sache noch wichtig zu verstehen: Viele Angehörige von einerseits nicht-geregelten Heilberufen (z. B. Kunsttherapeuten, Näheres dazu im Verlauf dieses Kapitels) und andererseits geregelten, aber nicht-akademischen Heilberufen (z. B. Physiotherapeuten) absolvieren die Prüfung zum Heilpraktiker, um selbstständig Heilkunde ausüben zu können. D. h., eigentlich gut ausgebildete Menschen mussten und müssen teilweise bis heute eine Zulassungsprüfung in einem überhaupt nicht geregelten Beruf ablegen, um dann eine Legitimation für die Ausübung dessen zu erhalten, was sie schon vorher bestens beherrschten. Dies trifft übrigens auch für die in Deutschland nicht geregelten alternativmedizinischen Gebiete Osteopathie und Chiropraktik zu, für deren Ausübung man entweder Arzt sein oder eine Erlaubnis als Heilpraktiker haben muss. Auch für Psychologen mit klinisch-psychotherapeutischer Spezialisierung im Rahmen des Psychologiestudiums galt dieser kuriose und zutiefst absurde Umstand, bis 1999 durch das PsychThG die neuen akademischen Heilberufe des PP und des KJP erstmals geregelt wurden und dadurch der geradezu revolutionäre Umstand eintrat, dass Menschen eine Approbation erlangen konnten, die ein nicht-medizinisches Fach studiert hatten. Denn bis 1999 wurden in der Tat Menschen mit Universitätsabschluss, z. B. in Psychologie, durch die unsinnige Gesetzgebung aus der Zeit des Dritten Reichs dazu genötigt, sich als Heilpraktiker zur Ausübung der heilkundlichen Psychotherapie legitimieren zu lassen.

Was sind und tun denn jetzt eigentlich Psychologen?

»Psychologe« ist zwar ein akademischer Beruf, aber *kein* Heilberuf und auch, entgegen der öffentlichen und medialen Darstellung, grundsätzlich erst einmal *kein* helfender oder sozialer Beruf. Der Titel »Psychologe« ist geschützt und darf nur von Menschen geführt werden, die das in der Regel mindestens 10 Semester dauernde naturwissenschaftliche Studium der Psychologie absolviert und mit einem Masterabschluss, in der Regel einem *Master of Science* (*M. Sc.*), oder früher mit dem inzwischen abgeschafften *Diplom* (daher kommt die Bezeichnung »*Diplom-Psychologe*« oder kurz »*Dipl.-Psych.*«) abgeschlossen haben. Ob Menschen, die das Psychologiestudium nach dem Bachelorabschluss beenden, sich bereits »Psychologen« nennen dürfen, ist umstritten; ich würde hiervon eher abraten, da es der Master- und nicht der Bachelorabschluss ist, der gegenüber dem alten Diplomabschluss gleichwertig ist. Und mit einer kleinen Einschränkung, die ich gleich erklären werde, gilt grundsätzlich: Psychologen, die nicht im Anschluss noch eine Ausbildung zum Psychotherapeuten gemacht haben (das beschreibe ich noch in diesem Kapitel) verfügen daher über keine *Approbation*, weshalb es (wir erinnern uns an den Kapitelaufhänger) keinen Sinn ergibt und schlicht nicht möglich ist, einem Patienten eine Überweisung zum *Psychologen* auszustellen. Die kleine Einschränkung betrifft die 2020 in Kraft getretene Reform des PsychThG, durch welche der Weg zum Beruf des Psychotherapeuten umfassend neu geregelt wurde. Hierdurch ergeben sich einige wichtige Änderungen, die jedoch für die aktuelle Psychotherapie-Realität in Deutschland noch weitgehend gegenstandslos sind. Aus diesem Grund beschreibe ich im Folgenden zunächst die zwar auf der alten Gesetzesregelung basierende, aber in der Gegenwart nach wie vor relevante Situation, mit der man im Jahr 2024 immer noch überwiegend konfrontiert ist, schildere aber danach natürlich auch, was sich in Zukunft an dieser Situation mehr und mehr verändern wird. Kleiner Spoiler: Auch nach der Neufassung des PsychThG gilt weiterhin, dass der akademische *Heilberuf*, d.h. der *mit* Approbation, der des *Psychotherapeuten* – und nicht der des *Psychologen* ist.

Natürlich kann man sich im späteren Verlauf des Psychologiestudiums, gerade im Masterstudium, auf die Klinische Psychologie, d.h. die Lehre von der Erforschung psychischer Störungen und deren Behandlung, spezialisieren. Jedoch ist die Klinische Psychologie nur *ein* Teilgebiet der Psychologie, was ich insbesondere daher betonen möchte, weil die Klinische Psychologie maßgeblich das Bild der gesamten Psychologie in der gesellschaftlichen und medialen Wahrnehmung dominiert. Tatsächlich befasst sich die Psychologie, grob gesagt, mit der Erforschung allen menschlichen Erlebens und Verhaltens und hat eine riesige Breite von Untergebieten. Im Kern bedient sie sich dabei klassischer naturwissenschaftlicher Forschungsmethoden, was insbesondere auf die komplexen statistischen Auswertungsmethoden und die dahinterstehende Mathematik zutrifft, die einen großen Teil des Studiums ausmacht. Tatsächlich hat Psychologie zu studieren weitaus mehr mit dem Verstehen von Mathematik und wissenschaftlichem Denken zu tun als damit, auf der Couch liegende Menschen zu analysieren (mehr dazu in ▶ Kap. 3). Und was auf den ersten Blick überraschend wirken mag, ist, dass genau hier auch die Parallele zu anderen klassischen Naturwissenschaften wie der Physik liegt. Als 2012 verkündet wurde, dass die Teilchenphysik das sogenannte Higgs-Boson gefunden hat, hatte das nichts damit zu tun, dass man dieses bisher nur theoretisch postulierte Elementarteilchen *gesehen* hatte. Nein, man hat durch Messungen, die *statistisch signifikant* (d.h. kaum durch Zufall erklärbar) waren, indirekt auf dieses Teilchen *geschlossen*. Wenngleich Psychologen Menschen und keine Elementarteilchen erforschen und dafür Verhaltensbeobachtungen oder speziell konstruierte Fragebögen anstelle von Teilchenbeschleunigern verwenden: Am Ende ist es fast dieselbe Statistik, die in der Auswertung zur Anwendung kommt, z.B. irgendeine Form von sogenannter Regressionsanalyse.

Die Forschungs- und Anwendungsgebiete der Psychologie sind sehr viel breiter gefächert, als den meisten Menschen bewusst ist, und reichen von der Sozialpsychologie (die z.B. Gruppendynamiken und deren Einfluss auf das

Individuum untersucht) über die Arbeits- und Organisations- bzw. Wirtschaftspsychologie (hier geht es z.B. um die Optimierung der Bewerberauswahl oder die effektive Gestaltung von Teams) bis hin zur Pädagogischen Psychologie, die z.B. untersucht, unter welchen Bedingungen Menschen gut Neues lernen können. Die Neurowissenschaften ergänzen die Psychologie um wichtige moderne Methoden und helfen, bestimmte Denk- oder Gefühlsprozesse besser auf Ebene des Gehirns zu verstehen. Klassische Felder der sogenannten Allgemeinen Psychologie sind derweil die Erforschung von Lernen, Gedächtnis, Wahrnehmung, Emotion, Motivation und Sprache. Und ein riesiges Anwendungsgebiet besteht in der Psychologischen Diagnostik, deren traditionelles Flaggschiff die Intelligenzmessung ist und die aber auch eine große Bewandtnis für die Verkehrspsychologie, vor allem die Fahrtauglichkeitsprüfung im Rahmen der als »MPU« bekannten Medizinisch-Psychologischen Untersuchung, hat, in der es u.a. um die Messung der Aufmerksamkeitsleistung geht.

Was hätte nun also korrekterweise auf der eingangs erwähnten Überweisung stehen müssen? Nun, aus den genannten Gründen definitiv nicht »Psychologe«. Tatsächlich wäre »Psychotherapeut« schon ziemlich gut und völlig richtig gewesen. Widmen wir uns nun also den Definitionen der verschiedenen akademischen Heilberufe im Bereich der Psychotherapie, die man als Haus- oder Facharzt auf eine Überweisung schreiben *könnte*.

Die drei Arten von Psychotherapeuten

Die Berufsbezeichnung »Psychotherapeut« ist aktuell (in Zukunft wird es komplizierter, aber dazu gleich mehr) genau drei Berufsgruppen vorbehalten und darf von allen drei Gruppen als Kurzform verwendet werden. Ich z.B. darf mich selbst sowohl als Psychotherapeut als auch als Psychologischer Psychotherapeut bezeichnen. Laut offizieller Statistik der Kassenärztlichen Bundesvereinigung (KBV, 2022) waren in Deutschland zum Stichtag 31.12. 2022 zuletzt 38.609 Personen als Psychotherapeuten an der vertragsärztlichen Versorgung beteiligt – davon die überwältigende Mehrheit (34.135) mit einem eigenen Versorgungsauftrag, d.h. einer eigenen Kassenzulassung. Der übrige Teil war im Rahmen einer Berufsausübungsgemeinschaft (d.h., in der Regel einer Gemeinschaftspraxis mit geteiltem Versorgungsauftrag, genannt »Jobsharing«) oder im Angestelltenverhältnis tätig. Gut 65% hiervon waren Psychologische Psychotherapeuten (PP), rund 19% Kinder- und Jugendlichenpsychotherapeuten (KJP) und die restlichen 15,5 % Ärztliche Psychotherapeuten (ÄP), was die Fachärzte für Psychosomatische Medizin und Psychotherapie miteinschließt. In allen drei Berufsgruppen sind Männer in der Unterzahl, wobei sie mit rund einem Drittel bei den ÄP noch den größten Anteil ausmachen, bei den PP knapp ein Viertel und bei den KJP knapp ein Fünftel (KBV, 2022, S. 3–5). Doch was meinen nun diese drei Berufsbezeichnungen?

Ärztlicher Psychotherapeut

»Ärztlicher Psychotherapeut« ist ein Sammelbegriff für Ärzte (die also Medizin studiert haben) mit psychotherapeutischer Weiterbildung. Diese ist automatisch Bestandteil bei den folgenden drei Facharztgruppen: dem Facharzt für Psychiatrie und Psychotherapie, dem Facharzt für Psychosomatische Medizin und Psychotherapie und dem Facharzt für Kinder- und Jugendpsychiatrie und -psychotherapie. Für andere Arztgruppen besteht seit 2008 nur noch die Möglichkeit, durch eine Weiterbildung, die jedoch vom Umfang weit unterhalb derer liegt, die PP und KJP durchlaufen müssen, die Zusatzbezeichnung »Fachgebundene Psychotherapie« zu erwerben, d. h. eine stark reduzierte, auf den jeweiligen Facharztbereich beschränkte psychotherapeutische Qualifikation. So kann ein Urologe mit dieser Zusatzbezeichnung z. B. psychotherapeutisch an Erektionsstörungen arbeiten oder ein Kardiologe an Panikattacken mit dominanter Herzsymptomatik, ist jedoch nicht befugt, andere psychische Störungen zu behandeln. Für Ärzte mit dieser Zusatzbezeichnung ist auch die Bezeichnung »Fachgebundener Psychotherapeut« gebräuchlich. Die neue Zusatzbezeichnung ersetzte die bis 2008 in der Weiterbildungsordnung der Ärzte geregelte Zusatzbezeichnung »Psychotherapie«, die Ärzten aller Fachrichtungen offenstand und im Gegensatz zur neuen Regelung, jedoch bei ähnlichem Umfang der Weiterbildung, zur Behandlung *aller* psychischen Störungen qualifizierte (nachzulesen bei Linden et al., 2008). Aufgrund von historischen Umständen, die ich im nächsten Kapitel (▶ Kap. 3) noch näher beschreiben werde, sind psychotherapeutisch tätige Ärzte überzufällig häufig in tiefenpsychologischer oder analytischer Psychotherapie ausgebildet und eher selten in Verhaltenstherapie oder systemischer Therapie.

Die ÄP stellen insofern eine (eher kleine) »Sondergruppe« unter den Psychotherapeuten dar, als sie berufsrechtlich zu den Ärzten gehören und nicht zu den beiden Berufen, die das Psychotherapeutengesetz (PsychThG) seit 1999 regelt – dem des PP und dem des KJP.

Psychologischer Psychotherapeut – und wie man zu einem wird

Psychologische Psychotherapeuten (PP) sind bezogen auf die Zahl die in der psychotherapeutischen Versorgung am stärksten vertretene Berufsgruppe. PP wurde man lange Zeit und wird man teilweise (trotz der Reform des PsychThG, siehe unten) noch heute dadurch, dass man nach dem universitären Master- oder Diplomabschluss in Psychologie eine drei bis fünf Jahre dauernde und sehr umfangreiche Ausbildung absolviert und mit einem Staatsexamen abschließt. Dabei kann man zwischen verschiedenen Verfahren wählen und sich z.B. wie ich für die Verhaltenstherapie entscheiden (mehr zu den verschiedenen Verfahren im nächsten Kapitel). Am Ende dieser Ausbildung, die mit der Facharztausbildung in der Medizin vergleichbar ist, erhält man als PP dann sowohl die Approbation als auch den sogenannten Fachkundenachweis, also den Nachweis über die vertiefte Ausbildung in einem bestimmten Psychotherapieverfahren.

Die Ausbildung findet in der Regel an privaten Instituten statt, muss von den angehenden Psychotherapeuten selbst bezahlt werden (Kosten: meist 12.000–20.000 Euro) und gliedert sich in einen theoretischen Unterrichtsteil (600 Stunden) sowie 1800 Stunden praktische Tätigkeit, von denen in der Regel 1200 Stunden in einer psychiatrischen Klinik abgeleistet werden müssen (typischerweise arbeitet man ein Jahr dort) und zusätzlich mindestens 600 ambulante psychotherapeutische Behandlungsstunden, die in weiteren mindestens 150 Stunden Supervision von Fachkollegen engmaschig überwacht (»supervidiert«) werden. Hinzu kommen übrigens noch 120 Stunden sogenannte Selbsterfahrung, d.h. Stunden, in denen man alleine mit einem Fachkollegen oder in einer Gruppe mit anderen angehenden PPs das tut, was man später mit Patienten tut: Sich mit Problemen und ihrer Lösung auseinandersetzen, nur eben mit den eigenen und nicht mit denen des Gegenübers. Weil man während der Ausbildung zum PP noch keine Approbation hat und Dinge wie die o. g. praktische Tätigkeit im Rahmen der Ausbildung oftmals als Praktikum definiert werden, befindet man sich in dieser Zeit leider in einer äußerst prekären Situation. Dies führte in der Vergangenheit regelhaft dazu, dass angehende Psychotherapeuten während ihrer Kliniktätigkeit unterhalb des Mindestlohns oder auch gar nicht entlohnt wurden – obwohl sie in der jeweiligen Einrichtung meist als volle Arbeitskraft mit hoher zugeteilter Verantwortung eingesetzt wurden. Daher rührt auch das Ihnen vielleicht schon einmal begegnete Wortspiel »Psychotherapeut in *Ausbeutung*« (statt »Psychotherapeut in *Ausbildung*«). Auch an den Ausbildungsinstituten und den oft dort angegliederten Ausbildungsambulanzen, an denen man die ambulanten Behandlungsstunden durchführt, war es lange üblich, dass angehende

Psychotherapeuten nur einen kleinen Anteil der Vergütung erhalten, die die Krankenkasse für die Behandlung zahlt, z. B. 30 %. Ich nutze hier das Präteritum, weil die Lage sich seit 2020 durch die damals in Kraft getretene Reform des PsychThG, die ich weiter unten beschreibe, ein Stück weit verbessert hat.

An dieser Stelle lohnt sich, bevor wir die Zukunft beleuchten, hinsichtlich des Erlangens der Approbation auch noch ein Blick zurück, und zwar auf die Zeit des Inkrafttretens des PsychThG. Denn es ist *nicht* so, dass ab 1999 die ersten Kandidaten zur oben beschriebenen, mindestens dreijährigen Ausbildung zum Psychotherapeuten zugelassen wurden und es PP und KJP somit erst ab frühestens 2002 gab. Nein, es gab beide Berufe quasi mit Inkrafttreten des PsychThG im Jahr 1999 – und zwar deshalb, weil es die in § 12 des alten, bis 2020 geltenden PsychThG beschriebenen Übergangsregelungen gab. Diese sind sehr umfangreich und erlauben für recht viele Konstellationen die Erteilung einer Approbation als PP oder KJP, *ohne* die neu geregelte Ausbildung zu durchlaufen. U. a. ist dies darauf zurückzuführen, dass viele Psychologen schon vor 1999 berechtigt heilkundlich tätig waren, und zwar im so genannten *Delegationsverfahren*, durch welches ein Arzt eine Psychotherapie an einen Psychologen (der damals noch nicht *Psychotherapeut* war) delegieren konnte. So regelt Absatz 3 z. B., dass die Approbation als PP Menschen mit abgeschlossenem Psychologiestudium erteilt werden kann, die darüber hinaus sieben Jahre psychotherapeutische Erfahrung im Umfang von 4000 Stunden (alternativ: 60 dokumentierte Behandlungsfälle) und 140 Stunden theoretischer Ausbildung in einem der wissenschaftlich anerkannten Verfahren (welche das sind, erfahren Sie in ▶ Kap. 3) nachweisen können. Vorgaben zu Supervision und Selbsterfahrung, wie sie für Ausbildungsteilnehmende ab 1999 galten, fehlen hier aber beispielsweise.

Zusammenfassend kann man sagen, dass die betreffenden »ersten« Psychotherapeuten auf Basis des PsychThG ihre Approbation sicherlich nicht geschenkt bekamen, die Anforderungen jedoch weniger einheitlich und insgesamt etwas niedriger waren als bei den ersten nach der neuen Ausbildungsordnung approbierten Psychotherapeuten ab 2002 bzw. 2003. Und jene Psychotherapeuten – auch das gehört zur Vollständigkeit dazu –, die die Voraussetzungen ohne Durchlaufen der Ausbildung erfüllten, waren in zweierlei Weise im Vorteil gegenüber den ersten Absolventen der neuen Ausbildung: Erstens befanden sie sich nicht, wie die Ausbildungskandidaten, über Jahre in einer finanziell hochgradig prekären Situation, und zweitens gingen an sie – gratis – die meisten Kassenzulassungen »der ersten Stunde«, was ich weiter unten noch einmal beschreibe.

Ist man dann PP mit Fachkundenachweis in einem der zugelassenen Verfahren, kann man eigenständig die heilkundliche Psychotherapie ausüben und dies z. B. in einer psychiatrischen oder psychosomatischen Klinik tun oder sich in einer psychotherapeutischen Praxis anstellen lassen. Wenn man, wie ich, es nach den rund 10 Jahren von Studium und Psychotherapeutenausbildung (sowie in meinem Fall auch noch der parallelen Promotion) nicht mehr allzu erbaulich findet, immer noch einen Vorgesetzten zu haben, und man endlich *wirklich* eigenverantwortlich und selbstständig arbeiten will, lässt man sich mit einer ambulanten psychotherapeutischen Praxis nieder. Möchte man nur privat- und beihilfeversicherte Patienten (sowie Sondergruppen, z. B. Patienten mit Abrechnung über die Berufsgenossenschaft oder in Teilen Berufssoldaten und Polizisten) behandeln, genügen Approbation und Fachkundenachweis. Möchte man hingegen gesetzlich versicherte Patienten behandeln, benötigt man eine *Kassenzulassung*, denn sich einfach so niederlassen geht nicht – aus Gründen, über die Sie in ▶ Kap. 5 mehr erfahren werden.

Eine Kassenzulassung wiederum ist nicht einfach zu bekommen. Der übliche und häufigste Weg (es gibt Ausnahmen, z. B. eine Zulassung wegen Sonderbedarf oder eine Zulassung durch ein vorheriges Jobsharing – was ich aus Komplexitätsgründen nicht weiter vertiefen werde) ist, dass man sich bei der jeweiligen Kassenärztlichen Vereinigung (KV) einer Region um eine Kassenzulassung bewirbt, die, z. B. aus Altersgründen, von einem anderen Kollegen abgegeben wird. Das bedeutet, dass (mit Ausnahme von z. B. Neuzulassungen wegen Sonderbedarfen etc.) die Zahl der Kassenzulassungen als Psychotherapeut staatlich gedeckelt ist und man sich in der Regel nur niederlassen kann, wenn man die Kassenzulassung von einem ausscheidenden Kollegen »übernehmen« kann – auch hierzu mehr in ▶ Kap. 5. Diese Kassenzulassung wird dann offiziell ausgeschrieben, ähnlich wie eine Stellenanzeige. In der Regel übersteigt die Zahl der Bewerber die Zahl der freiwerdenden Kassenzulassungen um ein Vielfaches, weil Kassenzulassungen aufgrund dessen, dass sie eine üppige Einkommensgarantie darstellen, sehr beliebt sind – sodass wir es mit einem nicht ausgeglichenen Markt zu tun haben.

Der offizielle Weg beim Vorliegen mehrerer Bewerber sieht dann so aus, dass die KV vor allem nach zwei Kriterien den Bewerber auswählt, der den Zuschlag erhält: Und zwar nicht etwa nach *tatsächlicher* (weil nur sehr aufwändig messbarer) Fachkompetenz, sondern schlichtweg nach der Anzahl von Jahren, die man schon auf der Warteliste für eine Kassenzulassung bei der jeweiligen KV steht, und nach der Zahl der vergangenen Jahre seit der Approbation. Das bedeutet de facto, dass man als junger Psychotherapeut mit noch nicht lange zurückliegendem Abschluss der Ausbildung kaum Chancen hat, außer man bewirbt sich auf einen Kassensitz mit wenigen bis fehlenden Mitbewerbern oder man ist bereit, eine höhere Summe zu bezahlen. Ja genau, auch hier regelt Geld wieder einmal einiges. Sie fragen sich warum? Nun, hier kommt der Abgeber der Kassenzulassung ins Spiel. Offiziell kauft man nicht die *Kassenzulassung*, denn die wird einem von der KV zugeteilt. Aber im Zuge des Zulassungsverfahrens schließt man in der Regel mit dem Abgeber der Kassenzulassung einen Vertrag über den Kauf der *Praxis* und zahlt für diese an den Abgeber meist eine Summe zwischen 20.000 und 100.000 € (die Kaufpreise variieren stark nach Region). Der Verkaufsgegenstand des Vertrags ist allerdings bei einer psychotherapeutischen Praxis – anders als bei Ärzten – in der Regel de facto *nicht vorhanden*. Ärzte, die eine Praxis vom Vorgänger »abkaufen«, erwerben in der Regel sowohl Patientenstamm als auch medizinische Geräte und Einrichtung als materiellen Gegenwert der Kaufsumme mit. Das ist bei Psychotherapeuten nur selten der Fall. Offiziell steht die »Patientenkartei« meist als Verkaufsgegenstand im Vertrag, was auch wichtig ist, da sonst die steuerliche Abschreibung des Kaufpreises über meist fünf Jahre nicht möglich ist.

Die Übernahme der Patientenkartei ist jedoch meist eher unsinnig, da bei Psychotherapeuten die Bindung an den jeweiligen Psychotherapeuten weitaus wichtiger ist als an eine bestimmte Praxis oder einen Ort, wie es bei Hausärzten meistens ausschlaggebend ist. Zudem darf der Psychotherapeut, der die Praxis kauft, aufgrund der geltenden Schweigepflicht, die von der Praxisübernahme unberührt bleibt, gar nicht in die Patientenkartei und die übernommenen Patientenakten hineinschauen, bis der betreffende Patient ihn gegenüber dem Praxisabgeber von der Schweigepflicht entbunden hat (ja, Datenschutz macht das Leben nicht immer leichter). De facto, so ist es leider, zahlt man den Kaufpreis, um Zugang zur Kassenzulassung zu bekommen, und nicht für einen materiellen Gegenwert – vergleichen Sie es mit der Provision für einen Makler, der nicht viel mehr tut, als Ihnen den Zugang zu einer Wohnung zu verschaffen. Die Kassenzulassung kann nur an den Nachfolger übergeben werden, wenn ein solcher Kaufvertrag zwischen Praxisabgeber und Käufer der KV vorliegt. Den Verkaufspreis ihrer Praxis bestimmen die abgebenden Psychotherapeuten weitgehend selbst, und es gibt keine verbindlichen Richtlinien hierfür. Das bedeutet, dass die Abgeber angesichts der hohen Bewerberzahl natürlich verlangen können, was sie wollen (Marktwirtschaft lässt grüßen). Für junge Therapeuten, die die Investition (die sich, seien wir ehrlich, ohnehin einerseits schnell auszahlt und zudem voll steuerlich abschreibbar ist) nicht scheuen, kann das eine Chance bedeuten, wenn sie zu einer Kaufsumme Ja sagen, zu denen ältere Kollegen, die schon länger auf der Warteliste stehen und die daher auch auf die nächste Chance warten können, eher Nein sagen würden. Nun kann man dieses Prozedere per se natürlich bereits fragwürdig finden. Ein zusätzliches »Geschmäckle« bekommt das Ganze, wenn man sich bewusst macht, dass viele der Psychotherapeuten, die heutzutage ihre Praxis für eine stolze Summe verkaufen, selbst nie einen Cent für das Erlangen ihrer Kassenzulassung bezahlt haben. Das liegt daran, dass nach Inkrafttreten des PsychThG im Jahr 1999 die ersten PP (und KJP) die damals neu geschaffenen Kassenzulassungen logischerweise gratis erhielten, weil sie von niemandem eine Praxis abkaufen mussten (bzw. konnten), um an eine solche zu kommen. Wie (generationen-)gerecht dieser Umstand ist, sei einmal dahingestellt.

Kinder- und Jugendlichenpsychotherapeut

Was den Begriffsdschungel nicht einfacher macht: Psychotherapeuten, deren Approbation auf Menschen unter 21 Jahren begrenzt ist und die somit auf die Behandlung von Kindern und Jugendlichen spezialisiert sind, heißen Kinder- und Jugendlichenpsychotherapeuten (KJP). Der Ausbildungsweg und der Weg zur Niederlassung ist zu dem der PP weitgehend identisch, jedoch können diese Ausbildung neben Psychologen auch Menschen beginnen, die zuvor Pädagogik oder Sozialpädagogik (bzw. in manchen Bundesländern auch weitere Fächer, z.B. Soziale Arbeit oder Musiktherapie) studiert haben. Im Zuge der Reform des PsychThG im Jahr 2020 wurde der KJP als eigenständiger Heilberuf übrigens abgeschafft, was auch bedeutet, dass jene nicht-psychologischen Studienfächer künftig nicht mehr dazu befähigen, einen psychotherapeutischen Beruf zu ergreifen.

Übrigens ist umgekehrt die Approbation der PP nicht auf Menschen *über* 18 Jahren beschränkt, sondern *altersunabhängig*. Dass PP privat versicherte Kinder behandeln, ist daher nicht verboten, da es hierbei nur auf die Approbation ankommt. Im Rahmen einer Kassenzulassung ist dies mit gesetzlich versicherten Kindern jedoch nicht möglich, da die Kassenzulassung als PP an ein Mindestalter der Patienten von mindestens 18 Jahren geknüpft ist. Aus Platzgründen und in Ermangelung persönlicher Erfahrung kann ich in den folgenden Kapiteln die Perspektive der KJP-Kollegen leider nur sehr marginal wiedergeben und werde mich vor allem auf die größte Gruppe, d.h. die der PP beziehen, wofür ich um Verständnis bitte. Zudem werde ich da, wo ich zwischen Psychotherapeuten und Ärzten unterscheide, die ÄP als mit Abstand kleinste Gruppe unter den Psychotherapeuten außen vorlassen, da diese aufgrund ihrer Approbation zur Berufsgruppe der Ärzte gehören und nicht zu den Arten von Psychotherapeuten, die das PsychThG regelt.

Übrigens: Deutschland ist im europäischen Vergleich ziemlich modern aufgestellt, was die Tatsache angeht, dass nicht-ärztliche Psychotherapeuten eine Approbation erlangen und ihre Leistungen mit den gesetzlichen Krankenkassen abrechnen können. Beides sind Privilegien, die unser Berufsstand in vielen anderen Ländern Europas nicht genießt. Auch der Zugang zu diesem Heilberuf ist sehr unterschiedlich geregelt. Wer sich hiermit im Detail beschäftigen möchte, sei auf zwei interessante Artikel von Bühring (2011) und Sonnenmoser (2013) verwiesen, welche die Unterschiede innerhalb Europas bzw. im Speziellen die Lage in Schweden beschreiben.

Was sich an den psychotherapeutischen Berufen in Zukunft ändert

In der zweiten Dekade des 21. Jahrhunderts wurde das PsychThG, das die Berufe der PP und KJP regelt, mittels des Psychotherapeutenausbildungsreformgesetzes (PsychThGAusbRefG; die Abkürzung macht es nicht wirklich besser) umfassend reformiert. Die Auswirkungen des veränderten, 2020 in Kraft getretenen PsychThG liegen überwiegend in der Zukunft und sind bislang vor allem an den Universitäten spürbar, die seit einigen Jahren veränderte Studiengänge anbieten. Laut der neuen Präsidentin der Bundespsychotherapeutenkammer (BPtK), Andrea Benecke (Interview; Bühring & Beerheide, 2023), haben jedoch bereits die ersten Absolventen des neuen Systems ihre Approbation erhalten, und ab 2025 sei mit weiteren 2500 Absolventen pro Jahr zu rechnen.

Die Reform mit dem sperrigen Begriff ersetzt die sich an das Psychologiestudium anschließende Ausbildung durch ein Direktstudium »Psychotherapie«, das man typischerweise nach dem Abitur beginnt – so wie ein Medizinstudium – und das an psychologischen Fakultäten angeboten wird. In der Praxis ist es nach meinem Kenntnisstand so, dass man ein recht breit gefächertes Bachelorstudium der Psychologie abschließt, sodass man sich nicht in jedem Fall schon direkt zu Beginn des Studiums auf den späteren Psychotherapeutenberuf festlegen muss. Wenn man Psychotherapeut werden möchte, folgt im Anschluss ein klinisch-psychologisches Masterstudium. Bis hierhin ist eigentlich alles genauso wie bisher, außer dass, wie oben erwähnt, dadurch nur noch Psychologie als »Eingangs-Studienfach« den Zugang zum Beruf des Psychotherapeuten ermöglicht, pädagogische Fächer hingegen nicht mehr. Der wichtigste Unterschied ist aber dieser: Gemäß dem Gesetz erhält man bereits nach dem Masterabschluss (und nicht, wie bisher, erst nach Abschluss der anschließenden Ausbildung) die Approbation und darf die Bezeichnung »Psychotherapeut« führen, sofern man sich nach dem Studium dem Staatsexamen unterzieht. Die Fachkunde, d. h. den Nachweis über die vertiefte Ausbildung in einem bestimmten Psychotherapieverfahren und für eine bestimmte Zielgruppe, erhält man, anders als bei der alten Regelung, allerdings nicht mit der Approbation *zusammen*, sondern erst später, und zwar nach dem Abschluss einer anschließenden Weiterbildung zum *Fachpsychotherapeuten*, welche wiederum der alten Ausbildung zum PP und KJP stark ähnelt und in einem der vier anerkannten Psychotherapieverfahren erfolgt. Im Rahmen dieser Weiterbildung kann man nämlich wiederum eine von drei Qualifikationen erwerben: die des »Fachpsychotherapeuten für Erwachsene« (ähnlich dem PP), die des »Fachpsychotherapeuten für Kinder und Jugendliche« (ähnlich dem KJP) und die des »Fachpsychotherapeuten für Neuropsychologische Psychotherapie« (mehr dazu weiter unten). Zusätzlich wird zur Fachpsychotherapeuten-Bezeichnung wohl auch das Verfahren gehören, in dem diese absolviert wurde, z. B. Verhaltenstherapie.

Diese Regelung hat diverse Vorteile, u. a. können die hiervon Betroffenen (genannt »Psychotherapeuten in Weiterbildung«, kurz PiW) somit bereits direkt nach Studienabschluss eigenverantwortlich, z. B. in Kliniken oder auch in ambulanten Einrichtungen zulasten der Krankenkassen arbeiten und müssen auch angemessen bezahlt werden, was der oben beschriebenen jahrzehntelangen, an Ausbeutung grenzenden Praxis auf Basis der Gesetzesfassung von 1999 Einhalt gebietet. Auch denjenigen Psychotherapeuten in Ausbildung (PiA), die den Weg in den Beruf nach der *alten* Gesetzesfassung gehen, wurde mit Inkrafttreten des novellierten PsychThG eine bessere Vergütung zugesichert, z. B. in Höhe von mindestens 1000 Euro monatlich während der Praktischen Tätigkeit I, d. h. während ihres »Psychiatriejahrs«. Was sich nicht verändert hat, ist, dass erst Psychotherapeuten mit abgeschlossener Fachweiterbildung sich ins Arztregister eintragen lassen und eine eigene Kassenzulassung beantragen können (Bundesministerium für Gesundheit, o. D.).

Da die so ausgebildeten Psychotherapeuten, ähnlich wie bisher, noch eine mehrjährige vertiefende Fachpsychotherapeuten-Weiterbildung durchlaufen müssen, ist der Weg zum Beruf des Psychotherapeuten insgesamt nach meinem Ermessen weitgehend vergleichbar mit dem, den die Psychotherapeuten meiner Generation und der davor durchlaufen mussten – nur eben mit einem weniger prekären Status, weitaus besserer Bezahlung und ohne den unschönen Zustand, dass angehende Psychotherapeuten ihre Ausbildung, Supervision etc. aus eigener Tasche zahlen müssen. Hierbei muss jedoch leider (wieder einmal) der traurige Umstand erwähnt werden, dass, obwohl die ersten Absolventen des neuen Psychotherapiestudiums bereits auf der Matte stehen, die Finanzierung der Weiterbildung zum Fachpsychotherapeuten immer noch nicht geregelt ist. Mit anderen Worten: Woher das Geld dafür kommen soll, dass die PiW ihre Weiterbildung nicht selbst zahlen müssen und sie anständig vergütet werden, ist, so der Stand im Februar 2024, *unklar* (Bühring & Beerheide, 2023; Haserück, 2024). Wenig verwunderlich ist es da, dass es massiv an Praxen und Ambulanzen fehlt, in denen PiW ihre Weiterbildung absolvieren könnten, was, wie mir beinahe täglich über berufspolitische Kanäle zugetragen wird, zu einem stetig wachsenden Problem wird, da PiW dadurch massiv auf ihrem Qualifizierungsweg ausgebremst werden.

Kommen wir nun noch einmal zurück zum Titel dieses Kapitels und der Frage, ob ein Arzt denn nun vielleicht nach dem reformierten PsychThG eine Überweisung zum »Psychologen« ausstellen kann. Nun, ich würde weiterhin sagen: Nein. Denn es ist zwar so, dass Absolventen des neuen Psychotherapie-Direktstudiums sowohl nach entsprechender Prüfung die Approbation als Psychotherapeut erlangen können als auch einen Masterabschluss in Psychologie erwerben, der zum Tragen der Berufsbezeichnung »Psychologe« befähigt. Jedoch ist und bleibt es erstens so, dass nur die Bezeichnung »Psychotherapeut« den Heilberuf mit Approbation kennzeichnet, zu der man somit überweisen kann. Zweitens ist es nach dem reformierten PsychThG so, dass erst nach Erwerb der Fachkunde, d. h. als erst als Fachpsychotherapeut, eine Kassenzulassung erfolgen kann. Das bedeutet, dass, ganz genau gesprochen, künftig auf einer Überweisung entweder »Psychologischer Psychotherapeut«, »Kinder- und Jugendlichenpsychotherapeut« (diese Berufsbezeichnungen verlieren nicht ihre Gültigkeit) oder (neu) »Fachpsychotherapeut für...« stehen müsste. »Psychologe« hingegen ist und bleibt falsch.

Wichtig: Wie schon oben angerissen, wird es den Beruf des KJP, den ich im vorherigen Abschnitt beschrieben habe, in Zukunft nicht mehr geben. § 26 des neuen PsychThG regelt derweil, dass alle Psychotherapeuten mit einer der beiden »alten« Berufsbezeichnungen ihre jeweilige Berufsbezeichnung weiterführen dürfen und den »neuen« Psychotherapeuten gemäß der Gesetzesfassung ab 2020 in allen Rechten und Pflichten gleichgestellt sind. All diejenigen, die vor dem 01.09.2020 ein Studium (i. d. R. Psychologie) begonnen haben, das zum Beginn der »alten« Ausbildung berechtigt, dürfen laut § 27 des neuen PsychThG außerdem die Ausbildung noch nach dem alten Gesetz absolvieren, sofern sie sie bis zum 01.09.2032 abschließen. Und: An der Bezeichnung der Ärztlichen Psychotherapeuten ändert sich durch das reformierte PsychThG nichts (Bundesministerium für Gesundheit, o. D.).

Was wiederum ist nun ein Psychiater?

Das ist vergleichsweise einfach. Psychiater sind Ärzte, die nach Abschluss des Medizinstudiums eine Facharztausbildung im Fach Psychiatrie absolviert haben (oft in Kombination mit Neurologie). Nicht selten verfügen sie auch über eine psychotherapeutische Ausbildung, erkennbar an der Bezeichnung »Facharzt für Psychiatrie und Psychotherapie«. In erster Linie behandeln sie psychische Störungen jedoch mit medizinischen Methoden, insbesondere mit Medikamenten. Das tun sie vorrangig mit den sogenannten Psychopharmaka, worunter z.B. Antidepressiva und Neuroleptika fallen. *Ahnung* von Psychopharmaka haben übrigens auch PP und KJP, da dies Teil der Ausbildung und des Staatsexamens ist. Anders als Psychiater dürfen sie diese jedoch nicht selbst verschreiben. Verordnet werden muss jedes Medikament durch einen Arzt, was auch Sinn ergibt, da eine Medikamentenverordnung einschließt, dass man die medizinischen Vorerkrankungen des Patienten und Wechselwirkungen mit anderen Medikamenten berücksichtigt und beurteilt – was nach meiner Erfahrung in der Praxis vielleicht nicht immer ganz so umfassend und gewissenhaft geschieht. Ein weiterer Unterschied zwischen Psychotherapeuten und Psychiatern ist, wie in ▶ Kap. 1 bereits angedeutet, ihr Klientel. Im Schnitt wird man bei Psychiatern Menschen mit schwereren psychischen Störungen antreffen als bei Psychotherapeuten, was daran liegt, dass schwerere psychische Störungen wie z.B. Schizophrenie oder Bipolare Störungen in der Regel vorrangig mit Medikamenten behandelt werden müssen.

Doktor = Arzt? Die Sache mit dem Doktortitel

Was mir in meinem Berufsalltag auch häufig begegnet, ist die Annahme, ich sei ein Arzt, weil ich einen Doktortitel habe. Hierzu muss man mehrere Dinge kurz erklären. Viele Ärzte haben einen medizinischen Doktortitel (Dr. med.), was jedoch nichts über ihre *medizinische* Kompetenz aussagt. Ein Doktortitel ist immer eine *wissenschaftliche* Zusatzqualifikation. Wenn man als Psychotherapeut promovieren (also einen Doktortitel erlangen) möchte, tut man dies in der Regel in der Psychologie, deren wissenschaftliche Standards und Vorgehensweisen sich von der Medizin nicht unerheblich unterscheiden, wodurch eine Promotion in der Psychologie im Durchschnitt drei bis fünf Jahre dauert, d.h. rund zwei- bis sogar dreimal so lang wie durchschnittlich in der Medizin.

Weil es sich bei einer Promotion in der Psychologie somit häufig im Vergleich zur Medizin um ein ziemliches Mammutprojekt handelt, haben vergleichsweise wenige Psychotherapeuten, jedoch die meisten Ärzte einen Doktortitel, der, wenn es ein »Dr. med.« ist, jedoch aufgrund der beschriebenen Umstände in der wissenschaftlichen Welt weitaus weniger hoch anerkannt ist als in der breiten Bevölkerung. Wenn PP einen Doktortitel haben, dann lautet er heutzutage meist wie bei mir auch »Dr. rer. nat.« (Doktor der Naturwissenschaften). Früher wurde, da an vielen Universitäten die Psychologie lange der philosophischen Fakultät zugerechnet wurde, derweil oft der »Dr. phil.« vergeben, was aufgrund der geisteswissenschaftlichen Studienfächer auch für viele promovierte KJP gilt. An manchen Universitäten gibt es zudem für Promovierende, die aus anderen Studiengängen stammen und in einem der Medizin nahestehenden Bereich promovieren, die Möglichkeit, den »Dr. rer. medic« (am ehesten zu übersetzen als »Doktor der Gesundheitswissenschaften«) zu erlangen. Aber auch hier gilt: Mit der *psychotherapeutischen* Kompetenz hat diese wissenschaftliche Zusatzqualifikation in der Regel wenig zu tun. Sie ist eher (denken Sie an das, was ich über die Inhalte des Psychologiestudiums geschrieben habe) ein Grund mehr, ihren Psychotherapeuten einmal danach zu fragen, wie eine Doppelblind-Studie gestaltet ist, was statistische Signifikanz bedeutet und wie man den Placebo-Effekt messen kann.

Manche Patienten fragen auch, welche Menschen auf dem Gesundheitsmarkt man mit Doktortitel anspricht und welche nicht, weil sie fälschlicherweise denken, bestimmte Berufe würden automatisch einen Doktortitel mit sich bringen. Zumindest in Deutschland ist das aber nicht so. Hier gilt die sehr einfache Regel: Man kann (vielleicht aus Respekt vor der erbrachten Leistung) es bei allen Menschen tun, die einen Doktortitel *haben* – egal ob es sich um Psychotherapeuten, Psychologen, Ärzte, Ingenieure, Physiker, Philosophen oder Theaterwissenschaftler handelt. Wiederum Ärzte mit »Herr Doktor« anzureden, die gar keinen Doktortitel haben, entbehrt jeder Sinnhaftigkeit. Wenn ich mitbekomme, wie viel Wert ausgerechnet mancher Arzt mit einem »Dr. med.« teilweise darauf legt, den Titel nicht unerwähnt zu lassen, muss ich aufgrund der beschriebenen Umstände schon mitunter etwas in mich hineinschmunzeln.

Nicht Arzt, aber Facharzt

Übrigens wird das Ganze noch einmal dadurch verwirrender, dass PP und KJP (sowie künftig die Fachpsychotherapeuten) zwar keine Ärzte sind, aber durchaus in das sogenannte *Arztregister* der jeweiligen Kassenärztlichen Vereinigung eingetragen sind, beim Erlangen einer Kassenzulassung eine sogenannte lebenslange *Arztnummer* erhalten und im System der Krankenversicherungen als F*acha*̈rzte gelten, weil die Ausbildung zum PP/KJP (bzw. die neue Weiterbildung zum Fachpsychotherapeuten) einer Facharztausbildung entspricht (s.o.). Spätestens angesichts dessen kann ich es daher niemandem mehr verübeln, wenn er aufhört durchzusteigen.

Weitere Berufsbezeichnungen auf dem »Psycho-Markt«

Was ist mit Neuropsychologen?

Auch hier hat die Reform des PsychThG etwas Wichtiges verändert, was jedoch erst in ein paar Jahren praktisch wirksam wird. Bisher gilt noch Folgendes: Als Psychologe kann man eine Zusatzqualifikation in Neuropsychologischer Therapie erwerben. Darunter zu verstehen ist eine Art Psychotherapie, die jedoch nur für den sehr umgrenzten Bereich der hirnorganischen Störungen (dazu gehören z.B. die Zustände nach Schlaganfällen oder Hirnblutungen) konzipiert ist und vor allem durch gezielte Übungen daran arbeitet, verloren gegangene Fähigkeiten wie das Sprechen wieder herzustellen oder zu kompensieren. Neuropsychologische Therapie erfüllt dabei aufgrund des engen Indikationsbereichs (hirnorganische Störungen) nicht die Kriterien des alten PsychThG von 1999, was bedeutet, dass nach dem alten Gesetz keine vertiefte Ausbildung in diesem Verfahren möglich ist und die Zertifizierung als Neuropsychologe somit nicht zur Approbation führt. Daraus folgt, dass Neuropsychologen nur dann selbstständig im niedergelassenen Bereich arbeiten können, wenn sie zeitgleich PP sind und dadurch eine Approbation besitzen. Genau genommen dürfen somit PP und Ärzte mit neuropsychologischer Zusatzausbildung neuropsychologische Therapie ambulant durchführen – übrigens erst seit 2012.

Die Reform des PsychThG, die 2020 in Kraft trat, hat den Bereich der Neuropsychologischen Therapie wiederum auf eine höhere Stufe gehoben:

Durch diese wurde die Neuropsychologische Psychotherapie zu einer eigenständigen Gebietsweiterbildung hochgestuft und stellt somit künftig eine weitere (altersunabhängige) fachpsychotherapeutische Qualifikation neben den beiden altersabhängigen Fachpsychotherapeutenqualifikationen hinsichtlich Erwachsenen bzw. Kindern und Jugendlichen dar.

Sind Musiktherapeuten, Kunsttherapeuten und Co. auch Psychotherapeuten?

Die kurze Antwort zuerst: Zumindest in Deutschland nicht. Musik-, Kunst- und Reittherapeuten sowie ähnliche Akteure auf dem Markt für psychische Gesundheit werden oft als »Spezialtherapeuten« bezeichnet und nehmen auf dem besagten Markt in der Tat eine spezielle Rolle ein. Einerseits sind diese Berufe keine geregelten Heilberufe, und man kann in Deutschland keine Approbation als Angehöriger eines solchen Berufs erlangen, wenngleich es natürlich Psychotherapeuten (oder auch Heilpraktiker) gibt, die zusätzlich in einer dieser Spezialdisziplinen ausgebildet sind. Zumindest in Deutschland gilt aber, dass solche Therapien, z. B. Kunsttherapie, nicht als Psychotherapie bezeichnet werden dürfen. Dementsprechend werden solche Behandlungen in Deutschland auch nicht von den gesetzlichen Krankenkassen übernommen. Andererseits weisen vor allem Musik- und Kunsttherapie eine hohe Akademisierung auf. Diverse Hochschulen bieten Grund- und Aufbaustudiengänge (bis hin zur Promotion) in Musik- und Kunsttherapie an, es gibt ein reichhaltiges Theoriewerk, universitäre Forschung, Fachgesellschaften und Kongresse. Mit anderen Worten: Da steckt schon ordentlich etwas dahinter. Aber ähnlich wie für Psychologen, die vor Inkrafttreten des PsychThG 1999 eigenständig Psychotherapie ausüben wollten, gilt bis heute für viele Spezialtherapeuten in Deutschland der groteske Umstand, dass sie mit ihrer umfassenden Fachkenntnis nur dann Heilkunde ausüben dürfen, wenn sie die Prüfung als Heilpraktiker ablegen. Andere Länder, darunter Österreich und die Schweiz, haben diese Angelegenheiten anders (und meinem Ermessen nach durchaus sinnvoller) geregelt; so ist Österreich z. B. das erste europäische Land, das den Beruf des Musiktherapeuten gesetzlich geregelt hat. Ähnliche Unterschiede gibt es bei der Reittherapie: Während diese in der Schweiz von der Krankenkasse übernommen wird, ist sie aufgrund des nicht nachgewiesenen therapeutischen Nutzens in Deutschland nicht als Heilmittel zugelassen.

Was ist ein Coach?

Auch Coaching ist vom Markt für psychische Gesundheit nicht mehr wegzudenken. Im Kern geht es hierbei um die Leistung von Hilfe zur Selbsthilfe mittels Methoden, die im Grunde (ich konnte bei der Recherche keinen trennscharfen Unterschied feststellen) auch in jeder (guten) Psychotherapie vorkommen. Von der Coaching-Seite wird natürlich sehr stark betont, dass Coaching etwas völlig anderes als Psychotherapie sei, und richtig ist, dass »Coach« weder ein geregelter Heilberuf noch überhaupt ein geschützter Titel ist. Auch wenn es Ausbildungen in Coaching gibt, ist die Bezeichnung »Coach« nicht geschützt und jeder, der dies möchte, kann sich so nennen. Nach meiner Recherche ist mein Fazit zu Coaching relativ klar und kurz: Im Kern ist Coaching das gleiche wie Psychotherapie, aber mit Menschen, die, zumindest offiziell, keine Diagnose einer psychischen Störung haben. Daher geht es im Coaching auch weniger um eine Reduktion von Symptomen, Leid und Beeinträchtigung, sondern vorwiegend um Persönlichkeitsentwicklung und den Ausbau von Fähigkeiten. Letzteres ist allerdings auch Inhalt einer jeden gelungenen Psychotherapie, die nicht komplett an der Oberfläche bleibt. Insofern besteht der größte Unterschied im (Nicht)-Bestehen einer Diagnose – einem Thema, dem wir in ▶ Kap. 5 wieder begegnen werden.

Sind »Psychologische Berater« Psychologen?

Richtig ist, dass Beratung ein Anwendungsgebiet der Psychologie ist. Psychologische Beratung ist allerdings keine heilkundliche Tätigkeit und somit klar von Psychotherapie zu trennen. Auch hier besteht, ähnlich wie beim Coaching, der Hauptunterschied darin, dass Psychotherapie beim Vorhandensein einer psychischen Störung zum Einsatz kommt und deshalb nur von Psychotherapeuten ausgeübt werden darf, während Beratung ein vergleichsweise niederschwelliges Angebot für Menschen ohne bestehende psychische Störung ist. Die Bezeichnung »Psychologischer Berater« ist, genau wie »Coach«, weder ein geregelter Heilberuf noch ein geschützter Titel und darf von jedem Menschen verwendet werden. Es gibt hierfür Kurse bzw. Kurzausbildungen; diese sind jedoch eher im Umfang von einigen Wochen und haben absolut nichts mit einem Psychologiestudium zu tun.

So, es ist geschafft! Nun wissen Sie alles Nötige, um sich auf dem Markt für psychische Gesundheit zurecht zu finden. Sie kennen die Unterschiede zwischen Psychologen, Psychiatern und Psychotherapeuten sowie die Kennzeichen geregelter Heilberufe. Und wie versprochen, wissen Sie nun auch, warum die meisten Psychotherapeuten auch Psychologen sind und dass Psychotherapeuten zwar meist keine Ärzte sind, aber zu den Fachärzten zählen. Und ich hoffe, dass deutlich geworden ist, nach welchen Bezeichnungen auf dem Praxisschild Sie, wenn Sie nach einer seriösen Psychotherapie suchen, Ausschau halten müssen. Bedenken Sie: Der Begriff »Psychotherapeut« (bzw. die Bezeichnungen »PP« und »KJP«) sind rechtlich geschützt, der Begriff »Psychotherapie« jedoch *nicht*.

Im nächsten Kapitel tauchen wir nun tiefer in die verschiedenen Arten von Psychotherapie ein, und Sie werden erfahren, warum Psychotherapie nur selten etwas mit einer Couch und Sigmund Freund zu tun hat.

Literatur

Statistische Daten zu niedergelassenen Psychotherapeuten in Deutschland

KBV. (2022, 31. Dezember). *Statistische Informationen aus dem Bundesarztregister.* https://www.kbv.de/media/sp/2022-12-31_BAR_Statistik.pdf

Zum novellierten Psychotherapeutengesetz

Bundesministerium für Gesundheit. (o. D.). *Moderne Ausbildung für Psychotherapeutinnen und Psychotherapeuten. Gesetz zur Reform der Psychotherapeutenausbildung.* https://www.bundesgesundheitsministerium.de/psychotherapeutenausbildung.html

Bühring, P. & Beerheide, R. (2023). »Gute Weiterbildung bekommt man nicht zum Nulltarif«. Interview mit Dr. phil. Andrea Benecke, Präsidentin der Bundespsychotherapeutenkammer. *Deutsches Ärzteblatt für Psychologische Psychotherapeuten und Kinder- und Jugendlichenpsychotherapeuten, 22*(7), 298–300.

Haserück, A. (2024). Weiterbildung – Bundestag sieht Handlungsbedarf bei Finanzierung. *Deutsches Ärzteblatt für Psychotherapeutinnen und Psychotherapeuten 23*(2), 54. https://www.aerzteblatt.de/archiv/237459/Weiterbildung-Bundestag-sieht-Handlungsbedarf-bei-Finanzierung

Zur Regelung von Gesundheitsberufen und ärztlicher Psychotherapie in Deutschland

Bundesministerium für Gesundheit. (o. D.). *Gesundheitsberufe – Allgemein.* https://www.bundesgesundheitsministerium.de/themen/gesundheitswesen/gesundheitsberufe/gesundheitsberufe-allgemein.html

Linden, M., Bühren, A., Kentenich, H., Loew, T. H., Springer, R. & Schwantes, U. (2008). Fachgebundene Psychotherapie: Mehr Möglichkeiten. *Deutsches Ärzteblatt, 105*(30). A1602–A1604. https://www.aerzteblatt.de/archiv/60979/Fachgebundene-Psychotherapie-Mehr-Moeglichkeiten

Regelung des Psychotherapeutenberufs im europäischen Ausland

Bühring, P. (2011). Psychotherapie im Europäischen Vergleich: Deutschland gut aufgestellt. *Deutsches Ärzteblatt für Psychologische Psychotherapeuten und Kinder- und Jugendlichenpsychotherapeuten, 10*(4), 149. https://www.aerzteblatt.de/archiv/84549/Psychotherapie-im-Europaeischen-Vergleich-Deutschland-gut-aufgestellt

Sonnenmoser, M. (2013). Psychotherapie in Europa: Schweden – Psychotherapie wird kaum genutzt. *Deutsches Ärzteblatt für Psychologische Psychotherapeuten und Kinder- und Jugendlichenpsychotherapeuten, 12*(9), 410–411. https://www.aerzteblatt.de/archiv/145574/Psychotherapie-in-Europa-Schweden-Psychotherapie-wird-kaum-genutzt

Zum Heilpraktikergesetz

Bayerisches Staatsministerium für Umwelt und Gesundheit (2010). Vollzug des Gesetzes über die berufsmäßige Ausübung der Heilkunde ohne Bestallung (Heilpraktikergesetz – HeilprG). Az.: 32-G8584–2009/1–5. *Allgemeines Ministerialblatt, 23*(2), 21–27. https://www.verkuendung-bayern.de/files/allmbl/2010/02/allmbl-2010-02.pdf#page=5

Erste Durchführungsverordnung zum Gesetz über die berufsmäßige Ausübung der Heilkunde ohne Bestallung (Heilpraktikergesetz). (1939). https://www.gesetze-im-internet.de/heilprgdv_1/HeilprGDV_1.pdf

Gesetz über die berufsmäßige Ausübung der Heilkunde ohne Bestallung (Heilpraktikergesetz). (1939). https://www.gesetze-im-internet.de/heilprg/HeilprG.pdf

Scholz, M. (2019, 7. November). *Anmerkungen zum Heilpraktikergesetz vom 17. Februar 1939.* https://onkelmichael.blog/2019/11/07/anmerkungen-zum-heilpraktikergesetz-vom-17-februar-1939/

Stock, C. (2021, 21. April). *Rechtsgutachten zum Heilpraktikerrecht.* https://www.bundesgesundheitsministerium.de/fileadmin/Dateien/5_Publikationen/Gesundheit/Berichte/Stock_Gutachten_Heilpraktikerrecht_bf.pdf

3 Von Couch bis Schaumstoffhammer: Was in einer Psychotherapie wirklich passiert

Eine Frau mit Rollkragenpullover, strenger Frisur und dicker Hornbrille hält ein Klemmbrett in der Hand und sitzt in einem kargen, halb abgedunkelten Raum, in welchem die Farbe Grau deutlich dominiert, abgewandt von der Patientin, die auf einer moderat ästhetischen Chaiselongue liegt und die Augen geschlossen hat, während sie frei assoziierend erzählt, was ihr gerade einfällt. Die Psychotherapeutin indes formuliert am Ende eine alles zusammenfassende Deutung darüber, was das Erzählte nun im tieferen Sinne bedeutet. So oder so ähnlich lassen sich viele Darstellungen von Psychotherapie in Film und Fernsehen zusammenfassen. Das mag als einigermaßen zutreffende, wenngleich überspitzte Darstellung einer *Psychoanalyse* durchgehen, ist jedoch im Hinblick auf das, was man im Bereich der Psychotherapie überwiegend in der Realität des Gesundheitssystems antrifft, alles andere als repräsentativ. Ähnliches gilt für Darstellungen, die Psychotherapie so zeigen, dass die Patientin sich »einfach nur alles einmal von der Seele redet«, während die Therapeutin zuhört, freundlich guckt und lächelt – sprich aus Sicht des Zuschauers im Grunde nichts tut, was nicht auch jeder andere normale Mensch könnte (was natürlich nicht stimmt!). Das wiederum kann als näherungsweise, wenngleich natürlich naive Abbildung der *Gesprächspsychotherapie* (GT) durchgehen. Die dritte typische Darstellungsart ist die Variante, bei der Patientinnen durch Fragen und Provokationen zum Äußern von Gefühlen gebracht werden, indem ihnen z. B. ein mannsgroßer Schaumstoffhammer in die Hand gegeben wird, mit dem sie ihre Wut »rauslassen« oder einen überkritischen inneren Anteil konfrontieren sollen. Hier wiederum kann man einen gewissen Bezug zum sogenannten *Psychodrama* herstellen. Wie im vorherigen Kapitel schon mehrfach angedeutet, möchte ich mich in diesem Kapitel der Vielseitigkeit von Psychotherapie widmen und in diesem Zuge erklären, was an den in Film, Fernsehen und Co. weit verbreiteten Darstellungen stimmt – und was nicht.

Tatsächlich existiert zwar die einheitliche Berufsbezeichnung »Psychotherapeutin«, jedoch gibt es verschiedene »Schulen« bzw. Therapie*verfahren*, in denen man als Psychotherapeutin ausgebildet sein und einen entsprechenden *Fachkundenachweis* (▶ Kap. 2) erlangen kann. In Deutschland gibt es vier sogenannte *Richtlinienverfahren*, für welche die Kosten durch die gesetzlichen Krankenkassen übernommen werden. Welche Verfahren hierzu gehören, entscheidet in Deutschland der sogenannte *Gemeinsame Bundesausschuss* (kurz G-BA), der dies in der *Psychotherapie-Richtlinie* festhält – daher auch der Begriff *Richtlinienverfahren* (mehr hierzu in ▶ Kap. 4). Ob ein Verfahren in den Katalog der Richtlinienverfahren aufgenommen und somit »krankenkassenfähig« wird, hängt maßgeblich davon ab, ob nachgewiesen werden konnte, dass das jeweilige Verfahren bei einer gewissen Mindestzahl von Störungsbildern wirksam ist. Der G-BA orientiert sich dabei stark an den Empfehlungen eines anderen Gremiums aus Fachleuten, des *Wissenschaftlichen Beirats Psychotherapie* (kurz WBP). Dieser trifft auf Basis der zur Verfügung stehenden wissenschaftlichen Befunde Entscheidungen bzgl. der wissenschaftlichen Anerkennung der verschiedenen Psychotherapieverfahren (wobei die Wirksamkeit der Verfahren das wichtigste Kriterium darstellt), nach denen wiederum der G-BA sich maßgeblich richtet. Aktuell gehören zu den vier Richtlinienverfahren die Systemische Therapie (ST), die Verhaltenstherapie (VT), die Tiefenpsychologisch fundierte Psychotherapie (TP) und die Analytische Psychotherapie (AP). In diesen vier Verfahren ist es möglich, sich im Rahmen der Ausbildung zur Psychotherapeutin vertieft ausbilden zu lassen, um eine Approbation und den entsprechenden Fachkundenachweis zu erlangen. Ebenso ist für diese vier Verfahren sozialrechtlich die Abrechnungsfähigkeit gegenüber den Krankenkassen geregelt. Die ST ist in diesem Kreis übrigens das jüngste Mitglied – die Anerkennung durch den WBP erfolgte bereits 2008, die Aufnahme als Richtlinienverfahren mit »Krankenkassenzulassung« wurde jedoch erst im Jahr 2020 Realität. Hinsichtlich der medialen Darstellung ist die Sache recht klar: Die AP gewinnt das Rennen deutlich, und die Gesprächspsychotherapie liegt nach meinem Eindruck zusammen mit der TP abgeschlagen auf Platz 2, während VT und ST kaum vorkommen.

Eben jene Gesprächspsychotherapie nach Rogers (GT) befand sich bzgl. ihrer wissenschaftlichen Anerkennung bis 2017 in einem jahrzehntelangen Schwebezustand und war Gegenstand vieler Kontroversen. 2017 jedoch veröffentlichte der WBP ein endgültiges Gutachten, das zu dem Ergebnis kam, dass die Bandbreite der Störungsbilder, für welche die GT ihre Wirksamkeit belegen konnte, nicht groß genug sei, sodass ihr die wissenschaftliche Anerkennung vorerst im Ganzen abgesprochen wurde. Ich werde die GT jedoch trotzdem aus zwei Gründen in diesem Kapitel beschreiben: Erstens, weil auch der Stil der GT in etlichen medialen Darstellungen von Psychotherapie auftaucht und somit Stereotype mitgeprägt hat, und zweitens, weil die GT im

Gegensatz zur TP und AP, die beide auf der Psychoanalyse beruhen (und das ist »die mit der Couch«) ihren Ursprung in der Psychologie und nicht in der Medizin hat. Ja, in der Tat hat genau deshalb die berüchtigte Couch wirklich absolut nichts mit der akademischen Psychologie zu tun, da die Psychoanalyse, als deren Begründer der fast jedem bekannte Arzt Sigmund Freud angesehen werden kann, sich gegen Ende des 19. Jahrhunderts innerhalb der *Medizin* und nicht innerhalb der Psychologie entwickelte. Interessanterweise entstand übrigens relativ parallel dazu die zu der damaligen Zeit neue akademische Disziplin der Psychologie, als deren Mitbegründer die wahrscheinlich keinem Laien bekannten Personen Wilhelm Wundt und Gustav Theodor Fechner betrachtet werden können.

Ich werde daher nun zunächst auf die von der Medizin hervorgebrachte Psychoanalyse und ihre »Töchter«, d. h. die AP und die TP, eingehen und danach die drei Verfahren beschreiben, deren Geburtsstätte (überwiegend) die Psychologie ist: die VT, die GT und die ST. Abschließend werde ich dann erklären, warum die Unterschiede zwischen diesen Verfahren aus meiner Sicht überbewertet sind und der Fokus eigentlich auf etwas anderem liegen sollte. An dieser Stelle sei übrigens kurz erwähnt, dass es alle Psychotherapie-Verfahren sowohl in der Einzel- als auch der Gruppentherapievariante gibt. Da die Einzeltherapie in Deutschland ganz klar überwiegt und es ansonsten auch den Rahmen dieses Buches sprengen würde, werde ich mich in allen folgenden Darstellungen auf Einzeltherapien beziehen.

Bevor es hiermit losgeht, möchte ich Ihnen aber noch ein paar Zahlen dazu präsentieren, wie häufig eigentlich welche Fachkunde in Deutschland vertreten ist. Die Daten hierzu stammen aus dem Bundesarztregister zum Stichtag des 31. 12. 2021 und wurden mir direkt durch die Pressesprecherin der KBV zur Verfügung gestellt (persönliche Kommunikation, 7. März 2023). Bei den Daten ist zu beachten, dass diese sich zu mehr als 100 % addieren, weil es Psychotherapeutinnen gibt, die mehr als einen Fachkundenachweis besitzen (z. B. VT *und* TP). Unter der mit Abstand größten Gruppe der PP verfügen 68 %, also die deutliche Mehrheit, über eine Fachkunde in VT, 20 % in TP, 14 % in AP + TP (bedeutet: kombinierte Fachkunde) und nur 1 % in ST (wie gesagt, erst seit 2017 kann man diese Fachkunde offiziell erwerben). Bei den Ärztlichen Psychotherapeutinnen ist (aus Gründen, die ich gleich erklären werde) mit 62 % die TP ganz vorn, gefolgt von 25 % AP + TP und nur 23 % VT (die ST kommt auch hier nur auf 1 %). Bei den KJP ist die ST sogar nur mit 0,2 % vertreten, die VT führt mit 54 %, TP + AP als Fachkunde haben 25 %, und über »nur« TP verfügen 22 % der Angehörigen dieser Berufsgruppe. Gemessen hieran (man erinnere sich, dass die PP die größte Gruppe ausmachen und dort, wie bei den KJP die VT deutlich überwiegt) müsste also eigentlich die VT in der medialen

Darstellung überwiegen und die Psychotherapie in Deutschland repräsentieren – was sie nicht tut. Ich zumindest habe noch in keinem Film eine VT-Sitzung gesehen – was daran liegen mag, dass es schlichtweg zu wenig exotisch wäre. Kommen wir daher also zuerst zu einer medial überrepräsentierten Form der Psychotherapie: der Psychoanalyse.

Die Psychoanalyse und ihre Töchter

Zuallererst vom Arzt Sigmund Freud Ende des 19. Jahrhunderts entwickelt, stellt die Psychoanalyse die »Erstgeborene« unter den Psychotherapieverfahren dar. Tatsächlich wurde die Psychoanalyse ziemlich schnell populär unter Fachleuten, und Freud konnte sich schnell vieler Schüler rühmen, die sich jedoch überwiegend recht zügig mit ihrem Meister zerstritten, was so schon Anfang des 20. Jahrhunderts zu einer Aufsplittung der Psychoanalyse in diverse verschiedene Zweige führte. Zu diesen gehörten u. a. Alfred Adler mit seinem Konzept der *Individualpsychologie* und Carl Gustav Jung mit seiner *Analytischen Psychologie.* Da hierüber andere schlaue Menschen dicke Bücher verfasst haben, werde ich hier nicht die Geschichte der Psychoanalyse nacherzählen. Stattdessen möchte ich Ihnen gerne möglichst anschaulich und verständlich nahebringen, was die ausschlaggebenden Kernmerkmale der Psychoanalyse und ihrer Weiterentwicklungen, der AP und der TP, sind.

Kommen wir zunächst dazu, wie eine Psychoanalyse von außen betrachtet ausschaut. Während man in der Verhaltenstherapie, der Systemischen Therapie oder der Gesprächspsychotherapie üblicherweise als Patientin oder Klientin der Therapeutin gegenüber*sitzt*, legte Freud (und hier kehren wir zu dem besagten Klischee zurück) seine Patientinnen tatsächlich auf die Couch. Das hatte vor allem den Grund, dass Freud sich bei der Entwicklung seiner Methode zwangsläufig an der Hypnose orientierte, die damals nämlich schon bekannt und verbreitet bzw. »en vogue« war. Dabei sei ergänzend erwähnt, dass Freud sich von der damals verbreiteten Form der Hypnose abgrenzte, weil er den unmündigen Zustand der den Suggestionen des Arztes ausgesetzten Patientin ablehnte. Es ist wichtig, dies im historischen Kontext zu bewerten, da die Psychoanalyse, wie Freud sie praktizierte, nach heutigen Bewertungskriterien die Patientin ebenfalls unmündig macht, was in der Gestaltung der Beziehung zwischen der Psychoanalytikerin und der Patientin liegt: Die Analytikerin hat die Deutungshoheit über das, was die Patientin sagt, d. h. es gibt ein *Gefälle* innerhalb der Beziehung – sie findet nicht auf Augenhöhe statt. Fairerweise muss man hier einwenden, dass diese Art der Beziehungsgestaltung vor rund 120 Jahren alles andere als ungewöhnlich im medizinischen Bereich war. Traurig ist eher, dass sie es meiner Wahrnehmung nach in der Medizin vielerorts bis heute ist, weshalb es wenig verwundert, dass die psychoanalytische Tradition, heute meist in Gestalt der TP und AP, noch immer hauptsächlich bei psychotherapeutisch tätigen Ärztinnen anzutreffen ist.

Die klassische Psychoanalyse dauert sehr lange, nämlich oft einige Jahre bei mehreren Sitzungen pro Woche. Während der Therapiesitzung liegt die Patientin in der Regel und erzählt nach dem Konzept des *freien Assoziierens*, was sie beschäftigt und was ihr in den Sinn kommt, während die als *neutrale Projektionsfläche* definierte Analytikerin außerhalb des Sichtfeldes der Patientin sitzt. »Neutrale Projektionsfläche« bedeutet in diesem Kontext übrigens, dass die Analytikerin, ganz anders als z. B. in der GT nach Rogers (siehe unten) nicht als Mensch sichtbar wird und schon gar nicht irgendetwas über sich preisgibt. Es handelt sich insgesamt um eine ziemlich unnatürliche Gesprächssituation, bei der die Analytikerin das tut, was Psychologiestudierenden immer fälschlicherweise vorgeworfen wird: Sie analysiert die Patientin bis in die »tiefsten Tiefen« und stellt dann irgendwann in Form einer sogenannten *Deutung* fest, was für ein *Konflikt* vorliegt. Natürlich ist das nicht das Einzige, was in einer Psychoanalyse passiert, jedoch nimmt die Identifikation der sogenannten *intrapsychischen Konflikte* in der psychoanalytischen Theorie und Praxis eine zentrale Rolle ein. Da sich aus meiner Sicht nichts besser eignet, um mit wenig Aufwand ein recht gutes Gespür für die Denkweise der Psychoanalyse zu gewinnen, möchte ich das Konzept kurz darstellen.

Konflikt und Abwehr

Allen psychoanalytischen Theorien ist, grob gesagt, gemeinsam, dass sie davon ausgehen, dass die Ursache für klinische Symptome, z. B. Ängste oder Depressionen, in der »Tiefe der Seele« liegt, d. h. zum einen in *unbewussten* Prozessen begründet ist (ein wesentlicher Unterschied zu »später geborenen« Therapieverfahren) und zum anderen auf weit zurückliegende, in negativer Weise prägende biographische Erfahrungen oder unerfüllte Bedürfnisse zurückgeführt werden kann. Gemeinsam ist den meisten Konzepten außerdem, dass sie davon ausgehen, dass das Rekonstruieren und Offenlegen dieser Prozesse notwendig, aber auch hinreichend für die Auflösung der Symptomatik ist – mit anderen Worten: Die Erkenntnis über die Ursache des Problems ist gleichzeitig deren Lösung.

Sehr deutlich wird das am Modell von Konflikt und Abwehr, mit dem in der psychoanalytischen Tradition all jene Störungen erklärt werden, die als »Neurose« bezeichnet werden (abzugrenzen von den sogenannten Strukturpathologien, die laut Psychoanalyse eher auf einen Mangel an z. B. kognitiven und emotionsregulatorischen Fähigkeiten zurückzuführen sind). Vereinfacht gesagt, ist ein intrapsychischer Konflikt im Sinne der Psychoanalyse eine innere Ambivalenz der Person zwischen zwei Bestrebungen. Als Verhaltenstherapeut würde ich wahrscheinlich von einem Konflikt zwischen »Zielen« oder »Motiven« reden. Die Psychoanalyse und gerade Freud betonen hierbei derweil in exzessiver Form die Bedeutung unterdrückter sexueller Impulse (als Ausdruck des sogenannten »Es«, also der Instanz in seinem Strukturmodell der Persönlichkeit, die animalische Triebe repräsentiert) auf der einen und normativer Forderungen (repräsentiert durch die Instanz des »Über-Ichs«) auf der anderen Seite. Der entstehende Konflikt wird dann von der Psyche der betroffenen Person *abgewehrt*, wobei verschiedene sogenannte *Abwehrmechanismen* zum Einsatz kommen. Das Symptom, also z. B. eine Angststörung oder eine Depression, entsteht dann letztlich als *Folge* der zur Lösung des Konflikts eingesetzten Abwehrmechanismen und wird als *Neurose* bezeichnet.

Ziel der Psychoanalyse ist es, den Konflikt durch seine Offenlegung zu lösen, um die Abwehrmechanismen überflüssig zu machen. Als Beispiel soll die nachfolgende Geschichte des »kleinen Hans« dienen, einer Fallbeschreibung Freuds von einem kleinen Jungen mit der Angst vor Pferden.

> **Exkurs: Die Geschichte vom »kleinen Hans«**
> Freud zufolge hatte der Junge namens Hans den sogenannten Ödipus-Konflikt nicht gelöst, der darin besteht, dass laut Freud alle Jungen zwischen vier und sechs Jahren sexuelles Verlangen (*Es*) nach ihrer Mutter verspüren, woraufhin sie aber, weil sie wissen, dass ihr Vater als Konkurrent stärker ist und das Ganze auch irgendwie nicht so sein sollte (*Über-Ich*), Angst davor entwickeln, dass der Vater sie kastrieren wird (*Kastrationsangst*). Laut Freud entsteht das Symptom (die Angst vor Pferden) nun durch eine *Verschiebung* (einen von vielen verschiedenen *Abwehrmechanismen*) der Angst, die eigentlich auf den Vater gerichtet ist, auf Pferde (vgl. Freud, 1909).

Vielleicht haben Sie nun mit den Augen gerollt und, wenn Sie tendenziell nach 1980 geboren sind, gedacht »WTF?«. Ich muss zugeben, dass dies ein Extrembeispiel ist und es von Verhaltenstherapeutinnen wohl durchaus dazu

Die Psychoanalyse und ihre Töchter

gebraucht wird, um die Psychoanalyse lächerlich zu machen. Wie Sie, wenn Sie weiterlesen, feststellen werden, ist das nicht mein Ziel, wenngleich man mit einem Augenzwinkern sicherlich konstatieren kann, dass diese Praxis ebenso zum »guten Ton« zwischen den konkurrierenden Therapieschulen gehört wie der Vorwurf der Psychoanalysefraktion, die Verhaltenstherapie würde nur an der Oberfläche kratzen. Beide Seiten schenken sich hier typischerweise nicht viel – stellen Sie es sich, falls Sie »Harry Potter« gelesen haben, einfach vor wie das Verhältnis zwischen Gryffindor und Slytherin und entscheiden Sie selbst, wer welches Haus sein soll.

Tatsächlich kann man mit dem Modell von Konflikt und Abwehr aber eine ganze Menge erklären, und es wird auch weitaus weniger absurd, wenn man das von Freud so heißgeliebte Sex-Thema, die nicht wissenschaftlich belegten Annahmen bzgl. des vermeintlichen Vorhandenseins universeller Konflikte wie des Ödipus-Konflikts und das Strukturmodell mit *Es*, *Ich* und *Über-Ich* einmal zur Seite packt. Einige von der Psychoanalyse postulierte Abwehrmechanismen sind sehr plausibel und zur Erklärung pathologischer Verhaltens- und Denkweisen durchaus so hilfreich, dass auch andere Therapieschulen wie die Verhaltenstherapie sich ihrer bedienen. Wenngleich man sie, weil es als Verhaltenstherapeutin immanent wichtig für die eigene Identität ist, sich klar von der Psychoanalyse abzugrenzen (das war liebevoller Sarkasmus), natürlich anders nennt und z.B. »dysfunktionale Bewältigungsstrategien« oder »maladaptive Verhaltensweisen« dazu sagt. Sehr eingängige und gut nachvollziehbare Abwehrmechanismen sind z.B. die im Volksmund weit verbreitete *Verdrängung* (ergo: Der bestehende intrapsychische Konflikt wird einfach zur Seite geschoben und ignoriert; von Verhaltenstherapeutinnen lieber »Vermeidung« genannt), die durch Freud übrigens als »reife Abwehr«, also als ziemlich erwachsene Bewältigungsstrategie bezeichnet wurde, und die *Projektion*. Auch als Verhaltenstherapeutin lernt man irgendwann, dass Projektion häufig passiert und vieles im zwischenmenschlichen Geschehen erklärt, schämt sich aber gegenüber Kolleginnen stets, das P-Wort zu benutzen, weil es ja eine psychoanalytische Vokabel ist. Tatsächlich bedeutet Projektion, dass ein Teil des intrapsychischen Konflikts (z.B. ein Gefühl der Wut oder ein aggressiver Impuls) einer anderen Person zugeschrieben und der Konflikt dadurch gelöst wird, weil man sich so nicht mit ihm auseinandersetzen muss. Ein typisches Beispiel für Projektion ist, wenn eine Person ihre eigene unterdrückte Wut ihrem Gegenüber unterstellt bzw. vorwirft. Ein weiterer Abwehrmechanismus ist die sogenannte *Somatisierung*. Sie liegt laut psychoanalytischer Denkweise den meisten psychosomatischen Störungsbildern zugrunde und sieht die Bildung körperlicher Symptome, z.B. Schmerzen, als Ergebnis der Konfliktabwehr. D.h., das Symptom ist quasi die Kompromisslösung, weil der primäre »Gewinn« der körperlichen Symptome die Auflösung der Spannung aufgrund des intrapsychischen Konflikts ist. Vielleicht haben Sie auch schon einmal etwas vom *sekundären Krankheitsgewinn* gehört, den Verhaltenstherapeutinnen auch kennen, aber lieber »Funktionalität« nennen. Gemeint sind hiermit »versteckte Vorteile«, die Symptomen wie Schmerzen mit der Zeit anhaften können, z.B. in Form von Aufmerksamkeit und Zuwendung, welche die leidende Person erfährt. Diese Vorteile können mit der Zeit zu (meist unbewussten) Gründen dafür werden, warum solche Symptome nicht verschwinden (Verhaltenstherapeutinnen würden sagen: »Die Symptome werden durch die Funktionalität aufrechterhalten.«). In der Psychoanalyse spricht man derweil von *sekundärem Krankheitsgewinn*, weil der *primäre Krankheitsgewinn* in der Auflösung der Konfliktspannung besteht.

Eine recht moderne Perspektive auf intrapsychische Konflikte und ihre Abwehr liefert die *Operationalisierte Psychodynamische Diagnostik* (OPD), die einen Versuch darstellt, eine einheitliche Diagnostik auf Basis des Modells von Konflikt und Abwehr zu schaffen. Die OPD listet eine Reihe von Konflikttypen, die interessanterweise sinngemäß fast deckungsgleich (wenn auch nicht von der Wortwahl gleich) sind mit Phänomenen, die in der modernen verhaltenstherapeutischen Literatur z.B. als Ziel- oder Motivkonflikte bezeichnet werden. Anders als in der von Freud geprägten Konfliktbetrachtung geht es nicht mehr vorrangig um das Ausbalancieren von *Es* und *Über-Ich*, sondern es wird ein typischer Konflikt zwischen zwei Extremen, z.B. der zwischen »Individuation und Abhängigkeit« (d.h. zwischen Bindung und Autonomie) sowie dessen mögliche Abwehrmechanismen beschrieben. Beim Konflikt »Individuation vs. Abhängigkeit« könnte laut OPD die Abwehr im passiven Modus (gehorsam sein, sich unterwerfen) oder im aktiven Modus (Kontrolle an sich reißen, jegliche Bindung meiden) passieren. Diesen ziemlich nachvollziehbaren Abwehrmechanismen stehen solche wie die *Verschiebung* (siehe Exkurs »Die Geschichte vom ›kleinen Hans‹«) gegenüber, die aus meiner Sicht eher weniger nachvollziehbar und skurril wirken und bei denen auch nicht ganz klar wird, wodurch genau jetzt das Symptom entsteht. Was der Psychoanalyse (durchaus zurecht, wie ich finde) anhaftet, ist der Eindruck, unnötigerweise Dinge zu verkomplizieren und zu mystifizieren, bei denen dies, wie man hier nahe der dänischen Grenze sagt, nicht Not tut. Das beste Beispiel für diese Mystifizierungstendenz ist das Beispiel vom »kleinen Hans«: Die naheliegende Erklärung für seine Angst vor Pferden ist, dass er eine negative Erfahrung mit einem Pferd hatte, aber Freud bastelt mit dem Ödipus-Komplex und der Verschiebung der Kastrationsangst eine viel tiefgründigere, nicht triviale und überaus mystische Erklärung, die viel weniger langweilig ist – ein Aspekt, der das bis heute anhaltende große gesellschaftliche und mediale Interesse an der

Psychoanalyse erklärt. Dennoch ist es mir ein Anliegen, darzulegen, warum ich viele Aspekte der Konzepte der Psychoanalyse durchaus sinnvoll und hilfreich finde.

Übertragung und Gegenübertragung

Ein weiterer sehr nützlicher Aspekt des psychoanalytischen Theoriewerks, gerade bei zwischenmenschlichen Problemen von Patientinnen, ist das Konzept der Übertragung. Übertragung bezeichnet den Prozess, dass die Patientin frühere Beziehungserfahrungen, vor allem solche mit den Eltern, auf die Analytikerin überträgt. Dies könnte in einem einfachen Fall z.B. darin bestehen, dass die Patientin in der Therapie besonders fleißig mitarbeitet, weil sie früher als Kind stets Anerkennung für gute Leistung erhielt, aber sich ebenso prophylaktisch entschuldigt, wenn sie ihre Therapie-Hausaufgaben nicht gemacht hat, weil es dafür von der Mutter früher stets Strafe gab. In diesem Kontext hört man dann auch oft von Therapeutinnen die Formulierung »Die Patientin macht mich zu ihrer Mutter«, was genau diese Übertragung ausdrückt. Ebenso gibt es auch die sogenannte Gegenübertragung. Diese beschreibt sinngemäß die Erfahrung auf Seiten der Analytikerin, wenn z.B. die Patientin sie an eine eigene Bezugsperson wie die eigene Mutter erinnert, was wiederum negative Gefühle in der Analytikerin auslösen und ihre Neutralität gefährden kann, die von ihr gefordert wird.

Ich beschreibe diese beiden Prozesse hier, weil sie, ähnlich wie das Modell von Konflikt und Abwehr, aus meiner Sicht einen großen therapeutischen Nutzen haben (da sie enorm zum Verstehen von Problemen beitragen) und außerdem das Potenzial haben, einen schulenübergreifenden Erklärungswert für psychische Phänomene darzustellen. Dass es Übertragung und Gegenübertragung gibt, wird kaum ein Psychotherapeut mit egal welcher Fachkunde leugnen, und aus meiner Sicht besteht eine große Chance darin, solche Prozesse als Bindeglieder zwischen den verschiedenen Therapieverfahren zu verstehen.

Die Töchter der Psychoanalyse: AP und TP

Strenggenommen habe ich Ihnen nun seitenweise die Psychoanalyse erklärt, obwohl ich Ihnen nun mitteilen muss, dass die Psychoanalyse in ihrer ursprünglichen Form gar nicht zu den in Deutschland zugelassenen Richtlinienverfahren gehört. Zu diesen gehören derweil zwei »Töchter«, nämlich die

Analytische Psychotherapie (AP) und die Tiefenpsychologisch fundierte Psychotherapie (TP), die aufgrund ihrer gemeinsamen »Mutter«, der Psychoanalyse, oft zu den *psychodynamischen Therapien* zusammengefasst werden. Der Begriff »Psychodynamik« ist tatsächlich ziemlich passend gewählt, da er das Kernbindeglied zwischen den ganzen auf der Psychoanalyse aufbauenden Therapieformen beinhaltet: die Annahme, dass unbewusste und auf frühe Bindungserfahrungen zurückgehende Prozesse die *Dynamik* hinter neurotischen Symptomen in der Gegenwart darstellen.

Die AP ist unter den psychodynamischen Verfahren noch am nächsten an der Psychoanalyse dran, d. h. klassischerweise liegt die Patientin und sitzt nicht, und es kommt überwiegend die Methode des freien Assoziierens zum Einsatz. Eine AP bedeutet derweil übrigens nicht, dass die Theorien von Freud Anwendung finden müssen – im Gegenteil: Auch im Bereich der psychodynamischen Therapien wurden über die Jahrzehnte hinweg viele neue Ansätze entwickelt, die jedoch überwiegend noch die Kernmerkmale teilen, die ich genau deswegen auch in den zurückliegenden Abschnitten beschrieben habe. Die AP findet ähnlich hochfrequent wie die Psychoanalyse statt, d. h. typischerweise mehrmals pro Woche (daher bewilligt die Krankenkasse auch bis zu 300 Sitzungen bei der AP), aber im Gegensatz zur klassischen Psychoanalyse arbeitet man neben »alten«, also in der Biographie verankerten Konflikten, auch an aktuellen Konflikten. Die TP wiederum kann man sich als eine Art Light-Version der Psychoanalyse vorstellen, die je nach konkretem Ansatz nicht mehr unbedingt so viel Ähnlichkeit mit der Psychoanalyse haben muss. Das maximale Sitzungskontingent, das die Krankenkassen bewilligen, liegt bei 100 Stunden, und inzwischen gibt es sogar viele Kurzzeittherapie-Konzepte in der TP. Anders als die AP beschäftigt sich die TP tendenziell sogar überwiegend mit aktuellen Konflikten in der Gegenwart, findet nur ein- bis zweimal pro Woche im *Sitzen* (und nicht im Liegen) statt und erstreckt sich meist über nicht mehr als zwei Jahre, ähnlich wie eine Langzeittherapie in der VT. Ein weiterer Unterschied besteht darin, dass die AP, wie die Psychoanalyse, stark darauf setzt, die Patientin mit kindlichen Gefühlen und Erlebensweisen in Kontakt zu bringen (der Fachbegriff dafür ist »Regressionsförderung«), während die TP dies viel weniger forciert. Auch werden in der modernen TP immer mehr Variablen betont, die eigentlich aus der VT oder GT stammen, d. h. Dinge wie eine empathische Grundhaltung, die Vermittlung von Geborgenheit und Sicherheit und die aktive Hilfe beim Bewältigen aktueller Probleme, die die lästige Eigenschaft besitzen, manchmal drängender als intrapsychische Konflikte aus der Vergangenheit zu sein.

Zusammengefasst und mit Bezug zur Überschrift des Kapitels bedeutet das: Die besagte »Couch« gibt es in der klassischen Psychoanalyse und häufig auch noch in der AP, sie verliert jedoch wegen der moderneren Neuentwicklungen der psychodynamischen Therapien wie der TP immer mehr an Bedeutung. Zusammen mit dem Vorgriff auf die Information, dass sowohl Patientin als auch Therapeutin in allen anderen Richtlinienverfahren (ST, VT, TP) sowie der GT sitzen und nicht liegen, wird somit klar, warum unter dem Strich Psychotherapie eher weniger mit einer Couch zu tun hat, sondern meist mehr mit einem weitaus weniger mystischen und erschreckend trivialen Stuhl.

Gesprächspsychotherapie nach Rogers

Sehr oft antworten Patientinnen bei mir im Erstgespräch auf die Frage nach Vorbehandlungen, dass sie schon mal eine »Gesprächstherapie« gemacht haben. Nun ist das alles andere als eindeutig, denn (Überraschung!) alle Verfahren außer vielleicht der AP und der klassischen Psychoanalyse finden im Gespräch statt – und da die »tatsächliche« Gesprächspsychotherapie nach Rogers keine Kassenleistung in Deutschland ist, habe ich dann in der Regel wenig Information darüber, welcher Art die Vorbehandlung war. Die Patientin zu fragen, was genau denn gemacht wurde, ist übrigens ähnlich zielführend. Die klassische Antwort ist »Wir haben gesprochen«, und immer wieder bin ich verwundert, warum Patientinnen nicht wissen, mit welchem Therapieverfahren sie es zu tun hatten. Aber zurück zum Thema. Die GT nach Rogers möchte ich hier als wesentlichen Vertreter der sogenannten *Humanistischen Verfahren* beschreiben, mich hierbei aber mit Bezug auf die Relevanz des Verfahrens für die tatsächliche psychotherapeutische Versorgung etwas kürzer fassen als bei den psychodynamischen Verfahren und der VT. Zunächst zur Einordnung: Als Begründer der GT gilt Carl Rogers, dessen Besonderheit ist, dass er der erste *Psychologe* (und nicht Arzt) war, der ca. ab den 1950er Jahren Psychotherapie durchführte und durch seine Veröffentlichungen bekannt wurde. Der Begriff »Gesprächspsychotherapie« stammt dabei nicht von Rogers selbst, sondern von Reinhard Tausch, der das Konzept nach Deutschland »importierte«. Synonyme für die GT und Begriffe, die von Rogers selbst stammen, sind »nondirektive Therapie«, »klientenzentrierte Therapie« und »personenzentrierte Therapie«.

Das humanistische Weltbild, d.h. ein solches, das den Menschen in seiner Natur von Grund auf positiv sieht und auf seine Ressourcen fokussiert, durchzieht die Theorien Rogers darüber, wie Psychotherapie wirkt, wie ein roter Faden und hebt ihn drastisch von den psychodynamischen Theorien ab, die vergleichsweise stark die Defizite in der menschlichen Psyche betonen. Im Kern seiner Theorie steht die Annahme, dass Menschen grundlegend nach Selbstverwirklichung sowie dem streben, was Rogers »Selbstaktualisierung« nannte. Gemeint ist damit im Grunde das Bedürfnis aller Menschen, sich selbst weiterzuentwickeln, zu reifen und zu wachsen. Rogers ging davon aus, dass psychische Störungen dann entstehen, wenn unser wahrgenommenes Selbstbild (also wie wir uns selbst sehen, z.B. als »Versagerin«, weil man sein Kind angeschrien hat) und unser Wunsch-Selbstbild (wie wir denken, dass wir sein *sollten* – z.B. »immer ruhig und gelassen«) auseinanderklaffen, was er als Zustand der *Inkongruenz* bezeichnet (sprich, einer blockierten Selbstaktualisierung). Das übergeordnete Therapieziel in der GT ist daher, die Patientin (Rogers bzw. alle personenzentrierten Ansätze sprechen übrigens nicht von »Patientin«, sondern von »Klientin«, um den Aspekt der Augenhöhe zu betonen) zurück in einen kongruenten Zustand zu bringen, in dem, um das gerade genannte Beispiel zu bemühen, die scheinbar widersprüchliche Erfahrung in das Selbstkonzept integriert wird (»Ich bin eine gute Mutter, auch wenn ich manchmal ärgerlich werde.«). Auch Rogers macht dabei Annahmen dazu, was die biographischen Risikofaktoren für die Entwicklung psychischer Probleme bzw. inkongruenter Zustände sind. Genauer gesagt formuliert er, dass es Bedingungen gibt, die in der Entwicklung eines Kindes erfüllt sein müssen, damit dieses ein positives Selbstkonzept (d.h. im Wesentlichen ein gutes Selbstwertgefühl) entwickelt. Diese Bedingungen umfassen, dass das Kind von seinen Bezugspersonen bedingungslose (d.h. eben *nicht* an Bedingungen wie Leistung oder Gehorsam geknüpfte) Zuwendung und Wertschätzung erfährt. Darüber hinaus ist notwendig, dass die Bezugspersonen sich authentisch bzw. »echt« verhalten, d.h. sich gegenüber dem Kind nicht verstellen, sondern eigene Gefühle ausdrücken usw. Und schließlich gehört zu den Bedingungen noch, dass die Bezugspersonen das Kind darin ermutigen und unterstützen, seine echten Gefühle zuzulassen und zu zeigen, und dem Kind empathisch zeigen, dass sie seine Gefühle verstehen oder sogar nachempfinden können.

Die Unterschiede zu den psychodynamischen Theorien sind, wenngleich eine interessante Parallele darin besteht, dass (anders als in der VT) von therapeutischer Seite wenig gesteuert, begrenzt und strukturiert wird, somit groß: Ein hierarchisches Denken zum Verhältnis zwischen Therapeutin und Patientin steht einem Verhältnis auf Augenhöhe gegenüber, das in der GT im Wesentlichen als eine ganzheitliche Begegnung zweier Menschen verstanden wird, von denen eine Person sich im Zustand der Inkongruenz befindet (Klientin) und die andere idealerweise nicht (Therapeutin). Der noch größere Unterschied zu den psychodynamischen Theorien und teilweise auch zur VT sind die Authentizität der Therapeutin, die in der GT nämlich als Mensch (und nicht nur in einer professionellen *Rolle*) sichtbar wird und in der therapeutischen Beziehung auch ihre eigenen Gefühle ausdrückt und mitteilt. Eine GT-Therapeutin würde z.B. auch mit der Klientin zusammen weinen und offen zeigen, dass etwas, das die Klientin gesagt hat, sie berührt – was zumindest in den klassischen psychoanalytischen Verfahren absolut undenkbar und aus jener Sicht der größte Fauxpas schlechthin wäre.

Der Grund für diese therapeutische Haltung und Vorgehensweise ist, dass die GT davon ausgeht, dass das, was notwendig dafür ist, dass die Klientin in einen »kongruenten Zustand« zurückfindet, nicht mehr und nicht weniger als ein von einer sich authentisch und echt verhaltenden Therapeutin im Gespräch auf Augenhöhe realisiertes Beziehungsangebot ist. Im Rahmen dessen soll die Klientin bedingungslose Wertschätzung erfahren, findet die Therapeutin sich empathisch in die Erlebniswelt der Klientin ein und benennt die erkennbaren Gefühle (z.B. »Ich verstehe, Sie sind traurig«). Das bedeutet, dass die Therapie in einer heilsamen Beziehungserfahrung besteht, die »nachholt«, was in der Kindheit fehlte. Von außen betrachtet, würden manche Menschen vielleicht abfällig anmerken, dass das Prinzip zu trivial ist und die Therapeutin eigentlich nur entweder zuhört oder wie ein Papagei nachplappert, was die Klientin sagt. Ich kann diese Sichtweise aus Perspektive von jemandem, der den Hintergrund nicht kennt, verstehen und möchte an dieser Stelle auch einordnen, dass deshalb auch die medialen Darstellungen der Sorte »Einfach mal alles von der Seele reden, während Therapeutin zuhört und nickt« einen wahren Kern haben. Aber es steckt eben eine starke und, wenn Sie mich fragen, emotional berührende Haltung dahinter. Grob zusammengefasst erscheint die Kritik an der GT dahingehend, dass die theoretisch postulierten Variablen Wertschätzung, Echtheit und Empathie offenbar hilfreich, jedoch nicht *hinreichend* für die Veränderung für Menschen sind, um in der Breite der Störungsbilder wirksam zu sein, aber leider nicht ganz unberechtigt, wenn man die im weiteren Verlauf des Kapitels noch thematisierten Ergebnisse der Psychotherapieforschung und das Gutachten des WBP aus dem Jahr 2017 betrachtet.

Dennoch hat die GT bzw. haben die humanistischen Verfahren einen hohen Wert für die Psychotherapiewelt, da andere Verfahren sich von ihnen vieles abgeschaut und einverleibt haben. Denn ein Merkmal, dass die GT bzw. die Gesamtheit der Humanistischen Verfahren (wozu u.a. auch die Gestalttherapie nach Fritz und Laura Perls oder die Emotionsfokussierte Therapie nach Leslie Greenberg gehören) von den psychodynamischen Theorien, der VT und auch der ST abhebt, ist der ganz klare Fokus auf *Emotionen*, die direkt und nicht indirekt (wie in der VT z.B.) angegangen werden. In der klassischen GT geschieht dies durch das auf echte, d.h. authentische Gefühle (und die dahinterstehenden Bedürfnisse) fokussierte Gespräch, in der Gestalttherapie und der Emotionsfokussierten Therapie kommen derweil gezielte Übungen hinzu, die darauf abzielen, die Klientin in Kontakt mit ihren Gefühlen zu bringen (wofür in der Fachliteratur dann oft der Begriff »Erlebnisorientierung« verwendet wird). Das können z.B. Vorstellungsübungen sein (weil eine lebhafte Vorstellung, z.B. einer Person, mit der man im Konflikt ist, starke Emotionen hervorrufen kann) oder auch »2-Stuhl-Übungen«, bei denen widerstrebende innere Anteile, z.B. ein selbstkritischer und ein wohlwollender Anteil, miteinander ins Gespräch kommen und entsprechende widerstrebende Gefühle aktiviert werden. Solche Methoden sind unter dem Begriff »emotionsfokussierte Techniken« heutzutage häufig anzutreffender Teil verhaltenstherapeutischer Behandlungsprogramme. Aber auch die ganz basalen Aspekte bzgl. der therapeutischen Haltung (Wertschätzung, Empathie – nicht so sehr die Echtheit, davor schreckt man in der VT noch ein bisschen zurück) kennzeichnen die Gesprächsführung in der VT und werden angehenden Therapeutinnen in der Ausbildung als selbstverständlich vermittelt (wenn auch meiner Erfahrung nach meist, ohne zu erwähnen, dass die VT sich hier eigentlich woanders bedient hat). Und auch in moderne TP-Ansätze fließen diese Variablen hinsichtlich der Beziehungsgestaltung immer mehr ein, wobei sie sich dort dann gerne unter Begriffen wie »Holding« wiederfinden, was nach meiner Lesart sinngemäß kaum unterscheidbar von den Konzepten der GT ist.

Verhaltenstherapie

Die Verhaltenstherapie (VT) wurde in der zweiten Hälfte des 20. Jahrhunderts innerhalb der akademischen Psychologie als Gegenentwurf zu der damals als einzige Form von Psychotherapie etablierten Psychoanalyse entwickelt. Um die Denkweise der frühen Verhaltenstherapie zu verstehen, muss man sich klarmachen, dass die akademische Psychologie zu der damaligen Zeit stark *behavioristisch* geprägt, d.h. einzig und allein auf beobachtbares *Verhalten* konzentriert war. Es mag aus heutiger Sicht auf das, womit Psychologie in der Regel assoziiert wird (nämlich mentale und emotionale Prozesse), verrückt wirken, aber die Psychologie der 1960er Jahre betrachtete all diese Prozesse als ungeeignete Gegenstände wissenschaftlicher Untersuchungen, da sie, so die Behavioristen, keiner Beobachtung zugänglich seien. Folglich wurden alle mentalen Prozesse von der Wahrnehmung über Gedanken und Gefühle bis hin zu Gedächtnisprozessen (fun fact: Das sind heute die Disziplinen der sogenannten *Allgemeinen Psychologie*) als »Blackbox« diskreditiert und bis in die 1970er Jahre nicht als Gegenstand der Psychologie betrachtet, was dem Titel dieses Buchs übrigens eine zweite (Neben-)Bedeutungsebene verleiht. Der Beginn der VT fußte daher auf den frühen Lerntheorien, die im Grunde sämtliche Lernprozesse durch klassische (d.h. Assoziationslernen) und operante Konditionierung (d.h. Lernen durch Belohnung und Bestrafung) erklärte.

Der Grundgedanke der VT war damals und ist weitgehend bis heute, dass ungünstige Verhaltensweisen, z.B. Vermeidung oder sozialer Rückzug, die Ursache psychischer Störungen, z.B. Angststörungen oder Depressionen, sind. Nach diesem Verständnis heißt das, dass Störungen (nicht bewusst, sondern unbewusst) *erlernt* werden und somit auch durch korrigierende Erfahrungen im Rahmen einer *Verhaltensänderung* auch wieder *verlernt* werden können. Dabei interessierte sich die VT, ganz anders als die psychodynamischen Therapien, traditionell überhaupt nicht dafür, wie die jeweilige Störung in erster Instanz *entstanden* ist (das ist mit »Ursache« nicht gemeint!), sondern wie sie *aufrechterhalten* wird. Nach dem sogenannten Verstärker-Verlust-Modell von Peter Lewinsohn aus dem Jahr 1974 wird eine Depression unabhängig von ihrer ursprünglichen Auslösung z.B. dadurch aufrechterhalten, dass Menschen sich inaktiv verhalten, nichts mehr unternehmen und sich aus sozialen Beziehungen zurückziehen – was dazu führt, dass sie sich über die Zeit jegliche potenzielle Quelle von Freude (das meint »Verstärker«) nehmen und in Ermangelung von Auslösern für positive Stimmung depressiv werden. Als Intervention leitet man aus dieser Theorie den Exportschlager der VT schlechthin ab, den *Aufbau positiver Aktivitäten* (also solcher, die die Stimmung verbessern können), was in der Regel die Reaktivierung sozialer Kontakte miteinschließt. Die bis heute gültige, wenngleich inzwischen um viele Zusatzaspekte ergänzte Erklärung der VT für die Aufrechterhaltung von Angststörungen ist derweil die omnipräsente Vermeidung der angstbesetzten Situationen, weil (so die alte VT-Lesart) dadurch die klassisch konditionierte Verknüpfung zwischen der Situation und der Angstreaktion bestehen bleibt – welche wiederum durch *Exposition* aufgebrochen wird, also durch die Konfrontation der Person mit der angstbesetzten Situation. Ich werde Ihnen hier die Debatte um die Wirkmechanismen von Exposition bewusst ersparen; sie war vor 10 Jahren Gegenstand meiner Masterarbeit sowie einer daraus entstandenen Publikation und würde viel zu weit über das Thema dieses Buches hinausgehen.

Aktivitätenaufbau und Exposition sind trotz ihrer relativen Trivialität (im Vergleich zu den mystischen Theorien der Psychoanalyse wirken sie schon wirklich fad) zurecht Exportschlager der VT, da sie durch die Bank weg hochwirksame Interventionen für Depressionen bzw. Angststörungen darstellen. Andere Flaggschiffe der frühen VT waren unterschiedlichste Fertigkeitentrainings, vor allem im Bereich der Durchsetzungsfähigkeit oder der sozialen Kompetenzen. Der absolute »All-time-Klassiker« ist hier das 1980 von Rüdiger Hinsch und Ulrich Pfingsten entwickelte Gruppentraining sozialer Kompetenzen (GSK), um das kein angehender Psychotherapeut mit dem Ziel einer VT-Fachkunde herumkommt. Nach meiner Auffassung ist dem zurecht so, denn zum einen sprechen für dieses Training ebenfalls sehr überzeugende Wirksamkeitseffekte, und zum anderen hat es, wenn man es ein wenig an die Welt des Jahres 2024 anpasst, einen unglaublich hohen Nutzen für sehr verbreitete interpersonelle Probleme, z.B. dahingehend, nicht Nein sagen zu können. Übrigens: Die ursprüngliche VT war noch nicht per se störungsspezifisch, sondern eher problemspezifisch orientiert. Das bedeutet, dass sie sich eher übergreifenden *Problemen* (z.B. Angst, aggressivem Verhalten, Depressivität, Defiziten in der Durchsetzungsfähigkeit) und nicht spezifischen *Diagnosen* widmete.

In den folgenden Jahrzehnten entwickelte die ursprüngliche VT sich massiv weiter, wobei dies den tatsächlichen Prozess nicht ganz treffend beschreibt. Zutreffender wäre es, von einer Abfolge von sehr erfolgreichen Einverleibungen zu sprechen, was am Ende dazu führte, dass die heutige VT lauter eigentlich nicht beobachtbare Dinge (Gedanken, Gefühle) enthält, bei denen sich die behavioristischen Gründerväter im Grabe umdrehen würden.

Vielleicht haben Sie schon einmal vom Begriff »Kognitive Verhaltenstherapie« (KVT) gehört. Der Begriff ist das Ergebnis der wohl größten, erfolgreichsten und zugleich ersten Einverleibung der VT. Dass »kognitiv« nun einfach als beschreibendes Adjektiv der VT, also quasi als Appendix der VT in Erscheinung tritt, ist eigentlich ein gewisser Affront, weil die *Kognitive Therapie* (KT), ursprünglich entwickelt vor allem durch Aaron Beck und Albert Ellis, eine eigenständige Therapieform mit interessanter Gründungsgeschichte war: Aaron Beck war Psychiater (also Arzt) und von Haus aus (man denke an die Zeit) natürlich psychodynamisch geprägt, Albert Ellis war derweil Psychologe. Das fundamental Neue an der KT (sowie an der »kognitiven Wende« in der akademischen Psychologie zu etwa derselben Zeit) war, eben nicht die »Blackbox« zu ignorieren, sondern sich genau mit deren Inhalten, den Kognitionen (ein Überbegriff für alles Gedankliche) zu beschäftigen. Es stellte sich schnell heraus, dass Gedanken durchaus beobachtbare Elemente und somit Gegenstand der Psychologie sein können, denn (wer hätte das gedacht) man kann Menschen tatsächlich nach ihren Gedanken fragen und erhält hierauf Antworten. Die Logik der KT ist, dass Emotionen und Verhaltensweisen nicht direkt durch Situationen ausgelöst werden, sondern durch die *Interpretation* der Situationen. Die Interpretation ist eine Kognition, die der Situation Bedeutung verleiht (siehe nachfolgender Exkurs).

> **Exkurs: Kognitive Therapie an einem lebendigen Beispiel**
> Stellen Sie sich folgendes vor: Eine Frau (A) sagt zu ihrer Partnerin (B): »Das Licht im Bad ist noch an« (= Situation). Daraufhin wird B wütend und entgegnet: »Ja ich weiß, du hältst mich für zu blöd – du kannst mich mal« (= Emotion/Reaktion). Die klassische VT könnte nicht erklären, warum B so reagiert, die KT schon. Dafür muss man sich bewusst machen, wie B die Aussage von A *interpretiert* hat, d.h. welche *Bedeutung* sie in ihren eigenen Gedanken der Äußerung von A beigemessen hat. In diesem Fall hat B offenbar einen Vorwurf und eine Abwertung der Art »Damit will sie mich wieder vorführen und mir zeigen, wie dumm und vergesslich ich bin« hineininterpretiert, was die Ursache des Ärgers und der entsprechenden Antwort ist. Was die KT nun im Kern tut, ist, Kognitionen wie die gerade illustrierte Interpretation *infrage zu stellen*, und zwar im Hinblick darauf, ob 1) die Gedanken der Situation angemessen, d.h. *realistisch* (bezeichnet als »logische« bzw. »empirische Disputation« – eher nach Beck) und 2) die Gedanken für die Person und ihr Ziel, sich besser zu fühlen, *hilfreich* sind (»hedonistische Disputation« – eher nach Ellis). Da die KT davon ausgeht, dass psychische Störungen, z.B. die Depression, durch verzerrte Gedanken bzw. »Denkfehler« (wie die unserer Beispielperson B) bedingt werden, konzentriert sie sich, grob gesagt, auf deren Veränderung durch systematisches Infragestellen der kritischen Gedanken sowie der übergeordneten Grundannahmen (von Beck auch »Schemata« genannt), die eine Person hegt und deren Entstehung sich vor dem Hintergrund der jeweiligen Biographie verstehen lässt. Beispiele für ungünstige (»dysfunktionale«) Grundannahmen sind tiefgreifende und weitreichende Aussagen wie »Ich bin wertlos«, »Andere Menschen sind böse« oder »Das Leben ist eine Fahrt in den Tod«.

Im Verlauf der 1970er und 1980er Jahre wurde aus der Verhaltenstherapie also die »Kognitive Verhaltenstherapie« oder kurz KVT. Man kann diese Einverleibung mit dem evolutionären Megaschritt in der Biologie vergleichen, der sich ereignete, als die ehemals eigenständigen Mitochondrien von Zellen einverleibt und fortan als Zellorganelle genutzt wurden. Ich weiß, der Vergleich ist groß, aber die Gemeinsamkeit liegt auf der Hand: In beiden Fällen war das Resultat ein gewaltiger Fortschritt. Vielleicht fragen Sie sich, warum nicht z. B. die GT oder die psychodynamischen Therapien die KT »schluckten«, sondern die VT. Tatsächlich konnte mir bisher niemand die Frage beantworten. Wahrscheinlich liegt es daran, dass die KT eine so hervorragende Ergänzung zur VT ist, die ohne die Einverleibung der KT vermutlich der Moderne nicht hätte standhalten können. Die psychodynamischen Traditionen schieden aus meiner Sicht schon deshalb aus, weil Beck sich mit der KT sehr bewusst von der Psychoanalyse abgrenzte, und die GT war entweder zu spät dran oder stieß sich an der Hinterfrage-Kultur, die im Widerspruch zu der Grundhaltung steht, das Gegenüber uneingeschränkt zu akzeptieren.

Ab den 1990er Jahren wurde die Entwicklung der VT dann diffuser, breiter und immer bunter –anders gesagt: Die VT wurde noch »gefräßiger«. Unter dem Begriff der »Dritten Welle der Verhaltenstherapie« werden vor allem Ansätze aus dem Bereich der Achtsamkeit und der Akzeptanzorientierung zusammengefasst, die, sehr grob gesprochen, ihre Wurzeln in buddhistischen Traditionen haben und der veränderungsorientierten VT eigentlich komplett entgegenstehen, indem sie den Menschen auffordern, seine inneren Vorgänge (Gedanken, Gefühle etc.) wertungsfrei zu *beobachten* anstatt sich mit ihnen inhaltlich auseinanderzusetzen. Wenngleich sie auch viele klassische VT-Elemente wie Verhaltensanalysen beinhaltet, wird die Dialektisch-behaviorale Therapie (DBT) nach Marsha Linehan (ein spezifisch auf die Borderline-Persönlichkeitsstörung zugeschnittenes Behandlungskonzept) dieser »Dritten Welle« zugeordnet, ebenso wie sämtliche Achtsamkeits- und Meditationstrainings und die sogenannte Akzeptanz- und Commitmenttherapie (ACT). Letztere zielt darauf ab, dass Menschen lernen, ihre schwer beeinflussbaren Gedanken und Gefühle zu akzeptieren und dafür in den Lebensbereichen handelnd aktiv werden, in denen sie im Sinne dessen handeln können, was ihnen wichtig ist.

Die Integration von Verhalten und Denken ist der VT also geglückt. Eine gewisse Skepsis der VT in Bezug auf Emotionen ist derweil bis heute erkennbar, wenngleich die VT sich immer mehr der sogenannten emotionsfokussierten bzw. erlebnisorientierten Methoden (siehe vorheriger Abschnitt) bedient, um Veränderungen auf emotionaler (d. h. »tiefer«) Ebene zu fördern. Die Unbeholfenheit der VT im Umgang mit Emotionen wird übrigens daran deutlich, dass diese in den alten Theorien immer nur indirekt beeinflusst werden konnten (nämlich über Gedanken einerseits und Verhalten andererseits) und es in etablierten Verhaltensanalyse-Modellen, die angehende Psychotherapeutinnen erlernen, entweder gar keine eigenständige Komponente »Emotion« gibt oder diese in absurder Weise (weil man ja *Verhaltens*therapie lehrt und man daher überall und immer den *Verhaltens*bezug herstellen muss) als »emotionales Verhalten« abgebildet wird. Beides habe ich nie nachvollziehen können und irgendwann angefangen, darüber zu schmunzeln.

Heutzutage kann man unter dem Label »VT« tatsächlich eine äußerst heterogene Gruppe von Einzelmethoden verstehen, die (ohne gewaltiges Zurechtbiegen) keine gemeinsame theoretische Basis mehr teilen und die einzig durch die gemeinsame Eigenschaft der Evidenzbasierung verbunden sind – d.h. die wissenschaftlich nachgewiesene Wirksamkeit. Anders als die frühe VT sind moderne VT-Behandlungsprogramme oft störungsspezifisch, d.h. gezielt auf z.B. soziale Phobie oder Panikstörung bezogen, und als solche standardisiert – was, wie wir im weiteren Verlauf dieses Kapitels noch sehen werden, der riesige Vorteil der VT gegenüber der GT und den psychodynamischen Verfahren war, wenn es um den Nachweis der Wirksamkeit ging.

Typische (aber nach meinem Dafürhalten weder notwendige noch hinreichende) Merkmale einer (K)VT sind heutzutage, dass die Sitzungen in der Regel eine höhere Dynamik aufweisen als in den psychodynamischen Therapieformen und der GT. Therapeutin und Patientin sitzen sich gegenüber (seit der COVID-19-Pandemie wahrscheinlich mit mehr Abstand als vorher), und die Sitzung wird von therapeutischer Seite tendenziell mehr strukturiert. D.h. anders als z.B. in der AP, TP oder GT, bei denen der Gesprächsfluss tendenziell ohne viele strukturierende Maßnahmen seitens der Therapeutin eher prozesshaft »fließt«, wird das Geschehen in der VT mehr von der therapeutischen Seite gesteuert, z.B. durch Fragen, Zusammenfassungen, direktive Informationsvermittlung und auch Unterbrechungen, falls die Patientin thematisch etwas weit weggedriftet ist. Letzteres würde man in den drei gerade genannten Verfahren, insbesondere der GT, eher nicht tun. In der VT tut man dies im Schnitt häufiger, was an einem weiteren Merkmal der VT liegt: der Problem- und Zielorientierung. Das typische VT-Vorgehen ist es, zu Beginn der Therapie die Probleme systematisch zu analysieren, und zwar einerseits anhand von Verhaltensanalysen in der Gegenwart (d.h., man analysiert das problematische Verhalten sowie die zu ihm führenden Gedanken und Gefühle und seine Konsequenzen) als auch, in der modernen VT, die biographischen Hintergründe, die zu typischen Verhaltens- und Denkmustern geführt haben. Falls Sie jetzt denken: »Da ist die VT doch gar nicht weit von den psychodynamischen Therapieformen entfernt!« Korrekt – sie benutzt nur andere Begriffe.

Die Zielorientierung wiederum bedeutet, dass VT sich an klaren Therapiezielen (idealerweise Zielen bzgl. Verhaltensänderung) orientiert, die Patientin und Therapeutin zu Beginn der Behandlung vereinbaren und die (z.B. in Form von Übungen, bei denen alternative Verhaltensweisen angewendet werden) durch die Patientin in der Regel auch zwischen den Sitzungen in Form von therapeutischen Hausaufgaben weiterverfolgt werden (sollten). Moderne VT versteht sich in der Regel somit als Hilfe zur Selbsthilfe für die Patientin dabei, ihre eigenen Ziele zu erreichen, wobei sich beide Seiten in der therapeutischen Beziehung auf Augenhöhe begegnen. Die Grundhaltung der Psychotherapeutin ist in der modernen VT meist stark an die in der GT angelehnt (die VT ist eben eine Meisterin darin, sich die besten Elemente der Konkurrenz einzuverleiben) und von Empathie und Zugewandtheit geprägt. Im Schnitt (es gibt hier eine große Bandbreite) würde ich dabei die These wagen, dass Verhaltenstherapeutinnen dabei jedoch weniger authentisch und »echt« sind als klassisch arbeitende Gesprächspsychotherapeutinnen, sondern mehr darauf achten, nicht zu viel von sich selbst zu zeigen und eher eine größere Distanz zur Patientin zu wahren. In Sachen Distanz und Neutralität steht die VT somit quasi zwischen den beiden Extremen, welche die GT einerseits und die Psychoanalyse andererseits repräsentieren.

Bezüglich des maximalen Kontingents an Sitzungen, die bei der Krankenkasse beantragt werden können, gehört die VT eher zu den »kurzen« Verfahren: Ausnahmen nicht einbezogen, liegt die Höchstgrenze bei 80 Sitzungen. Hier wird sie nur von der ST unterboten, in der maximal 48 Sitzungen möglich sind. Auch von der ST hat die VT sich einige hilfreiche Methoden und Denkweisen entlehnt, z.B. die Berücksichtigung der *Funktion* einer psychischen Störung im sozialen Umfeld der Patientin (was wiederum weitgehend dem Konzept des »sekundären Krankheitsgewinns« aus den psychodynamischen Theorien entspricht, siehe Abschnitt »Konflikt und Abwehr«), allgemein den Einbezug von Angehörigen in die Therapie und bestimmte Interventionen wie Skalierungsfragen (z.B. »Auf einer Skala von 1–10: Wie weit sind Sie in der Therapie schon gekommen?«) und paradoxe Interventionen (z.B. »Grübeln Sie in der kommenden Woche bitte so viel, wie Sie können«) als therapeutische Hausaufgabe, um Automatismen zu unterbrechen.

Systemische Therapie

Als jüngstes Mitglied in der Familie der Richtlinienverfahren spielt die Systemische Therapie (ST) in der psychotherapeutischen Versorgung bisher de facto eine sehr kleine Rolle, wenngleich Psychotherapeutinnen aller »Schulen« sicherlich diverse systemische Elemente in ihrer praktischen Tätigkeit nutzen, mal mehr oder mal weniger wissentlich. Das Hervorstechende an der

ST ist tatsächlich der Rahmen, in dem sie stattfindet – nämlich klassischerweise mit mehreren Personen (und manchmal auch mehreren Therapeutinnen) gleichzeitig. Charakteristisch ist, dass die beteiligten Personen zu ein und demselben *System* gehören, wofür eine Familie oder aber auch ein Paar oder ein Team am Arbeitsplatz ein gutes Beispiel ist. Tatsächlich liegen die Ursprünge der ST in der Familien- und Paartherapie bzw. in entsprechenden Beratungsangeboten, weshalb die ST traditionell eine hohe Relevanz in der Behandlung von Kindern und Jugendlichen hat, in die Bezugspersonen typischerweise mehr einbezogen werden als in die Behandlung von Erwachsenen.

Anders als z. B. die psychodynamischen Therapieformen und die GT hat die ST nicht »die eine Begründerin«. Im Wesentlichen kann man drei »Keimzellen« der ST verorten, und zwar in Palo Alto (Kalifornien, USA), Philadelphia (Pennsylvania, USA) und Mailand (Italien). Der in Österreich geborene Philosoph und Kommunikationswissenschaftler Paul Watzlawick (den viele von seinem Slogan »Man kann nicht kommunizieren« kennen) war z. B. als eine treibende Kraft der kalifornischen »Keimzelle« der ST lange am Mental Research Institute in Palo Alto tätig. Als Therapieverfahren stellt die ST eher eine heterogene Gruppe von Ansätzen dar, die jedoch diverse Gemeinsamkeiten haben, ohne dabei (im Gegensatz zu den anderen Psychotherapieschulen) klar einer akademischen Fachrichtung wie der Psychologie oder der Medizin zu entspringen. Manche Ansätze bauen z. B. auf der Psychoanalyse auf (Virginia Satir, beheimatet in der kalifornischen »Keimzelle«, war z. B. in Psychoanalyse ausgebildet), andere wiederum offenbaren eine Nähe zur VT oder zur GT. Kennzeichnendes und verbindendes Merkmal ist wohl am allermeisten, dass nicht die Person, die Symptome entwickelt (z. B. eine Anorexie, also »Magersucht«) isoliert betrachtet wird, sondern die Mitglieder des Systems, in das diese Person eingebettet ist (i. d. R. die Familie), mit in die Therapie einbezogen werden. Das bedeutet: Die psychische Störung einer Person wird als Ergebnis gestörter Wechselwirkungen zwischen den Mitgliedern des Systems verstanden und somit nicht, wie in den anderen vorgestellten Verfahren, in der Person der Patientin, d. h. der »Symptomträgerin«, verortet.

Diese systemische Perspektive kann sowohl Interaktionen in der Gegenwart betreffen als auch über Generationen in einer Familie weitergegebene »Vermächtnisse« oder »Aufträge« beinhalten (z. B. »Deine Eltern und deine Schwestern haben es alle im Leben nicht wirklich zu etwas gebracht – du musst jetzt aber dein Potenzial ausschöpfen und richtig was ›reißen‹«). Ein gutes Beispiel für das systemische Konzept einer psychischen Störung wäre die eben erwähnte Anorexie, die überzufällig häufig eine gewisse Funktion im Familiensystem erfüllt. Wenn Sie hier die Querverbindung erkannt haben, liegen Sie richtig: Das ist das gleiche Konzept wie bei der »Funktionalität« in der VT und dem »sekundären Krankheitsgewinn« in der Psychoanalyse, wobei man sich streiten könnte, ob die Anorexie nicht doch der primäre Krankheitsgewinn ist, da sie vermeintlich den Versorgungs-Autarkie-Konflikt löst. Egal, wie man es konzeptualisiert: Die angesprochene Funktion besteht oft darin, dass die Person mit dem »Symptom« Anorexie durch das Nicht-mehr-Essen eine Form von Kontrolle und Autonomie ausüben kann, die sie (z. B. als 15-jähriges Mädchen) in einer Familie mit überbehütenden und viel Kontrolle ausübenden Eltern sonst nicht hat. Ebenso kann eine Anorexie die Funktion haben, eine Flucht aus allgegenwärtigem Leistungsdruck zu sein. Als systemische Psychotherapeutin würde man dann so vorgehen, dass man diese Funktion durch geschicktes Fragen, das alle Systemmitglieder zur Übernahme verschiedener Perspektiven auffordert, aufdeckt und einer Veränderung zugänglich macht.

Wie kann man sich nun eine systemische Therapiesitzung vorstellen? Nun, in der Praxis finden nicht alle Sitzungen mit mehreren Personen des Systems statt (was allein schon praktisch-logistische Gründe hat). Das systemische Prinzip, Lösungen durch die Einnahme der Perspektive anderer Familienmitglieder zu entwickeln, funktioniert auch, wenn nur die Person »mit der Diagnose« da ist – weshalb man systemische Fragetechniken auch wunderbar in die VT integrieren kann. Tatsächlich kennzeichnen die ST vor allem spezifische Fragetechniken, z. B. die sogenannten zirkulären Fragen (z. B. an die Mutter gerichtet: »Was denken Sie, löst Ihr Weinen bei Ihrem Sohn aus?«; oder an den Vater gerichtet: »Was denken Sie, löst das Weinen Ihrer Frau bei Ihrem Sohn aus?«). Ein weit verbreiteter Exportschlager der ST mit vielleicht etwas übermäßig zugeschriebenem Wow-Effekt ist außerdem die sogenannte *Wunderfrage* (»Angenommen, es käme heute Nacht eine gute Fee und würde dafür sorgen, dass Ihr Problem morgen früh beim Aufwachen verschwunden ist – was würden Sie dann als erstes tun?«). Ebenso gibt es bei der ST Gesprächstechniken wie das *Reframing*, d. h. das Anregen einer alternativen Interpretation desselben Sachverhalts à la »Das Glas ist nicht halb leer, sondern halb voll«, was genau so bei der KT anzutreffen ist. Typisch systemisch sind außerdem einerseits Methoden zur Verbesserung der Kommunikation zwischen den Systemmitgliedern und andererseits Übungen, bei denen das Beziehungsgeflecht zwischen den Mitgliedern des Systems dargestellt wird, z. B. mit Hilfe von Figuren auf einem Brett oder anhand von anderen Personen, die auf eine bestimmte Weise im Raum positioniert werden. Sogenannte *Familienaufstellungen* nach Bert Hellinger, die sich nach meiner Erfahrung nach vor allem in alternativmedizinischen und esoterischen Kreisen einer gewissen Beliebtheit erfreuen, werden derweil aufgrund von Hellingers Dogmatismus hingegen von den meisten Systemischen Therapeutinnen eher kritisch betrachtet und nicht als »systemisch« anerkannt. Da ich weitere spezifische Techniken der ST schon am Ende des Abschnitts über die VT beschrieben und auch schon die Rahmenbedingungen umrissen habe (klares Bekenntnis zu kurzer Therapiedauer, maximales Kontingent von 48 Sitzungen), lasse ich es hiermit erst einmal gut sein, um zum nächsten spannenden Thema, nämlich der Frage nach der Wirksamkeit einer Psychotherapie, überzugehen.

Die Sache mit den Wirksamkeitsnachweisen bei Psychotherapie

Wie ist denn nun eigentlich um die Wirksamkeit der verschiedenen Psychotherapieverfahren bestellt? Bei dieser Frage liegt für mich der Fokus mehr darauf, Sie in die Lage zu versetzen, zu verstehen, wie diese Wirksamkeitsforschung abläuft und was ihre Ergebnisse bedeuten, als darauf, Ihnen nun in langatmiger Weise die einzelnen Studien herunterzubeten, die hierzu durchgeführt wurden. Ich werde stattdessen die Quintessenz der Forschung so knapp wie möglich zusammenfassen und zusätzlich meinen Standpunkt als Praktiker zu deren Interpretation beschreiben. Wenn ich in den kommenden Abschnitten Befunde zur Wirksamkeitsforschung (Vergleich der Psychotherapieverfahren, Therapieprozessforschung etc.) wiedergebe, beziehe ich mich vor allem auf die drei am Ende des Kapitels gelisteten sehr umfangreichen Werke von Grawe et al. (2001), Lambert (2013) und Barkham et al. (2021), welche die schiere Masse an Forschungsbefunden in akademischer Weise beschreiben, die ich Ihnen gerne knapp zusammengefasst und etwas anschaulicher verpackt näherbringen möchte. Weitere Quellen, z.B. zu konkreten Studien, auf die ich mich im folgenden Teil des Kapitels beziehe, finden Sie ebenfalls am Ende des Kapitels.

Wie untersucht man, ob eine Behandlung wirksam ist?

Um die Forschungsbefunde zur Wirksamkeit von Psychotherapie zu verstehen, muss man zunächst ein Verständnis davon entwickeln, wie in den Gesundheitswissenschaften, vor allem der Medizin, generell untersucht wird, ob eine Behandlung wirksam ist. Bei Medikamenten ist das sehr viel einfacher als in der Psychotherapie und erfolgt in sogenannten *randomisierten kontrollierten Studien*. Das Grundprinzip ist sehr einfach: Eine Gruppe von Menschen mit derselben Krankheit erhält eine Tablette mit dem Wirkstoff, dessen Wirksamkeit getestet werden soll, und die andere Gruppe fungiert als Kontrollgruppe, die entweder gar keine Behandlung erhält oder eine Tablette ohne Wirkstoff, ein sogenanntes *Placebo*. Eine solche Kontrollgruppe ist zwingend notwendig, um belastbare Aussagen über die Wirksamkeit des Wirkstoffs zu erhalten, denn: Würde man einfach nur bei den Menschen, die den Wirkstoff bekommen haben, vor und nach der Behandlung die Symptome erfassen und eine Reduktion der Symptome feststellen, wäre überhaupt nicht klar, ob dies wirklich am Wirkstoff, am schlichten Vergehen von Zeit (ja, viele Symptome werden einfach mit der Zeit von selbst besser) oder am Placeboeffekt, der auch durch die Einnahme einer Tablette ohne Wirkstoff ausgelöst wird, liegt. Der Placeboeffekt wirkt (neben anderen Faktoren wie Konditionierungseffekten, die sogar bei Tieren wirken) darüber, dass die Person eine Besserung *erwartet*, was, wie man aus der Forschung weiß, einerseits die Wahrnehmung der eigenen Befindlichkeit zugunsten einer Besserung verändert und andererseits diverse Selbstheilungskräfte in Gang setzt. »Medikamente«, die z. B. genauso gut wirken wie ein Placebo, aber nicht darüber hinaus, sind die meisten homöopathischen Mittel. Damit ein Medikament als wirksam gilt, muss im Idealfall nachgewiesen werden, dass es sowohl stärker wirkt als das bloße Vergehen von Zeit in einer unbehandelten Kontrollgruppe als auch stärker als ein Placebo. Grundsätzlich gilt dieses Prinzip für die Zulassung der meisten anerkannten Heilmittel in Deutschland: Nur was in der beschriebenen Weise als wirksam bestätigt wurde, wird auch von den Krankenkassen als zweckmäßig gemäß § 12 Abs. 1 SGB V angesehen und als Behandlung bezahlt. »Randomisiert« bedeutet dabei übrigens, dass die teilnehmenden Personen per Zufall zu den verschiedenen Gruppen (z. B. Wirkstoff vs. Placebo) zugewiesen werden, um auszuschließen, dass Unterschiede in der Wirksamkeit auf systematische Unterschiede zwischen den Gruppen (z. B. unterschiedliches Durchschnittsalter) zurückzuführen sind. Und »kontrolliert« bedeutet, dass, wie beschrieben, der Vergleich mit einer oder mehreren Kontrollgruppen durchgeführt wird. Definiert wird die Wirksamkeit dann unter dem Strich durch die Reduktion von Krankheitssymptomen, die standardisiert erfasst werden.

Nun besteht jedoch folgendes Problem: Das Prinzip der randomisierten kontrollierten Studien passt wunderbar zur Erforschung der Wirksamkeit von Medikamenten, denn man kann vollständig kontrollieren, was die zu untersuchende Behandlung umfasst – der Wirkstoff ist entweder in der eingenommenen Tablette enthalten oder nicht. Will man Psychotherapie untersuchen, gibt es aber etliche Probleme zu lösen, und man bekommt es nie so gut hin wie in einer Medikamentenstudie. Das wesentliche Problem besteht darin, die Behandlung, die die Menschen erhalten, so zu gestalten, dass sie für alle behandelten Menschen *identisch* ist. Als Person mit einem gesunden Menschenverstand werden Sie vielleicht bereits hier die Stirn runzeln. Zurecht. Denn dies ist in der Psychotherapie zum einen de facto nicht bzw. nur sehr eingeschränkt möglich und zum anderen ja auch gar nicht sinnvoll, weil Menschen nun einmal unterschiedlich sind und eine gute Psychotherapie natürlich auf die *individuellen* Probleme des Menschen eingehen und für diese auch individuelle Lösungen finden sollte. Zudem ist Psychotherapie aus meiner Sicht als Praktiker ein *Prozess*, der maßgeblich von der Person der Psychotherapeutin und der Person der Patientin sowie davon abhängt, wie gut beide miteinander im Kontakt sind. Das mag auch geringfügige Auswirkungen bei Medikamentenstudien haben (derart, dass die Tablette besser wirkt, wenn die Ärztin freundlich und kompetent erscheint), dort ist es aber zu vernachlässigen. Grob gesagt ist es dieser große und wichtige Kritikpunkt, den man immer im Hinterkopf haben muss, wenn man Angaben darüber liest, dass ein Psychotherapieverfahren »wirksam« ist oder nicht: All die genannten Einflussfaktoren (Individualität der Patientin, Persönlichkeit der Therapeutin, Beziehung zwischen Patientin und Therapeutin) werden bewusst ausgeklammert und ignoriert, was zugleich notwendig im Sinne der wissenschaftlichen Methode und zugleich äußerst künstlich und realitätsfern ist. Ich sage das übrigens als jemand, der im Rahmen seiner Promotion selbst eine Psychotherapiestudie durchgeführt und veröffentlicht hat.

Was wird also in der Psychotherapieforschung gemacht? Tatsächlich versucht man, das Problem mit der Einheitlichkeit der Behandlung durch *Manualisierung* und *störungsspezifische Ansätze* zu lösen. Das bedeutet, dass man in der Regel ein für eine bestimmte psychische Störung, z. B. eine Depression oder eine Panikstörung, zugeschnittenes Behandlungsprogramm mit fest vorgeschriebenen Inhalten formuliert und die Behandlung somit standardisiert. Das »Manual« ist dann das Handbuch, in dem dieses genaue Vorgehen niedergeschrieben ist. In der Verhaltenstherapie würde ein Manual zur Behandlung von Depression z. B. diverse Interventionen (zu übersetzen mit »Behandlungsmaßnahmen«) in einer bestimmten Reihenfolge umfassen, beispielsweise erstens den Aufbau positiver Aktivitäten, zweitens kognitive Umstrukturierung (d. h. Veränderung negativer Gedankenmuster) und drittens Training sozialer Fertigkeiten zur Lösung zwischenmenschlicher Probleme. Manuale, die in Psychotherapiestudien zum Einsatz kommen, sind oft so hoch standardisiert, dass sie den die Behandlung durchführenden Therapeutinnen (in Deutschland sind das übrigens überwiegend angehende Psychotherapeutinnen, die im Rahmen ihrer in ▶ Kap. 2 beschriebenen Psychotherapieausbildung unter Supervision solche »Studienbehandlungen« an Ausbildungsambulanzen durchführen, die oft an Universitäten angegliedert sind) vorschreiben, wann genau sie welche Sätze zur Patientin zu sagen haben. Mit anderen Worten: Es gibt keinen oder wenig Raum für individuelle Anpassungen der Inhalte an die Patientin. Dies kann natürlich absurde Folgen haben, z.B., wenn ein Manual zur Behandlung von Agoraphobie vorsieht, dass man mit der Patientin als Expositionsübung Bus fährt, die Patientin hiervor aber gar keine Angst hat usw. Das Prinzip der Manualisierung lautet also »Bei Störung A mache X, Y und Z, und bei Störung B mache U, V und W«. Das ist künstlich und hat wenig mit der Realität einer echten Psychotherapie zu tun, es ist aber nötig, um herauszufinden, ob die untersuchten Behandlungsmaßnahmen einen Effekt haben. Idealerweise wird hierbei natürlich auch mit Kontrollgruppen verglichen. Oft begrenzt sich dies auf einen Vergleich mit einer unbehandelten Kontrollgruppe (die später aus ethischen Gründen auch noch die Behandlung erhält), da ein Placebo im Bereich der Psychotherapie natürlich schwer umsetzbar ist. Teilweise wird bei Psychotherapie-Studien als Placebo-Kontrollbedingung übrigens eine solche gewählt, in der die GT zum Einsatz kommt. Das ist im Hinblick auf die Aussage über die Wertigkeit der GT natürlich recht bitter, aber lässt sich dadurch erklären, dass man die Wirkmechanismen der GT (Empathie, Echtheit, Wertschätzung) quasi als die unspezifischen Wirkfaktoren auffasst, die allen Methoden als Basis gemeinsam ist – und gegen welche die »richtigen« (spezifischen) Interventionen ihre Überlegenheit unter Beweis stellen müssen.

Wie sind die Ergebnisse solcher Wirksamkeitsstudien also zu interpretieren? Zusammengefasst bedeutet das, was ich beschrieben habe, dass man bei den Ergebnissen klassischer Wirksamkeitsstudien folgendes nie vergessen darf: Wenn durch solche Studien eine Wirksamkeit nachgewiesen wurde, dann bedeutet das, dass die untersuchte Methode *im Durchschnitt* (betrachtet werden letztlich Mittelwerte und Standardabweichungen, das sind statistische Kennwerte) und über eine Gruppe von Menschen *hinweg* betrachtet zu einer größeren Symptomverbesserung geführt hat als z.B. das bloße *Warten* auf eine Behandlung (d.h. das Vergehen von Zeit) oder die Anwendung eines Placebos (z.B. GT). Worüber solche Studien hingegen *keine* Aussagen treffen bzw. was sie *nicht* vorhersagen können, ist, ob und wie stark eine *einzelne* Person von der Methode profitieren wird. Solche Aussagen sind schlichtweg nicht möglich, weil Menschen sich zu stark in ihren Merkmalen unterscheiden. Es ist somit zwar grundsätzlich eine bessere Idee, eine in ihrer Wirksamkeit bestätigte (in der Fachsprache würde man sagen »evaluierte«) Methode einzusetzen als eine dahingehend nicht untersuchte. Aber es wäre naiv, anzunehmen, dass

»nachgewiesene Wirksamkeit« bei einer psychotherapeutischen Methode bedeutet, dass sie der *individuellen* Patientin helfen wird.

Was man außerdem nicht außer Acht lassen sollte, ist, dass die Wirksamkeit psychotherapeutischer Methoden in aller Regel an der Reduktion von Symptomen festgemacht wird, die typischerweise durch standardisierte Symptom-Interviews erfasst werden. Daran ist grundsätzlich nichts falsch, es lässt aber außer Acht, dass das Vorhandensein von Symptomen nicht automatisch gleichzusetzen ist mit dem dadurch ausgelösten Leid. In besonderem Maße hiervon betroffen ist die oben bereits erwähnte Akzeptanz- und Commitmenttherapie, deren Kernmerkmal darin besteht, dass Patientinnen angeleitet werden, schwer änderbare emotionale Erfahrungen, z.B. bei chronischer Depressivität oder chronischen Schmerzen, zu *akzeptieren* und dadurch, trotz vorhandener *Symptome*, das Leid zu reduzieren (Anmerkung: Ja, das geht.). Dieser Umstand verdeutlicht, dass neben der bloßen Symptomreduktion bei der Wirksamkeit auch eine Reduktion des subjektiven Leids erfasst werden sollte, da sich die Wirksamkeit einer Methode auch daran erkennen lassen kann. Nach meinem Kenntnisstand wird dies immer häufiger auch miterfasst. Die »primary outcome measure«, d.h. das ausschlaggebende Maß für die Wirksamkeit einer Intervention, basiert jedoch so gut wie immer nach wie vor auf Symptomreduktion.

Hinzu kommt, dass der störungsspezifische Ansatz der meisten Wirksamkeitsstudien zwar häufig, aber nicht immer Sinn ergibt und die Aussagekraft einer solchen Studie durchaus mindern kann. Weil die psychotherapeutische Wirksamkeitsforschung an die medizinische angelehnt ist, geht man in der Regel nach dem Motto »Wir testen die Wirksamkeit von Therapie X oder Y gegen Diagnose Z« vor, also z.B. die Wirksamkeit eines Aufbaus positiver Aktivitäten oder von sozialem Kompetenztraining gegen Depression. Hier ergeben sich mehrere Probleme: Zum einen ist Depression ein fürchterlich heterogenes Störungsbild mit tausend Gesichtern (so kann es z.B. sowohl die Variante mit innerer Unruhe, Reizbarkeit und Schlaflosigkeit als auch diejenige mit bleierner Schwere, Antriebslosigkeit und trauriger Stimmung geben), sodass es meiner Meinung nach einer guten Begründung bedarf, so zu tun, als hätten diese Menschen dieselbe Problematik. Zum anderen (und das sehe ich als grundsätzliches Problem in der Psychotherapieforschung) haben natürlich alle Studienteilnehmerinnen die eine oder andere Art von Depression, aber deswegen noch lange nicht die *Probleme*, auf die die jeweils zum Einsatz kommende Methode *ausgerichtet* ist. Auf das aktuelle Beispiel bezogen, bedeutet das: Nicht alle Menschen mit einer Depression haben ein zu geringes Niveau an positiven Aktivitäten, und ebenfalls nicht alle haben zwischenmenschliche Probleme oder Defizite in der sozialen Kompetenz. Landen sie aber in der jeweiligen Behandlungsbedingung, haben die Studientherapeutinnen die undankbare Aufgabe, mehr oder weniger künstlich irgendetwas bei der Teilnehmerin zu finden, was man »behandeln« kann – wie aussagekräftig diese Daten am Ende sind, kann sich jeder ausrechnen. Was ich dem gegenüber sehr viel sinnvoller fände, wäre, wenn Wirksamkeitsstudien (was es durchaus bereits gibt, aber in der Minderheit ist) nicht *störungs*-, sondern *problem*spezifisch gestaltet würden. Damit meine ich, dass z. B. solche Patientinnen zu einer Gruppe zusammengefasst werden, bei denen klar erkennbar ist, dass die Depression mit zwischenmenschlichen Problemen zusammenhängt (z. B. mit Konflikten am Arbeitsplatz – ganz häufig der Fall), oder bei denen ersichtlich ist, dass ein Mangel an Aktivität maßgeblich in die Depression geführt hat. Wenn man dann mit diesen Gruppen eine spezifische, auf das jeweilige Problem zugeschnittene Behandlung durchführt, hat man eine viel höhere Aussagekraft und hat die Studie einen viel größeren Wert, da sie die Schlussfolgerung erlaubt, Patientinnen mit einem im Vordergrund stehenden *Problem* X (*nicht:* einer *Diagnose* X) einer spezifischen Behandlung Y zuzuführen.

Immer häufiger wurden und werden in den letzten Jahrzehnten übrigens zum Glück sogenannte *Effektivitätsstudien* durchgeführt, d. h. solche, in denen bestimmte Behandlungsformen unter »natürlicheren« Routinebedingungen in der realen klinischen Versorgung untersucht wurden. Oft, aber nicht immer wird hierbei auf die Manualisierung teilweise oder ganz verzichtet, sodass man je nach Ausmaß der Standardisierung unter dem Strich eine Aussage darüber erhält, wie wirksam die Art von Psychotherapie ist, die in der tatsächlichen Realität durchgeführt wird. Diese ist häufig, so meine Einschätzung, wahrscheinlich weniger klar einem der Richtlinienverfahren zuzuordnen, sondern eher eine auf die Patientin individuell abgestimmte Mischung von Inhalten. Der Nachteil: Im Vergleich mit den klassischen Wirksamkeitsstudien erfährt man noch weniger darüber, *was genau* wirksam war. Dank dieser Effektivitätsstudien konnte jedoch zum Glück gezeigt werden, dass auch Psychotherapie jenseits des Elfenbeinturms, d. h. in der Realität der psychotherapeutischen Versorgung unter Routinebedingungen, im Sinne der oben genannten Definition definitiv wirksam ist.

Auf den Punkt gebracht: Wie wirksam sind die vier Richtlinienverfahren?

Bevor wir uns der Lage in Deutschland mit seinen vier Richtlinienverfahren zuwenden, sei kurz erwähnt, dass eine geradezu unermessliche Fülle von Forschungsbefunden darüber vorliegt, dass Psychotherapie insgesamt eindeutig wirksam ist – die oben beschriebenen Einschränkungen bzgl. der

Realitätsferne der Wirksamkeitsforschung einmal vorausgesetzt (Interessierte finden entsprechende Literatur am Ende dieses Kapitels).

Zur Lage in Deutschland muss man zunächst eine Sache verstehen: Mit Inkrafttreten des PsychThG im Jahr 1999 wurden die VT sowie die TP und die AP zunächst *ohne* Prüfung der Wissenschaftlichkeit als Richtlinienverfahren aufgenommen. Alle weiteren Verfahren und Methoden mussten sich dann in der Folge der kritischen Prüfung der Wirksamkeit durch den Wissenschaftlichen Beirat Psychotherapie (WBP) unterziehen. Die ST ging hieraus nach etlichen Jahren 2008 als Gewinnerin hervor, die GT 2017 als Verliererin. Über die VT und die ST kann man aus wissenschaftlicher Perspektive sagen, dass sie für eine große Bandbreite von psychischen Störungen (man spricht hier gerne vom »Indikationsspektrum«) ihre Wirksamkeit belegen konnten, wobei das Indikationsspektrum der VT breiter ist als das der ST. Zur ST ist noch einschränkend zu sagen, dass die Wirksamkeitsnachweise überwiegend aus Untersuchungen zu störungsspezifischen, strukturierten und manualisierten Therapieprogrammen stammen, die sich durchaus von den traditionellen Ansätzen unterscheiden – über deren Wirksamkeit man somit eigentlich keine Aussage treffen kann.

Tatsächlich wurden auch die 1999 ohne Prüfung der wissenschaftlichen Anerkennung aufgenommenen Richtlinienverfahren in den späteren Jahren noch einmal einer Prüfung durch den WBP unterzogen, was in einer Stellungnahme von 2003 zu einer Bekräftigung der gerade getätigten Aussage in Bezug auf die VT führte. Im Falle der AP und der TP ist das Ergebnis dieser erneuten Prüfung interessanter: Denn in seinem Gutachten schreibt der WBP im Jahr 2004, dass er sich entschlossen habe, die beiden Verfahren auf psychodynamischer Grundlage, also die AP und die TP, nicht getrennt zu prüfen, sondern gemeinsam unter dem Oberbegriff *Psychodynamische Psychotherapie*, was der Begrifflichkeit in den meisten Ländern außerhalb Deutschlands entspricht. Sie kommen dann in ihrem Gutachten zu dem Ergebnis, dass die *Psychodynamische Psychotherapie* insgesamt als wissenschaftlich anerkannt zu betrachten ist, stellen allerdings auch fest, dass dies nicht für Behandlungen mit mehr als 100 Sitzungen gelte. Streng genommen hätte dies eigentlich die AP in die Bredouille bringen müssen, da diese mit Kontingenten von bis zu 300 Sitzungen arbeitet. 2008 veröffentlichte der WBP dann jedoch eine neue Stellungnahme zu den psychodynamischen Therapien, in welcher er bzgl. der Aussage zu Behandlungen mit mehr als 100 Stunden vollständig zurückrudert und die psychodynamischen Therapieformen auch bei einer Behandlungsdauer von mehr als 100 Sitzungen als nachgewiesen wirksam bezeichnet. Was genau zu dieser Neubewertung führte, bleibt in dieser Stellungnahme offen.

Fakt ist, dass die Studienlage bei psychodynamischen Therapien deutlich besser hinsichtlich kürzerer Therapiedauer als bzgl. längerer ist.

Natürlich wirft das, was ich beschrieben habe, ein wenig die Frage auf, ob zumindest die AP ihren Platz als Richtlinienverfahren zumindest teilweise einem gewissen berufspolitischen Lobbyismus oder einer vielleicht etwas wohlwollenderen Auslegung vorhandener Forschungsergebnisse zu verdanken hat, als diese z.B. bei der GT geschehen ist. Eindeutig belegen lässt sich dies nicht. Aber ich möchte an dieser Stelle auch eine Lanze für die psychodynamischen Therapieformen brechen. Denn gegenüber der ST und vor allem der VT, die ihre Wurzeln in der naturwissenschaftlich geprägten Psychologie haben, hatten die psychodynamischen Therapieformen stets vier große Nachteile und somit von vorneherein schlechtere Karten für die etablierte Art der Wirksamkeitsprüfung. Erstens sind AP und TP seit Jahrzehnten kaum mehr an Universitäten in Form von Lehrstühlen vertreten, was erklärt, dass hierzu weniger geforscht wird. Zweitens haben sie einen Nachteil bei der Zielsetzung und der Messung von Therapieerfolg. »Wirksamkeit« wird, wie oben beschrieben, meist als Reduktion von Symptomen (z.B. Niedergeschlagenheit oder Antriebsmangel bei einer Depression) definiert. Das ist aber nicht die Denkweise der psychodynamischen Therapien, zumindest nicht der Psychoanalyse und der AP. Das Ziel besteht dort ausdrücklich *nicht* in einer Symptomreduktion oder Besserung des Zustands, sondern traditionell in der bloßen *Einsicht*, z.B. in die Konflikte und ihre Abwehr. Aus meiner persönlichen Berufspraxis kann ich sagen, dass Einsicht allein selten ausreicht und es mehr braucht, um daraus eine Veränderung abzuleiten, aber als Verhaltenstherapeut bin ich diesbezüglich natürlich auch voreingenommen. Die Konsequenz dessen ist, dass die Definition von »Wirksamkeit« im Sinne der Forschung natürlich nicht zu der innewohnenden Logik der psychodynamischen Therapien passt. Drittens ist mir bei bestem Willen nicht klar, wie man eine psychodynamische Therapie manualisieren, d.h. für eine Wirksamkeitsüberprüfung ausreichend standardisieren will, weshalb ich den Vorwurf bzgl. der mangelnden Manualisierung, meist recht abschätzig von der VT-Seite vorgebracht, unfair finde. Natürlich wurde es für die vorliegenden Wirksamkeitsstudien irgendwie umgesetzt, aber die Diskrepanz zwischen Studientherapie und tatsächlicher Behandlungsrealität dürfte wohl noch deutlich größer sein als bei VT-Studien. Und viertens »denken« die psychodynamischen Therapien nicht *störungsspezifisch*, d.h. die Behandlungsmethode unterscheidet sich nicht großartig zwischen einer Angststörung, einer Depression und einer Essstörung, weil der Fokus auf den hintergründigen Konflikten und nicht auf den vordergründigen Symptomen liegt. Dieses Problem lässt sich noch relativ gut lösen, denn auch wenn die Behandlungsmethode nicht störungsspezifisch ist, kann man natürlich trotzdem nur Menschen mit einer bestimmten Diagnose in eine Studie einschließen und schauen, ob die Behandlung wirkt. Aber der Rest der Probleme bleibt und bedeutet für die psychodynamischen Verfahren einen inhärenten Nach- und vor allem für die VT einen riesigen Vorteil – die aufgrund der Liebe zur Manualisierung, ihrer Orientierung auf Symptomreduktion und ihrer störungsspezifischen Ansätze von Beginn an »gute Karten« für die Psychotherapieforschung hatte. An dieser Stelle sei kurz angemerkt, dass alle vier beschriebenen Probleme auch gleichermaßen für die GT gelten und letztlich wahrscheinlich nicht unwesentlich dazu beitrugen, dass sie schlussendlich nicht wissenschaftlich anerkannt wurde.

Ob es fair ist, die vier Richtlinienverfahren dennoch an derselben Wirksamkeitsdefinition zu messen, kann man kontrovers diskutieren und ist vergleichbar mit der Debatte darüber, ob man Kinder in der Schule, die alle unterschiedliche Ausgangsbedingungen hatten, nach den gleichen Maßstäben benoten sollte. Für mich ist dabei wichtig, womit die wissenschaftliche Anerkennung mehr oder weniger direkt verknüpft ist, nämlich der sozialrechtlichen Zulassung als Richtlinienverfahren und somit der »Krankenkassenfähigkeit«. Meine Position dazu ist daher, bei aller berechtigten Kritik an der defizitorientierten Definition von Gesundheit und Krankheit sowie der Verengung der Perspektive auf Krankheitssymptome, diejenige, dass eine Behandlung, die von den Krankenkassen (und somit aus den Beiträgen der einzahlenden Versicherten) bezahlt wird, schon nachgewiesenermaßen Krankheitssymptome reduzieren oder zumindest Leid mindern sollte. Alles andere fände ich schwer zu rechtfertigen. Gleichwohl kann ich vollkommen verstehen, wenn psychodynamisch ausgebildete Kolleginnen oder solche mit GT-Orientierung (besonders die, denn sie gingen 2017 leer aus) das anders sehen und sich missverstanden fühlen, weil sie an etwas gemessen werden, das ihre postulierten Wirkmechanismen außer Acht lässt.

Übrigens: Der WBP prüft und begutachtet nicht nur die Wirksamkeit der bekannten großen Richtlinienverfahren, sondern auch von »kleineren«, hinsichtlich ihrer Anwendungsgebiete (»Indikationsspektrum«) begrenzten therapeutischen Methoden, die man als Psychotherapeutin oder Ärztin zusätzlich erlernen kann, die aber keine eigenständige Therapieform darstellen. Dazu gehört z.B. die Methode des EMDR (Eye Movement Desensitization and Reprocessing), einer spezifischen traumatherapeutischen Methode, oder auch die (im letzten Jahrzehnt ziemlich gehypte, aber nur für wenige Anwendungsgebiete anerkannte) Hypnotherapie. Begutachtet und für den eng umgrenzten Bereich der hirnorganischen Störungen für wirksam erachtet wurde die Neuropsychologische Therapie – im Gegensatz zur Psychodramatherapie (siehe das Eingangsbeispiel in diesem Kapitel zum »Schaumstoffhammer«), für die in keinem Bereich eine Wirksamkeit festgestellt wurde.

Bisher nicht vom WBP begutachtet, aber sowohl unter Psychotherapeutinnen als auch in verwandten Berufen (▸ Kap. 2) sehr en vogue und beliebt ist in der einen oder anderen Form die Arbeit mit »inneren Anteilen« wie dem »inneren Kind«. Hierbei handelt es sich nicht um eine klar umgrenzte Methode, sondern vielmehr um einen Grundgedanken dahingehend, dass bestimmte Muster des Fühlens und Denkens, die nebeneinander innerhalb derselben Person existieren können, benannt und mit früheren Erfahrungen verknüpft werden. Je nach Grundlage heißt ein innerer Anteil mit recht kindlichen Gefühlen und Denkweisen, der z. B. in der Kindheit unzureichend erfüllte Bedürfnisse und dadurch bedingte Gefühle repräsentiert, dann beispielsweise »Kindmodus«, »inneres Kind« oder »regressiver Anteil«. Unter anderem arbeiten, jeweils unter leicht unterschiedlicher Nomenklatur, die Schematherapie nach Jeffrey Young, die Klärungsorientierte Therapie nach Rainer Sachse und auch das Imagery Rescripting and Reprocessing nach Mervyn Schmucker (kurz IRRT, eine weitere traumatherapeutische Methode) mit diesem Konzept.

Blick über den Tellerrand: Eine Betrachtung jenseits der Unterschiede

Der eine große Hoffnungsschimmer im Hinblick auf ein übergeordnetes Konzept von integrativer Psychotherapie sind hybride Konzepte, die in den letzten Jahrzehnten entwickelt wurden und in aus meiner Sicht sehr kluger und sinnvoller Weise Elemente der verschiedenen Therapieschulen miteinander verbinden, vor allem solche aus den psychodynamischen Therapien mit denen der KVT. Die sogenannte Schematherapie nach Jeffrey E. Young ist ein Beispiel dafür, wie z. B. klassische psychodynamische Elemente (Analyse der therapeutischen Beziehung, Herleitung der Schemata aus der Biographie der Patientin) mit verhaltenstherapeutischen (Rollenspiele, soziale Fertigkeiten trainieren), kognitiven (Hinterfragen von Annahmen, die Teil der Schemata sind) und humanistisch-emotionsfokussierten Elementen (Übungen zum Aktivieren relevanter Gefühle, um Schemata zu verändern) sinnvoll und logisch miteinander verknüpft werden, anstatt, wie traditionell üblich, so zu tun, als hätten diese Verfahren alle nichts miteinander zu tun.

Ein weiteres solches Beispiel ist eine Methode mit dem etwas sperrigen Namen »Cognitive Behavioral Analysis System of Psychotherapy« nach James McCullough (kurz CBASP), deren Konzept ich im Gegensatz zu ihrer unpassenden und kaum aussprechbaren Bezeichnung (die Abkürzung macht es nur noch schlimmer) in meiner Zeit als angehender Psychotherapeut schätzen lernte. Aus meiner Sicht überzeugt das CBASP zwar nicht mit seinem Namen, aber dafür mit seiner Integration von verhaltenstherapeutischen (zwischenmenschliches Verhalten ändern und dies in Rollenspielen üben), psychodynamischen (Übertragungsanalyse bzgl. der therapeutischen Beziehung, Klärung der biographisch bedingten Prägungen der Person) und gleichzeitig gesprächspsychotherapeutischen Elementen (im CBASP genannt »diszipliniertes persönliches Einbringen«, soll heißen: Authentizität nach GT-Art, aber mit fest angezogener Handbremse). Das leuchtete mir, der sich damals ganz am Anfang seiner VT-Ausbildung befand, enorm ein und bestärkte mich in der Art und Weise, wie ich die Therapie meiner Patientinnen schon damals konzipierte (und dabei nicht immer verstanden wurde): Einerseits vor dem biographischen Hintergrund *klären* und emotional durchleben, was die alte, emotional verankerte Basis bestimmter Probleme auf der Verhaltensebene ist, und andererseits diese alten Prägungen nach Bedarf bearbeiten und zusätzlich *Änderung* herbeiführen, d.h. neue Verhaltensweisen trainieren, um neue Lösungswege für alte Probleme aufzubauen und zu fördern. Aus meiner Sicht gilt für die meisten Probleme, mit denen Patientinnen zu mir kommen: Es braucht beides – Klärung *und* Veränderung. Macht man nur eines von beidem, stößt man früher oder später an eine Grenze im therapeutischen Prozess.

Ein gutes Beispiel für eine integrativ gedachte psychotherapeutische Methode ist in doppelter Hinsicht die sogenannte *Affektbrücke*, deren Herkunft sowohl in hypnotherapeutischen als auch traumatherapeutischen Ansätzen gesehen werden kann, jedoch vom Konzept her ebenso mit den im Abschnitt zur GT beschriebenen emotionsfokussierten Techniken verwandt ist. »Affekt« kann vereinfacht mit »Gefühl« übersetzt werden, und die »Brücke«, um die es geht, ist die zwischen einer aktuellen Situation, die ein starkes Gefühl auslöst (das typischerweise unangemessen stark ist, z.B. ein heftiges Gefühl von Kränkung und Zurückweisung, wenn einem im Restaurant gesagt wird, dass kein Tisch mehr frei ist), und einer prägenden Situation aus der eigenen Vergangenheit (oft unter Beteiligung der primären Bezugspersonen), in der das gleiche Gefühl auftrat. So esoterisch diese Methode auf den ersten Blick wirken mag, so sehr ergibt sie neurowissenschaftlich Sinn, weil unser Gedächtnis genau über solche Verknüpfungen zwischen Situationen und Emotionen funktioniert. Der Zweck der Übung ist entweder alleinig, Zusammenhänge aufzudecken und die biographischen Hintergründe für unverständlich wirkende Gefühlsreaktionen zu verstehen, oder aber man bearbeitet die erinnerten Situationen quasi »in einem Aufwasch« direkt dahingehend, dass man in seiner eigenen Vorstellung der Situation ein anderes Ende gibt und somit die emotionale Qualität ändert (ja, das funktioniert wirklich und wird z. B. in der oben erwähnten IRRT gemacht). Ich beschreibe diese Übung ganz bewusst hier, weil sie meiner Auffassung nach in zweierlei Hinsicht eine Brücke ist – zum einen in der gerade beschriebenen Weise, zum anderen aber auf einer Metaebene in Bezug auf die Integration verschiedener Therapierichtungen. Denn hier wird eine Methode, die von Problemen in der Gegenwart (Arbeitsfeld der VT) ausgeht und die Fokussierung auf Emotionen (humanistisch-emotionsfokussierte Arbeitsweise) nutzt, letztlich dazu genutzt, die prägenden biographischen Erfahrungen zu klären, die wiederum Dreh- und Angelpunkt der psychodynamischen Therapien sind. Da sich hierbei nicht selten auch Erkenntnisse über problematische Beziehungsgeflechte ergeben, kann man sogar noch die Systemische Therapie mit ins Boot holen. Man erkennt also: Diese Methode ist ein wunderbares Beispiel dafür, wie über alle großen Therapieschulen hinweg eine Brücke geschlagen werden kann und etwas viel Besseres dabei rauskommt, als wenn alle nur innerhalb ihrer eigenen Tellerfläche bleiben und nicht über den Rand schauen.

Über den Tellerrand der recht künstlichen Wirksamkeitsforschung zu blicken, bedeutet auch, sich klarzumachen, von welchen Faktoren *jenseits* der jeweils untersuchten Einzelinterventionen (z. B. *Deutungen* in der psychodynamischen Therapie oder der *Aufbau von Aktivitäten* in der Verhaltenstherapie) der Therapieerfolg abhängt. Die Wirksamkeitsforschung hat hier über lange Zeit so getan (und bis heute suggerieren das viele, auch gerade junge, Verhaltenstherapeutinnen), als gehe der gesamte Therapieerfolg auf die jeweilige Intervention zurück und als müsse man, um Psychotherapeutin zu werden, wie eine Tischlerin oder Friseurin sein Handwerk nach dem Motto »Wenn A vorliegt, tue B« erlernen, die richtige Abfolge von Interventionen aus dem Manual-Regal ziehen und das Programm bei jeder Patientin mit dieser Problematik in gleicher Weise abspulen. Ich habe größten Respekt vor allen Handwerksberufen (auch weil ich diesbezüglich weitgehend kompetenzlos bin), aber so funktioniert Psychotherapie außerhalb des universitären Elfenbeinturms der Wirksamkeitsforschung nun einmal nicht – und zwar deshalb nicht, weil Menschen viel zu unterschiedlich sind, um allgemein gültige Aussagen über alle Menschen *hinweg* zu machen. Und sowohl Therapeutinnen als auch Patientinnen sind *Menschen*.

Wie Sie in der Literatur am Ende des Kapitels nachlesen können, hat weitergehende Forschung zu sogenannten »Therapieprozessvariablen« (oft wird von »Mediatoren« und »Moderatoren« gesprochen), d. h. Faktoren, die den

Therapieprozess beeinflussen, diverse Erkenntnisse bestätigen können, die psychotherapeutische Berufserfahrung und gesunder Menschenverstand schon lange zuvor prognostiziert hatten. Diese Variablen können entweder auf Seiten der Psychotherapeutin verortet sein, auf Seiten der Patientin oder aber in der Interaktion zwischen diesen beiden. Untersucht wird dies in der Wissenschaft typischerweise mit recht komplizierten Regressionsanalysen, die dann z. B. Moderations- oder Mediationsanalysen genannt werden und bei denen es, stark vereinfacht, darum geht, anhand der durch eine Therapieprozessvariable (z. B. »Qualität der therapeutischen Beziehung«) aufgeklärten Varianz des Therapieerfolgs (die als abhängige Variable fungiert) Rückschlüsse darauf zu ziehen, wie groß der Einfluss dieser Variablen auf den Therapieerfolg ist. Sinngemäß und in verständlichem Deutsch kann man das, da Varianzaufklärung auch gerne in Prozent angegeben wird, übersetzen als: »Zu wie viel Prozent kann der Therapieerfolg auf Variable X (z. B. Qualität der therapeutischen Beziehung) zurückgeführt werden?« Aber Vorsicht: Auch hier gilt, wie in der klassischen Wirksamkeitsforschung: Das sind Aussagen über die Menschen einer untersuchten Stichprobe *hinweg* – quasi »Durchschnittswerte«, wenn Sie so wollen. Der Anteil, zu dem der Therapieerfolg auf z. B. die therapeutische Beziehung zurückzuführen ist, kann aber von Mensch zu Mensch unterschiedlich sein, was die Aussagekraft all dieser Forschungsergebnisse limitiert, gerade wenn man bedenkt, dass man in der Psychotherapie in der Regel *einer* Person gegenübersitzt.

Wie schon im letzten Absatz angedeutet, konnte inzwischen z. B. tatsächlich aufgezeigt werden, dass die Qualität der therapeutischen Beziehung eine bedeutsame Rolle für den Erfolg einer Therapie spielt und das Optimum darin besteht, dass Therapeutin und Patientin sich im Sinne einer *working alliance* darauf verständigen, hinsichtlich der Ziele der Patientin an einem Strang zu ziehen. Ebenso konnte in Studien bestätigt werden, was hinter vorgehaltener Hand ebenfalls bereits jede psychotherapeutisch tätige Person wusste: Psychotherapeutinnen sind nicht alle *gleich gut* in dem, was sie tun. Alles andere wäre auch unlogisch, wenn man gleichzeitig in der Psychologie davon ausgeht, dass die allermeisten menschlichen Eigenschaften (von Intelligenz über Gewissenhaftigkeit bis hin zu Extraversion) einer Normalverteilungskurve folgen. Das Ausmaß, in dem Psychotherapeutinnen es schaffen, empathisch einem Menschen zu begegnen (als ein Aspekt der sozial-emotionalen Kompetenz) ist z. B. nicht bei allen gleich gut ausgeprägt und erklärt durchaus einen Anteil der Unterschiede in der Wirksamkeit einzelner Psychotherapeutinnen. Ebenso konnte gezeigt werden, dass der Therapieerfolg in überraschend hohem Maße auch von Faktoren bedingt wird, die *außerhalb* der Therapie stattfinden, z. B. in den sozialen Beziehungen der Patientin (Beispiel:

Person A beginnt eine Therapie, woraufhin ihr Partner sich ihr mehr zuwendet und wieder mehr Nähe entsteht, wo vorher Distanz war). Eine wichtige Schlussfolgerung hieraus ist z. B., dass Angehörigenarbeit durchaus sinnvoll ist.

Sehr interessant und weitreichend ist folgender Befund: Während die meiste Wirksamkeitsforschung sich bis heute mit der Untersuchung spezifischer Methoden und Interventionen beschäftigt, deuten diverse Studienergebnisse darauf hin, dass der Beitrag zum Therapieerfolg, der auf die diese spezifischen Interventionen zurückzuführen ist, überraschend *gering* ausfällt. In einem 2001 veröffentlichten Beitrag von Asay und Lambert wurde das Ausmaß, zu dem der Therapieerfolg auf spezifische Interventionen zurückzuführen ist, mit lediglich 15 % angegeben – und damit gleich groß wie der Effekt, der auf die bloße *Erwartung* von Verbesserung zurückzuführen ist, d. h. der Placeboeffekt. Der Korrektheit halber sei hier angemerkt, dass andere Studien zu anderen prozentualen Anteilen gelangen. Das Bild ist jedoch relativ klar: Die Bedeutung der spezifischen Interventionen erweist sich hierbei als viel geringer, als man angesichts dessen erwarten würde, was in der Psychotherapieforschung für ein Fass darüber aufgemacht wird, wie unterschiedlich Interventionen und Therapieschulen seien und wie wichtig es ist, sie »genau richtig« anzuwenden.

Was folgt hieraus? Aus meiner Sicht ist hieraus der Schluss zu ziehen, dass, metaphorisch gesprochen, andere Fässer aufgemacht werden müssen als in der Vergangenheit, sowohl in der Forschung als auch in der Ausbildung von Psychotherapeutinnen. Anstatt Druck durch die Botschaft aufzubauen, dass eine Intervention nur dann wirkt, wenn man sie »richtig« (was auch immer das heißt) anwendet, sollte man die Zeit lieber darauf verwenden, ihnen beizubringen, wie man gute therapeutische Arbeitsbeziehungen aufbaut – oder, je nachdem wie stark man davon ausgeht, dass die dafür nötige sozioemotionale Kompetenz gegeben und weniger erlernbar ist, den Auswahlprozess danach auszurichten. Ebenso könnte man ihnen vermitteln, dass sie bereits einen tollen Job machen, wenn sie bei der Patientin positive Erwartungen bzgl. der Therapie fördern. Jener letzte Aspekt, der aus meiner Sicht einen starken Zusammenhang mit Veränderungsmotivation hat, ist übrigens einer, dessen Bedeutung mir meine tägliche praktische Arbeit bestätigt. Immer wieder passiert es, dass Patientinnen, oft nach mehreren Monaten Wartezeit, direkt zu Beginn der Therapie, vielleicht sogar noch bevor wir überhaupt Therapieziele vereinbart haben, quasi von selbst einen riesigen Satz nach vorne machen und ohne Anleitung genau die Dinge tun, die sie weiterbringen, z. B. alten Hobbys nachgehen, soziale Kontakte aktivieren oder sich in angstbesetzte Situationen begeben. Meiner Einschätzung nach kann das an nichts anderem liegen als der Kombination aus dem wertschätzenden, warmherzigen Beziehungsangebot und der Motivation stiftenden positiven Erwartung, dass die Therapie ihnen helfen *wird* – nach dem Motto »Jetzt geht's los«.

Ebenfalls liegen erste Befunde dazu vor, dass es (wer hätte das gedacht) vorteilhaft ist, die Wahl der Methode oder der Intervention von Eigenschaften der Patientin abhängig zu machen, z. B. von kulturellen oder spirituellen Merkmalen – anstatt nach dem Motto »Schema F für alle« zu verfahren. Für mich ist es in meinem Berufsalltag selbstverständlich, dass ich z. B. sowohl das Erklärungsmodell für die vorliegende Problematik, das ich der Patientin vermittle, an deren eigene Erklärungsansätze anlehne und auch ihre Sprache (und nicht meine Fachsprache) verwende. Ebenso ist es für mich eine Selbstverständlichkeit, dass sich das, was ich einer depressiven Person z. B. an positiven Aktivitäten nahelege, auf die bereits vorhandenen Ressourcen, z. B. vorhandene Hobbys, Interessen und Kontakte, stützt und ich ihr nicht meine Fachmann-Ideen überstülpe.

Es gibt allerdings nach wie vor Dinge, die ich als Praktiker (und jemand, der in der Psychotherapieforschung promoviert hat) bislang in der Forschungsliteratur vermisse. So habe ich bei meiner Recherche keine wissenschaftlichen Arbeiten dazu gefunden, nach welchen Kriterien man Patientinnen jeweils eher eine VT, TP, AP oder ST empfehlen sollte. Das Problem dabei: Im Rahmen der sogenannten *Psychotherapeutischen Sprechstunde* (seit der Reform der Psychotherapie-Richtlinie 2017 ist das die Eingangspforte zur ambulanten Psychotherapie, mehr dazu in ▶ Kap. 4) sind niedergelassene Psychotherapeutinnen mit Kassenzulassung nicht nur angehalten, zu entscheiden, *ob* Psychotherapie notwendig ist, sondern auch, *welches* der vier Richtlinienverfahren man der jeweiligen Patientin empfiehlt. Tatsächlich finde ich diesen Aspekt, d. h. die Passung zwischen Patientin und Therapieverfahren, enorm wichtig, und auch hier spielt aus meiner Sicht eine Rolle, »von wo« die Patientin hinsichtlich ihres eigenen Erklärungsansatzes, aber auch bzgl. ihrer Ziele und Vorstellungen über Therapie kommt. Wenn jemand selbst sehr stark die Ursache für die eigenen Probleme in problematischen Kindheitserfahrungen sieht und obendrein die »Aufarbeitung der Vergangenheit« als Anliegen formuliert, so passt das weniger zur VT, aber sehr gut zur TP oder AP, sodass ich wahrscheinlich eine von beiden empfehlen werde. Und zwar deshalb, weil ich davon ausgehe, dass die Patientin in einer Behandlung, die sie vom Konzept her mehr da abholt, wo sie steht, besser aufgehoben sein wird als in einer solchen, die dies nicht gewährleistet. Formuliert jemand hingegen klare Ziele bzgl. Verhaltensänderungen (z. B. »Lernen, mich weniger unterbuttern zu lassen und mich mehr durchzusetzen«), so werde ich ihr wahrscheinlich zu einer VT raten. Erkenne ich oder erkennt die Patientin selbst, dass die familiäre Konstellation eine große Rolle spielt, wäre eine ST ideal (sofern es genügend Kolleginnen mit dieser Fachkunde gäbe, was nicht der Fall ist – erinnern Sie die Statistiken aus ▶ Kap. 2). Und in dem Fall, dass jemand als Anliegen formuliert, dass sie »einfach jemanden zum Zuhören« braucht, dann würde ich gerne GT empfehlen – was nicht geht, da die GT kein Richtlinienverfahren darstellt.

Ob eine Intervention oder Methode zur Patientin passt, wird vielleicht bisher kaum in der Forschung, aber zumindest in der Supervision (also da, wo man mit einer erfahreneren Kollegin über einzelne Behandlungsfälle spricht) viel beleuchtet. Was dort meiner Erfahrung nach hingegen selten Thema ist (bei mir z.B. so gut wie nie), aber aus meiner Sicht ebenfalls in der Gesamtheit der Kontextfaktoren nicht unerwähnt bleiben darf, ist die Passung zwischen *Therapeutin* und Methode. Damit meine ich allerdings weniger die Passung zwischen dem übergeordneten Richtlinienverfahren und der Therapeutin, sondern eher die Passung zwischen einer bestimmten Intervention oder Methode auf der einen und der Therapeutin auf der anderen Seite. Weil es in der VT (da sie sich vieles »einverleibt« hat, wie Sie erinnern) unzählige verschiedene Interventionen gibt, trifft das nach meiner Einschätzung in besonderer Weise auf die VT zu, und diese ist auch die einzige Perspektive, die ich aus eigener Erfahrung einnehmen kann. Aus meiner Sicht ist es logisch, dass die Methode nicht nur zur Patientin, sondern auch zur Therapeutin passen sollte – nicht nur hinsichtlich der Frage, ob sie sie beherrscht, sondern vor allem in Bezug auf die Frage, ob sie selbst von ihr *überzeugt* ist. Wie oft habe ich während meiner Ausbildung zum Psychotherapeuten Interventionen mit Patientinnen durchgeführt, die mir in der Supervision empfohlen wurden und die mich weder überzeugt haben oder zu meinem Stil als Therapeut passten. Das Ergebnis war meist, wie Sie sich denken können, dass ich diese Interventionen auch nicht überzeugend rüberbringen konnte und diese folglich zum Flop wurden. Was mich angeht, so ist es z.B. so, dass ich klassische logische Disputation im Sinne der kognitiven Therapie (d.h. das rationale Hinterfragen eines Gedankens wie »Ich bin wertlos« durch Gegenüberstellung von Belegen für bzw. gegen die Gültigkeit dieses Gedankens) nicht leiden kann, weil ich sie unnatürlich sowie unpassend technisch finde und ich mir dabei schlichtweg bescheuert vorkomme. Das überträgt sich natürlich auf die Patientin bzw. würde es, wenn ich es täte. Ich persönlich finde es daher wichtig, als Therapeut zu wissen, was einem liegt und wovon man überzeugt ist. Denn wahrscheinlich wird man damit bei Patientinnen viel bessere Effekte erzielen als mit Sachen, die einem durch ein Buch oder von einer ganz anders »gestrickten« Fachkollegin begeistert empfohlen wurden.

Ich würde es begrüßen, wenn die Psychotherapieforschung sich auch dieser Frage widmen und sich Supervisorinnen dieses Aspekts bewusster würden, denn auch hierdurch ließe sich unter dem Strich die Behandlung von Patientinnen verbessern (und die ohnehin hohe Belastung angehender Psychotherapeutinnen abmildern).

Aber noch einmal zurück zu den Therapieprozessvariablen, also jenen Einflussfaktoren, die das Ergebnis einer Psychotherapie beeinflussen. Ein zurecht sehr einflussreicher, kluger und auf einer mehr als beachtlichen Auswertung sämtlicher Ergebnisse der Psychotherapieforschung fußender Ansatz über Wirkmechanismen von Psychotherapie stammt von dem leider schon verstorbenen Psychotherapeuten Klaus Grawe, der 2005 postulierte, dass Psychotherapie (und zwar gleich welcher »Schule«) über fünf Mechanismen wirkt, wobei die verschiedenen »Schulen« sich dahingehend unterscheiden, worauf der Schwerpunkt liegt. Als ersten Wirkmechanismus greift Grawe die bereits beschriebene Qualität der therapeutischen Beziehung auf, die er als Faktor beschreibt, vor dessen Hintergrund die anderen vier Mechanismen ihre Wirkung entfalten. Der zweite Mechanismus heißt »Ressourcenaktivierung« und meint, dass bei der Patientin vorhandene Fähigkeiten, Stärken und Quellen von Wohlbefinden identifiziert und aktiviert werden. Den verhaltenstherapeutischen *Aufbau positiver Aktivitäten* kann man z. B. diesem Mechanismus zuordnen. Der dritte Mechanismus ist die »Problemaktualisierung«, was eine etwas holprige Bezeichnung dafür ist, dass das Problem, um das es in der Therapie geht, real *erlebt* werden muss, was sinngemäß bedeutet, dass die kritischen Gefühle aktiviert werden müssen und man nicht nur kühldistanziert über das Problem reflektiert. Die emotionsfokussierten Methoden aus der humanistischen Richtung der Psychotherapie passen zu diesem Wirkmechanismus, ebenso wie das Erleben von Angst (und ihrem selbstständigen Nachlassen) in der Expositionstherapie. »Aktive Hilfe zur Problembewältigung« ist der vierte Wirkmechanismus und meint das, was es suggeriert: Dass die Therapeutin der Patientin entweder konkrete Ratschläge zur Problemlösung gibt oder ihr die notwendigen Fertigkeiten vermittelt, um Probleme zu lösen. Der letzte Mechanismus hebt sich von den anderen ab und wurde von Grawe »Motivationale Klärung« genannt. Gemeint ist aber ein deutlich breiteres Verständnis von »Klärung«: Denn hierunter fällt all das, was die psychodynamischen Therapien als ihren Wirkmechanismus verstehen: die Rekonstruktion dessen, wie das Problem bzw. die vorliegende Symptomatik oder Störung *entstanden* ist, z. B. vor dem biographischen Hintergrund (bzw., in VT-Sprache, dem »lerngeschichtlichen Hintergrund«) oder vor dem Hintergrund der familiären Beziehungsdynamiken in der systemischen Therapie.

Nach Grawe gehört zur »Klärung« aber eben auch das klärende Gespräch über die Therapiemotivation der Patientin und über ihre Werte und Ziele.

Meine Haltung als Psychotherapeut

Ich persönlich hege eine enorme Sympathie und Wertschätzung für Grawes Ansatz, weil er es ermöglicht, die unnötigen Gräben zwischen den verschiedenen Therapieschulen zu überwinden, indem man universelle Wirkmechanismen zugrunde legt, die allen etablierten Therapieformen eine Berechtigung geben. In diesem Kontext finde ich es hilfreich, die verschiedenen Therapieschulen wie Puzzleteile zu betrachten: Sie alle beschreiben einen Teil der Realität darüber, wie Menschen psychisch »gestrickt« sind und wie Störungen entstehen, und zusammen ergeben sie ein vollständiges Bild. Vielleicht gelangt die Psychotherapieforschung ja sogar noch früher als die Grundlagenphysik zu ihrer eigenen »Grand Unified Theory«, wie jene sie seit fast einem Jahrhundert anstrebt.

Wenn man die drei mittleren Mechanismen »Ressourcenaktivierung«, »Problemaktualisierung« und »Aktive Hilfe zur Problembewältigung« (die zugegebenermaßen recht stark nach VT klingen) einmal über den gemeinsamen Nenner zusammenfasst, dass es bei allen dreien darum geht, etwas zu *verändern,* gelangt man zu der pragmatischen integrativen Sichtweise, die ich als Praktiker zunehmend vertrete und die ich weiter oben schon einmal skizziert habe: Dass es in der Psychotherapie, und zwar auf Basis einer im besten Fall Halt gebenden *therapeutischen Beziehung,* vereinfacht um die Balance aus *Klären* einerseits und *Verändern* andererseits geht. Mit Verändern meine ich dabei derweil nicht nur das Verhalten, sondern auch Emotionen und Gedanken. Und bevor Missverständnisse entstehen: Verändern kann für mich auch bedeuten, den Umgang mit der eigenen Problematik in Richtung einer *Akzeptanzhaltung* zu verändern. Das alleinige Klären, also z. B. zu verstehen, warum man welche Probleme hat, genügt nach meiner Praxiserfahrung oft nicht, um zu nachhaltigen Veränderungen im Denken, den Gefühlen und im Verhalten zu führen, und das Vorpreschen mit Verhaltensänderungen, ohne verstanden zu haben, warum die Person so fühlt, denkt und sich verhält, wie sie es tut, wird ohne Klärung häufig auch nicht von Erfolg gekrönt sein. Ich sage bewusst weder »immer« noch »nie«, weil es selbstverständlich Patientinnen gibt, die vom alleinigen Klären oder dem alleinigen Verändern schon ausreichend profitieren – genau so, wie es Patientinnen gibt, die sich, sobald man ihnen ein wertschätzendes und validierendes (d.h. ihren Gefühlen Gültigkeit zusprechendes) Beziehungsangebot macht, quasi selbst entfalten und in einen »Heilungsprozess« kommen. So zumindest lautet meine Perspektive als Psychotherapeut, der zu Beginn aufgrund der universitären Prägung knallharter Verhaltenstherapeut (mit Tendenz zum »Analytiker-Bashing«) war und der dann (schon während der Psychotherapeutenausbildung und noch mehr nach der Approbation) über den Tellerrand blickte.

Was aus meiner Sicht übrigens vielleicht keine direkten Wirkmechanismen, aber durchaus Faktoren sind, die den Therapieerfolg mit beeinflussen (für Fachleute: vielleicht keine Mediatoren, aber Moderatoren), sind der Transfer zwischen den Sitzungen (Beschäftigt die Patientin sich in der Woche zwischen unseren Terminen mit dem Thema der Therapie und macht sie ihre therapeutischen Hausaufgaben oder nicht?) und der damit verknüpfte Aspekt der Größe und Stärke der *Veränderungsmotivation*, die eng mit der *Erwartung* der Patientin verknüpft ist, dass sich durch die Therapie etwas verändern kann. Beide Aspekte sind Variablen auf Patientinnenseite, die das Ergebnis einer Psychotherapie beeinflussen, und ich werde in ▶ Kap. 4 und ▶ Kap. 5 noch einmal ausführlich darauf eingehen. Und noch ein »Übrigens«: Nicht unerwähnt bleiben sollte, wenngleich weit jenseits des Umfangs dieses Buchs, dass Klaus Grawe kurz vor seinem Tod mit seinem Buch »Neuropsychotherapie« auch einen enorm wichtigen Beitrag dahingehend geleistet hat, die Frage zu erörtern, wie Psychotherapie gestaltet sein muss, um von neurobiologischer Perspektive aus wirksame Veränderungsprozesse anzuregen.

Ich denke, meine eigene von Praxiserfahrung einerseits und einer recht passablen Kenntnis der Psychotherapieforschung andererseits untermauerte Haltung zur Gestaltung einer Psychotherapie ist im Verlauf dieses Kapitels bereits hier und da deutlich geworden. Wie gesagt, betrachte ich psychotherapeutische Prozesse vor allem vor dem Hintergrund der ineinandergreifenden Prinzipien »Klären« und »Verstehen«. Teil meiner Haltung ist ebenso, dass es Sinn ergibt, sich an konkreten, in ihrer Wirksamkeit nachgewiesenen (siehe Abschnitt »Wie untersucht man, ob eine Behandlung wirksam ist?«) Interventionen wie z. B. dem Aufbau positiver Aktivitäten in der VT zu orientieren, diese aber bitte mit Intuition und gesundem Menschenverstand flexibel und gerne auch kreativ einzusetzen und an die jeweilige Patientin mit ihren eigenen Ressourcen, ihrem persönlichen Konzept ihrer Problematik und ihrem individuellen Blick auf die Welt *anzupassen* – und dabei an die Sprache der Patientin anzuknüpfen, anstatt gegenüber Patientinnen mit grauenvoll sperrigen Begriffen wie »positive Selbstverbalisation« oder »negative Metakognition« um die Ecke zu kommen (wenn sogar ein Textverarbeitungsprogramm das Wort rot unterstreicht, sollte das ein klares Signal sein).

3 Von Couch bis Schaumstoffhammer: Was in einer Psychotherapie wirklich passiert

Es gibt ein paar Interventionen, deren Bedeutung und Wirksamkeit ich aufgrund meiner eigenen Erfahrung recht hoch einschätze und die ich sehr gerne einsetze. Diese sind ...

- bei zwischenmenschlichen Problemen *Rollenspiele* (da sie einerseits eine wunderbare Möglichkeit bieten, neue Verhaltensweisen zu erproben, und andererseits stark emotionsaktivierend sind, was Veränderungsprozesse befördert),
- bei (fast allen) Angststörungen eine Form von *Exposition*, d. h. Konfrontation mit den angstauslösenden Elementen (weil nur so eine korrigierende Bewältigungserfahrung möglich ist und die Patientin erfahren kann, dass Angst ganz von alleine, ohne jegliche »Tricks«, mit der Zeit nachlässt – und aushaltbar ist!) und
- zur tiefgreifenden emotionalen Veränderung belastender biographischer Erinnerungen und traumatischer Erfahrungen das szenische Um-Schreiben dieser Erinnerungen in der Vorstellung (womit ich die Methode des *IRRT* meine und schon Erfolge erzielt habe, die mich sprachlos gemacht haben).

Da ich ernst nehme, was ich selbst vorhin über die Passung zwischen Therapeutin und Methode geschrieben habe, leite ich daraus aber natürlich nicht ab, dass diese Interventionen für *jede* Kollegin das Nonplusultra sind. Denn: Im Endeffekt weiß ich nicht, wie viel von der Wirkung dieser von mir eingesetzten Interventionen auf die Intervention, wie viel auf meine Persönlichkeit, wie viel auf die Patientin und wie viel wiederum auf die Beziehung zwischen uns zurückzuführen ist.

Neben der Tatsache, dass Patientinnen als Menschen unterschiedlich sind, sollte ebenso die Unterschiedlichkeit der Psychotherapeutinnen gewürdigt und anerkannt werden. Sicherlich ist es gut, wenn wir Patientinnen, wie es so schön heißt, so weit wie möglich da »abholen«, wo sie stehen, d.h. unser Vorgehen an ihre Ressourcen, ihren Erklärungsansatz und ihre Sprache anpassen. Aber auch nur unser *Vorgehen*, nicht *uns selbst*, d.h. unsere Persönlichkeit. Ich vertrete die Auffassung, dass Supervisorinnen angehende Psychotherapeutinnen darin unterstützen sollten, sich nicht für Patientinnen zu verbiegen, sondern sich stattdessen selbst so gut zu kennen, dass sie wissen, zu welchen Patientinnen sie gut passen und zu welchen nicht. Mit »Verbiegen« meine ich dabei ein Ausmaß an Anpassung, das sich falsch anfühlt, weil es den Bereich der eigenen Authentizität verlässt. Ein vertretbares und sinnvolles Ausmaß an Anpassung wäre aus meiner Sicht z. B., wenn eine Patientin dies braucht, in eine längere Klärungsphase zu gehen und Tempo rauszunehmen, anstatt schnell (wie eigentlich gewohnt) in die Veränderung zu gehen. Natürlich kann man der Auffassung sein, dass angehende Psychotherapeutinnen eine korrigierende Erfahrung machen und »über sich hinauswachsen«, wenn sie die Behandlung einer ihnen (zunächst) unangenehmen Patientin eben *nicht* vermeiden, sondern »sich trauen«. Grundsätzlich ist daran nichts Falsches, aber ob die angehende Psychotherapeutin diese Herausforderung zu diesem Zeitpunkt gerne eingehen möchte, sollte sie nach meinem Dafürhalten ganz eigenständig und ohne externen Druck, z. B. von Seiten der Supervisorin oder der Ambulanzleitung, entscheiden können, und zwar ohne dass auf ein Nein der angehenden Psychotherapeutin negative Konsequenzen folgen. Alles andere wäre aufgedrängte Expositionstherapie ohne eigene Motivation und Selbstwirksamkeitserleben – was zumindest im Umgang mit Patientinnen als unethisch gelten würde. Und letztlich kann man sich vor dem Hintergrund der Befunde zur Bedeutung der therapeutischen Beziehung auch kaum vorstellen, dass aus einer solchen Konstellation, in der sich mindestens eine Person nicht wohlfühlt, eine erfolgreiche Therapie hervorgeht.

Ich z. B. habe über die Jahre herausgefunden, dass ich wunderbar mit Menschen psychotherapeutisch arbeiten kann, die mit klaren Veränderungszielen und entsprechender Motivation zu mir kommen, die sich ein nahbares, authentisches und als Mensch durchscheinendes Gegenüber wünschen und über Humor zu erreichen sind. Ich persönlich schätze hier sehr die Grundhaltung der GT und empfinde es als angenehm, in der Therapie ich selbst zu sein, keine »professionelle Rolle« spielen zu müssen, Fehler machen, sie zugeben und drüber lachen zu können. Andere Patientinnen fühlen sich vielleicht gegenüber der distanzierteren Art einer Therapeutin, die neutral bleibt und nichts von sich selbst einbringt, wohler, und wieder andere können sich vielleicht nur einer Person gegenüber öffnen, die Blazer, Jackett oder weißen Kittel trägt. Daraus, dass Menschen unterschiedlich sind und Unterschiedliches in einer Therapie benötigen (Patientinnen) bzw. einbringen können (Therapeutinnen), folgt für mich automatisch, dass ich mir nicht anmaßen würde, dass Psychotherapeutinnen so sein müssen wie ich. Ich bin gerne ein Vorbild für die, die etwas mit meiner Haltung anfangen können, aber ich zwinge sie keinem auf. Es ist sicherlich so, dass ich mich mit Kolleginnen, die Authentizität und Selbstöffnung ablehnen bzw. für Manualisierung und gegen Individualisierung sind, nicht so gut verstehe wie mit jenen, die meine Einstellungen teilen. Aber daraus würde ich niemals ableiten, dass jene Kolleginnen falsch liegen oder ihre Arbeit schlecht machen. Jede Haltung hat ihre Berechtigung und wird, so meine Auffassung, ihre Entsprechung auf der Patientinnenseite finden.

Natürlich frage ich übrigens auch meine Patientinnen am Ende einer Therapie, was ihnen besonders geholfen hat. Tatsächlich bekomme ich selten (was bedeutet: *nicht nie*) die Antwort, dass Intervention X oder Übung Y ihnen geholfen hat. Was ich am allerhäufigsten höre, und zwar durch die Bank von ganz unterschiedlichen Menschen, ist die Antwort, dass ihnen die Therapie deshalb geholfen hat, weil sie mit einer *außenstehenden Person*, die im Gegensatz zum persönlichen Umfeld *neutral* ist, über belastende Dinge sprechen konnten und daraus den Mut schöpfen konnten, etwas zu verändern. Was diese Patientinnen hier sagen, lässt sich in die oben beschriebene Therapieprozessvariable »therapeutische Beziehung« einordnen und erinnert vielleicht auch Sie stark an die Wirkmechanismen, welche die GT nach Rogers postuliert. Tja – was macht man damit als Verhaltenstherapeut, dem beigebracht wurde, dass die Interventionen der Heilige Gral sind? Nun, mein altes, streng verhaltenstherapeutisches Herz hätte sich darüber sicher geärgert oder wäre enttäuscht gewesen, weil ja somit die ganze Mühe mit den spezifischen Interventionen »umsonst« war. Mein heutiges, integrativ denkendes Herz lässt sich hingegen davon berühren – und geht einfach auf.

Nach diesem herzerwärmenden Schlusssatz ist es nun meine Aufgabe, Sie mittels einer eleganten Überleitung ins nächste Kapitel mitzunehmen. Das ist nicht gerade leicht, weil sich das folgende Kapitel mit Gesetzen, Regeln und beruflichen Pflichten von Psychotherapeuten auseinandersetzt, was von Haus aus eine etwas trockenere Kost darstellt. Aber seien Sie versichert, dass ich mich auch hier um eine Spur Unterhaltsamkeit gekümmert habe und es außerdem natürlich um hochinteressante Fragen geht – z.B. darum, warum Psychotherapie entgegen der weit verbreiteten Annahme bei Weitem nicht für jeden Menschen mit einer psychischen Erkrankung das Richtige ist.

Literatur

Überblickswerke über die Wirksamkeit von Psychotherapieverfahren und den jeweiligen Beitrag einzelner Wirkfaktoren

Barkham, M., Lutz, W. & Castonguay, L. G. (Hrsg.). (2021). *Bergin and Garfield's Handbook of Psychotherapy and Behavior Change* (7. Aufl.). Wiley.

Grawe, K., Donati, R. & Bernauer, F. (2001). *Psychotherapie im Wandel: Von der Konfession zur Profession* (5. Aufl.). Hogrefe Verlag.

Lambert, M. J. (Hrsg.). (2013). *Bergin and Garfield's Handbook of Psychotherapy and Behavior Change* (6. Aufl.). Wiley.

Das Fallbeispiel des »kleinen Hans«

Freud, S. (1909). *Analyse der Phobie eines fünfjährigen Knaben.* http://www.psychanalyse.lu/Freud/FreudHans.pdf

Meta-Analysen und Überblicksarbeiten zur Wirksamkeit psychodynamischer Therapie

Abbass, A., Town, J., Holmes, H., Luyten, P., Cooper, A., Russell, L., Lumley, M. A., Schubiner, H., Allison, J, Bernier, D., De Meulemeester, C., Kroenke, K. & Kisely, S. (2020). Short-term psychodynamic psychotherapy for functional somatic disorders: A meta-analysis of randomized controlled trials. *Psychotherapy and Psychosomatics, 89*(6), 363–370.

De Maat, S., De Jonghe, F., Schoevers, R. & Dekker, J. (2009). The effectiveness of long-term psychoanalytic therapy: A systematic review of empirical studies. *Harvard Review of Psychiatry, 17*(1), 1–23.

Driessen, E., Hegelmaier, L. M., Abbass, A. A., Barber, J. P., Dekker, J. J., Van, H. L., Jansma, E. P. & Cuijpers, P. (2015). The efficacy of short-term psychodynamic psychotherapy for depression: A meta-analysis update. *Clinical Psychology Review, 42*, 1–15.

Leichsenring, F., Abbass, A., Luyten, P., Hilsenroth, M. & Rabung, S. (2013). The emerging evidence for long-term psychodynamic therapy. *Psychodynamic Psychiatry, 41*(3), 361–384.

Leichsenring, F. & Rabung, S. (2008). Effectiveness of long-term psychodynamic psychotherapy: A meta-analysis. *JAMA, 300*(13), 1551–1565.

Smit, Y., Huibers, M. J., Ioannidis, J. P., van Dyck, R., van Tilburg, W. & Arntz, A. (2012). The effectiveness of long-term psychoanalytic psychotherapy—A meta-analysis of randomized controlled trials. *Clinical Psychology Review, 32*(2), 81–92.

Gutachten und Stellungnahmen des Wissenschaftlichen Bereits Psychotherapie (WBP)

WBP. (2000). *Gutachten zur Neuropsychologie als wissenschaftlichem Psychotherapieverfahren.* https://www.wbpsychotherapie.de/fileadmin/user_upload/_old-files/downloads/pdf-Ordner/WBP/Gutachten_zur_Neuropsychologie_als_wissenschaftlichem_Psychotherapieverfahren.pdf

WBP. (2000). *Gutachten zur Psychodramatherapie als wissenschaftliches Psychotherapieverfahren.* https://www.wbpsychotherapie.de/fileadmin/user_upload/_old-files/downloads/pdf-Ordner/WBP/Gutachten_zur_Psychodramatherapie_als_wissenschaftliches_Psychotherapieverfahren.pdf

WBP (2004). *Stellungnahme zur Psychodynamischen Psychotherapie bei Erwachsenen.* https://www.wbpsychotherapie.de/fileadmin/user_upload/_old-files/downloads/pdf-Ordner/WBP/Stellungnahme_zur_Psychodynamischen_Psychotherapie_bei_Erwachsenen.pdf

WBP. (2006). *Gutachten zur wissenschaftlichen Anerkennung der Hypnotherapie.* https://www.wbpsychotherapie.de/fileadmin/user_upload/_old-files/downloads/pdf-Ordner/WBP/Gutachten_zur_wissenschaftlichen_Anerkennung_der_Hypnotherapie.pdf

WBP. (2008). *Ergänzung der Stellungnahme zur Psychodynamischen Psychotherapie vom 30. Juni 2008*. https://www.wbpsychotherapie.de/fileadmin/user_upload/_old-files/downloads/pdf-Ordner/WBP/Ergaenzung_der_Stellungnahme_zur_Psychodynamischen_Psychotherapie_vom_30._Juni_2008.pdf

WBP. (2008). *Gutachten zur wissenschaftlichen Anerkennung der Systemischen Therapie*. https://www.wbpsychotherapie.de/fileadmin/user_upload/_old-files/downloads/pdf-Ordner/WBP/GutachtenSystemischeTherapie20081214-1.pdf

WBP. (2017). *Gutachten zur wissenschaftlichen Anerkennung der Humanistischen Psychotherapie*. https://www.wbpsychotherapie.de/fileadmin/user_upload/_old-files/downloads/pdf-Ordner/WBP/Gutachten_Humanistische_Psychotherapie.pdf

Zur Rolle der therapeutischen Beziehung und anderen Therapieprozessvariablen bzw. Wirkfaktoren von Psychotherapie

Asay, T. & Lambert, M. (2001). Empirische Argumente für die allen Therapien gemeinsamen Faktoren: Quantitative Ergebnisse. In M. Hubble, B. Duncan, & S. Miller (Hrsg.), *So wirkt Psychotherapie. Empirische Ergebnisse und praktische Folgerungen* (S. 41–81). Verlag modernes Leben.

Del Re, A. C., Flückiger, C., Horvath, A. O., Symonds, D. & Wampold, B. E. (2012). Therapist effects in the therapeutic alliance–outcome relationship: A restricted-maximum likelihood meta-analysis. *Clinical Psychology Review, 32*(7), 642–649.

Grawe, K. (1995). Grundriss einer allgemeinen Psychotherapie. *Psychotherapeut, 40*(3), 130–145.

Grawe, K. (2000). *Psychologische Therapie* (2. Aufl.). Hogrefe Verlag.

Grawe, K. (2005). Empirisch validierte Wirkfaktoren statt Therapiemethoden. *Report Psychologie, 7*(8), 311.

Horvath, A. O. & Bedi, R. P. (2002). The alliance. In J. C. Norcross (Hrsg.), *Psychotherapy relationships that work: Therapist contributions and responsiveness to patients* (S. 37–69). Oxford University Press.

Norcross, J. C. & Lambert, M. J. (2011). Psychotherapy relationships that work II. *Psychotherapy, 48*(1), 4–8.

Norcross, J. C. & Lambert, M. J. (2018). Psychotherapy relationships that work III. *Psychotherapy, 55*(4), 303.

Norcross, J. C. & Wampold, B. E. (2011). What works for whom: Tailoring psychotherapy to the person. *Journal of Clinical Psychology, 67*(2), 127–132.

Zur Betrachtung effektiver Psychotherapie vor neurowissenschaftlichem Hintergrund

Grawe, K. (2004). *Neuropsychotherapie*. Hogrefe Verlag.

4 Verbote, Pflichten und Gebote: Über das komplizierte Regelwerk der Psychotherapie und die Frage, für wen sie gedacht ist und für wen nicht

In diesem Kapitel widme ich mich der eher trockenen gesetzlichen Basis des Psychotherapeutinnenberufs mit dem Ziel, diese anschaulich zu beschreiben, weil es mir wichtig ist, den oft unterschwellig oder auch explizit vernommenen Irrtum zu korrigieren, in der Psychotherapie sei quasi alles erlaubt. Sollten Sie sich bereits in einer Psychotherapie befinden oder mit dem Gedanken spielen, eine zu beginnen, so ist es mein Wunsch, Sie mit diesem Kapitel zu einer mündigen und informierten Patientin zu machen, die weiß, was ihre Rechte und Pflichten sowie die Pflichten und Rechte der Psychotherapeutin sind. Und sollten Sie einem anderen Gesundheitsberuf angehören, ist mein Anliegen, dass Sie die Prinzipien und Regeln, an die Psychotherapeutinnen gebunden sind, kennenlernen, um unsinnige Überweisungen und Empfehlungen zu verhindern.

Ein kleiner Disclaimer noch vorab: Ich beschreibe in diesem Kapitel vorrangig die rechtliche Situation von Psychotherapeutinnen im *ambulanten* Bereich, in dem von den in Deutschland (Stand: 31.12.2022) registrierten gut 55.000 Psychologischen Psychotherapeutinnen (PP) und Kinder- und Jugendlichenpsychotherapeutinnen (KJP) rund 77 % tätig sind (Gesundheitsberichterstattung des Bundes, o.D.). Das bedeutet, dass ich die zweitgrößte Gruppe, nämlich die gut 10.000 Kolleginnen, die im stationären und teilstationären Setting, also in psychiatrischen und psychosomatischen Kliniken und Tageskliniken sowie Reha-Kliniken, arbeiten, weitgehend ausklammere. Das liegt daran, dass die wesentlichen Gesetze, die ich in diesem Kapitel behandle, sich hauptsächlich auf die Ausübung von Psychotherapie im ambulanten Bereich beziehen – was umgekehrt leider bedeutet, dass die rechtliche Situation von Psychotherapeutinnen im stationären Bereich noch immer an vielen Stellen ungeklärt ist. Man könnte auch sagen: Der Gesetzgeber hat 1999, als er u.a. im Psychotherapeutengesetz festschrieb, dass Psychotherapeutinnen Ärztinnen gleichgestellt sind, nicht darüber nachgedacht und nicht klar geregelt, wie

4 Verbote, Pflichten und Gebote: Über das komplizierte Regelwerk der Psychotherapie

Psychotherapeutinnen sich mit ihrer auf die Psychotherapie beschränkten Approbation in die komplexe Hierarchie einer Klinik (aus Ärztinnen, Pflegepersonal und Spezialtherapeutinnen wie Ergo-, Kunst- und Musiktherapeutinnen) einfügen und was ihre Befugnisse und Pflichten sein sollen. Dadurch ist es nach wie vor so, dass Psychotherapeutinnen, die im stationären und teilstationären Bereich tätig sind, häufig unangemessen schlecht bezahlt werden, weniger eigenverantwortlich arbeiten dürfen und deutlich weniger Befugnisse als im ambulanten Bereich haben, sodass ihnen z.B. mancherorts von ärztlicher Seite nicht zugestanden wird, die Suizidalität eines Patienten einzuschätzen. Diese Punkte ergeben sich nicht nur aus meiner persönlichen Erfahrung sowie den mir berichteten Erfahrungen vieler Kolleginnen, sondern wurden in der Vergangenheit auch von Berufsverbänden und den berufsständischen Vereinigungen immer wieder angemerkt, z.B. von der Bundespsychotherapeutenkammer (BPtK, 2013).

Im Herbst 2023 begegnete mir in Form einer Stellenanzeige, um deren Weiterleitung ich gebeten wurde, wieder ein gutes Beispiel für den wichtigen Umstand, dass es im stationären Bereich immer noch üblich ist, in Sachen Vergütung, Befugnissen etc. *keinen Unterschied* zwischen Psychologinnen und Psychotherapeutinnen zu machen. Das finde ich angesichts dessen, was ich Ihnen in Kapitel 2 über diesen äußerst wichtigen Unterschied beschrieben habe, sowie des Umstands, dass derweil in ärztlichen Stellenanzeigen durchaus sehr deutlich zwischen Ärztin und Fachärztin differenziert wird, hinsichtlich der hiermit (nicht) ausgedrückten Wertschätzung für den Beruf der Psychotherapeutin im stationären Bereich sehr problematisch. Der Titel der Stellenanzeige lautete nämlich »Psychologe gesucht«. In den Anforderungen stand dann aber, dass man am liebsten einen »Psychologen mit Approbation« haben möchte, was de facto ein »Psychotherapeut« ist. Daher kann man sich fragen, warum man das nicht auch in die Überschrift schreibt – außer natürlich man verfolgt den schelmischen Plan, die betreffende Person nur in die Entgeltgruppe 13 des TVöD einzugruppieren (üblich für Psychologinnen) und nicht in die »teurere« Entgeltgruppe 14, wie es für Psychotherapeutinnen üblich ist. Ich habe dem verantwortlichen Oberarzt und dem Chefarzt der betreffenden Klinik die Problematik sehr ausführlich geschildert, jedoch bis zur Abgabe des Manuskripts für dieses Buch ohne erkennbaren Erfolg in Form einer Einsicht oder Antwort.

Ähnlich nachteilige Umstände gelten in weiten Teilen für die psychotherapeutischen Kolleginnen, die in psychiatrischen Institutsambulanzen tätig sind. Obwohl sie zum ambulanten Bereich hinzuzuzählen sind, muss ich in diesem Kapitel leider auch diese ausklammern und beziehe mich hauptsächlich auf das ambulante psychotherapeutische Versorgungssystem innerhalb der gesetzlichen Krankenkassen, das maßgeblich durch die *Psychotherapie-Richtlinie* geregelt wird. Diese wird, wie in ▶ Kap. 3 bereits erwähnt, vom G-BA herausgegeben, zu dem ich in ▶ Kap. 5 noch Genaueres sagen werde. Wie schon in ▶ Kap. 2 erwähnt, kann ich hier leider nur am Rand auf die Besonderheiten eingehen, die für KJP gelten, weil dies ansonsten den Rahmen sprengen würde. Ich schildere somit in erster Linie die Prozesse und Regularien, die für erwachsene Patientinnen gelten.

Die anschaulichste Art, in das Thema einzusteigen, ist aus meiner Perspektive, einmal im Detail die Prozesse zu beschreiben, die Patientinnen bis zum Beginn einer Psychotherapie durchlaufen. Naiverweise könnte man annehmen, dass man bei der Psychotherapeutin anruft, einen Termin vereinbart und »schwuppdiwupp« die Therapie anfängt. Warum die Realität nicht weiter hiervon entfernt sein könnte, darum geht es im folgenden Unterkapitel (und zudem in Kapitel 5).

Von der Anfrage bis zum Therapiebeginn: Der lange Weg zur Behandlung

Die enttäuschende Botschaft für all jene, die dieses Buch lesen, weil sie überlegen, selbst eine Psychotherapie zu machen, ist die, dass der Weg leider beschwerlich und lang ist und viel Durchhaltevermögen erfordert. Weil ich auf die Frage danach, warum die Wartezeiten so lang sind (verbunden mit der Frage, warum viele Psychotherapeutinnen so schlecht erreichbar sind), sehr detailliert im nächsten Kapitel eingehen werde, spare ich den ersten und mühsamsten Schritt, d.h. die Phase von der ersten Anfrage bis zum tatsächlich ersten Termin, einmal aus. Stattdessen beginnen wir bei der eigentlichen Eingangspforte in die Psychotherapie, nämlich beim sogenannten Erstgespräch, das für gesetzlich versicherte Patientinnen seit der umfassenden, 2017 in Kraft getretenen Strukturreform der Psychotherapie-Richtlinie (siehe hierzu Bundesministerium für Gesundheit, 2016 sowie KBV & GKV-Spitzenverband, 2017) im Rahmen der sogenannten *Psychotherapeutischen Sprechstunde* stattfindet. Die Psychotherapeutische Sprechstunde ist dabei aber in der Regel keine offene Sprechstunde, wie man es von Hausärztinnen kennt, sondern im Grunde nur eine neue Abrechnungsziffer für Psychotherapeuten, die dafür gedacht ist, im Umfang von 25 bis maximal 150 Minuten eine Erstabklärung des Anliegens vorzunehmen, mit dem eine Patientin sich an einen wendet. Ein

4 Verbote, Pflichten und Gebote: Über das komplizierte Regelwerk der Psychotherapie

Erstgespräch in der Psychotherapeutischen Sprechstunde kann man als Patientin ohne Überweisung durch eine Haus- oder andere Fachärztin wahrnehmen, und es wird vollständig von der gesetzlichen Krankenkasse übernommen. Inhalt und Ziel dieses Termins ist es in erster Linie, die Problematik der Patientin im Gespräch daraufhin zu überprüfen, ob sie *klinisch relevant*, d. h. behandlungsbedürftig, ist und somit eine *Indikation* in Form einer Diagnose, also ein Anlass für eine Behandlung vorliegt. Denn: Nur wenn eine solche Indikation vorliegt, kommt Psychotherapie überhaupt infrage. Wie ich im nächsten Teilkapitel und auch in ▶ Kap. 5 noch beschreiben werde, ist die Sache mit der Indikation und der Diagnose die »Gretchenfrage« schlechthin. Für den Moment möchte ich aber erst einmal darauf hinweisen, dass es beim Erstgespräch in der Psychotherapeutischen Sprechstunde auch um die sogenannte *differenzielle Indikation* geht, d. h. um die im vorherigen Kapitel schon beleuchtete Frage, welche *Art* von Psychotherapie die Psychotherapeutin empfehlen würde, z. B. Tiefenpsychologisch fundierte Psychotherapie (TP) oder Verhaltenstherapie (VT). Genau so kann ein Ergebnis des Erstgesprächs aber auch sein, dass, wenn z. B. eine psychische Symptomatik vorliegt, aber die Entstehung psychotherapeutisch nicht plausibel ist, erst einmal eine gründliche somatisch-medizinische Abklärung stattfinden muss oder z. B. eine Psychiaterin zur Einstellung auf ein Medikament aufzusuchen ist. Genau so kann ein Ergebnis des Erstgesprächs sein, dass erst einmal eine stationäre Behandlung in einer psychiatrischen oder psychosomatischen Klinik notwendig ist, wenn z. B. eine schwere Depression mit suizidalen Absichten vorliegt. Mit anderen Worten: Die Psychotherapeutische Sprechstunde erfüllt hier eine Abklärungs- und Wegweiserfunktion, wobei eine anschließende Behandlung bei derselben Psychotherapeutin nur *eine* und nicht die *zwingende* Anschlussoption ist. Der Vollständigkeit halber sei hier kurz erwähnt, dass Termine in der Psychotherapeutischen Sprechstunde (aber eben ohne jegliche Garantie einer Anschlussbehandlung!) deutschlandweit auch über die sogenannten Terminservicestellen (TSSen), erreichbar über die bundeseinheitliche Telefonnummer 116117, vermittelt werden. Hiermit gehen jedoch diverse problematische Aspekte einher, die ich in Kapitel 5 ausführlich darstellen werde.

Im Anschluss an den Termin in der Psychotherapeutischen Sprechstunde (oder *die* Termine, denn die maximal 150 Minuten können natürlich auch auf mehrere Termine aufgeteilt werden) ist vorgesehen, dass die Psychotherapeutin der Patientin ein Formular namens »PTV 11« aushändigt, auf dem, wenn vorhanden, die Diagnose und die Empfehlung zum weiteren Vorgehen festgehalten ist. Danach gibt es grob zwei Möglichkeiten: Entweder verweist die Psychotherapeutin die Patientin weiter, z. B. weil sie keine Behandlungskapazitäten hat oder weil klar geworden ist, dass die zwischenmenschliche Passung nicht vorliegt, oder aber, weil eine Problematik vorliegt, zu deren Behandlung die Psychotherapeutin sich fachlich nicht ausreichend befähigt fühlt. Oder aber sie kann ihr entweder sofort (das wäre mit einem Lottogewinn gleichzusetzen) oder mit Wartezeit einen Therapieplatz in Aussicht stellen.

Unabhängig davon, ob bis zum Therapiebeginn noch eine Wartezeit folgt oder nicht, findet aber auch dann noch nicht direkt die erste Therapiesitzung statt, sondern die Psychotherapeutin führt (außer, sie entscheidet sich zur sogenannten *Akutbehandlung*, mehr dazu gleich) zunächst zwei bis vier sogenannte *probatorische Sitzungen* mit der Patientin durch. Diese kann man etwas vereinfacht als »Probe-Sitzungen« bezeichnen, in denen viele Punkte zu erledigen sind. Zum einen dienen die probatorischen Sitzungen der weiteren Diagnostik und Analyse der vorliegenden Probleme (Frage: Was liegt vor und wie kann man es erklären?). Zum anderen geht es natürlich darum, eine tragfähige Beziehung und gegenseitiges Vertrauen aufzubauen – bzw. festzustellen, falls dies einfach nicht möglich sein sollte. Und dann geht es schließlich darum, sich mit der Patientin auf realistische *Therapieziele* zu einigen und, sehr wichtig, die Patientin umfassend über die Behandlung *aufzuklären*, sprich sie in die Lage zu versetzen, informiert in die Behandlung einzuwilligen. Der Inhalt der probatorischen Sitzungen ist sehr wichtig, die Vergütung dieser Sitzungen ist jedoch, ohne dass ich hierfür irgendeinen plausiblen Grund nennen könnte, rund 25 % geringer als bei einer regulären Therapiesitzung. Der Gesetzgeber, das muss man leider sagen, setzt hier somit keinen Anreiz für eine möglichst gründliche Abklärung der o. g. Faktoren. Sehen Sie es also bitte Psychotherapeutinnen nach, wenn sie, falls nicht unbedingt erforderlich, nicht mehr als die vorgeschriebenen zwei probatorischen Sitzungen machen. Übrigens: Bis 2017 galt die Regelung, dass man nur mindestens eine probatorische Sitzung machen musste (das war, da es damals noch nicht die Psychotherapeutische Sprechstunde gab, in der Regel das Erstgespräch) und man bis zu fünf machen *durfte*. Wie ich immer wieder feststellen darf, sind manche Hausärztinnen noch in der Zeit vor 2017 verhaftet, was man daran erkennt, was häufig fälschlicherweise auf Überweisungen an mich steht. Hier geht es jetzt nicht um die falsche Bezeichnung der Fachrichtung, wie in Kapitel 2 beschrieben, sondern um das, was unter »Auftrag« steht. Oft lese ich dort nämlich Dinge wie »Bitte um 5 probatorische Sitzungen«. Dies ist gut gemeint, aber, wie beschrieben, seit Frühjahr 2017 nicht mehr korrekt. Was sinnvollerweise auf einer Überweisung zur Psychotherapeutin stehen könnte, wäre: »Mit Bitte um Abklärung des Behandlungsbedarfs« oder »Mit Bitte um einen Termin in der Psychotherapeutischen Sprechstunde«.

Ebenso wichtig wie frustrierend: Der Konsiliarbericht

Wichtiger Bestandteil der Zeit während der probatorischen Sitzungen ist auch das Einholen des *somatischen Konsils.* Hintergrund dessen ist, dass eine formale Voraussetzung für die Aufnahme einer Psychotherapie bei einer nicht-ärztlichen Psychotherapeutin ist, dass eine Ärztin bestätigt, dass aus somatisch-medizinischer Sicht keine *Kontraindikation* für eine Psychotherapie vorliegt. Eine Kontraindikation, zu übersetzen mit »Gegenanzeige«, meint eine (körperliche) Bedingung, die zu der klaren Empfehlung führen würde, *keine* Psychotherapie durchzuführen. Was könnte so eine Kontraindikation sein? Nun, es kommt extrem selten vor und ist somit eher reine Formsache, aber: Sehr selten, aber durchaus möglich wäre es, dass eine Patientin unter einer so starken Herzschwäche leidet, dass zumindest von psychotherapeutischen Verfahren, welche die starke Aktivierung von Emotionen beinhalten (was u. a. auch das Herz beanspruchen würde), die Finger zu lassen wäre. In besonderem Maße trifft dies auf sämtliche expositionsbasierte Techniken zur Behandlung von Ängsten zu – dafür sollte gewährleistet sein, dass das Herz ausreichend gesund ist.

Das Formular, das man der Patientin hierfür mitgibt, damit diese es z. B. von ihrer Hausärztin ausfüllen lässt, nennt sich *Konsiliarbericht* und fordert die Ärztin neben dem Ausschluss möglicher Kontraindikationen auch zur Mitteilung relevanter Befunde an die Psychotherapeutin auf. Obwohl ich zum Konsiliarbericht immer auch einen individuell ausgefüllten Überweisungsschein beilege und explizit benenne, welche Befunde ich für meine Diagnostik benötige (weil ich die Patientin ja nun mal nicht körperlich untersuchen und kein Blut abnehmen kann, aber die psychischen Befunde natürlich selbst erhebe), ist das, was ich zurückbekomme, oft von einer Qualität, die mal zum Weinen und mal zum Lachen anregt. Natürlich gibt es Fälle, in denen es so läuft, wie es eigentlich laufen soll, und die Hausarztpraxis mir bei einer depressiven Patientin mit dem Konsiliarbericht ganz vorbildlich das letzte Labor mit Schilddrüsenwerten und Spiegeln von für die Stimmungslage wichtigen weiteren Parametern (z. B. verschiedene Eisenwerte, Vitamin D3 und einige B-Vitamine) übermittelt, aber leider (und zum Unwohl der Patientinnen) ist das eher die Ausnahme. In der Mehrheit der Fälle bekomme ich Konsiliarberichte zurück, deren Informationsgehalt nahe Null liegt oder auf denen in aberwitziger Weise psychische Befunde (die oft noch nicht einmal stimmen) dokumentiert sind, obwohl ich diese ja selbst erhebe und mich gerade deswegen die *körperlichen* Befunde interessieren. Und dann kommen noch lästige Rücklaufaktionen dadurch hinzu, dass formale Elemente wie der Arztstempel auf den Formularen fehlen. Natürlich habe ich das über Jahre den Hausarztpraxen zurückgemeldet – mit mäßigem Erfolg, was natürlich auch einfach dem geschuldet ist, dass Hausarztpraxen schon mehr als genug mit Bürokratie beschäftigt sind und hierfür wahrscheinlich schlichtweg die Zeit fehlt. Was bitter ist, denn hier geht es um Faktoren, die die psychotherapeutische Behandlung maßgeblich beeinflussen.

In einer der probatorischen Sitzungen (frühestens am Ende der ersten) stellt man dann bei der jeweiligen Krankenkasse den Antrag auf die eigentliche Psychotherapie, die in diesem Kontext *Richtlinientherapie* genannt wird und von der *Akutbehandlung* zu unterscheiden ist, auf die ich gleich noch eingehe. Dem ersten Antrag ist die letzte Seite des Konsiliarberichts beizufügen, auf der zu erkennen ist, ob die Ärztin ein Kreuz bei »Es liegen Kontraindikationen vor« gemacht hat (was sie hoffentlich nicht aus Versehen gemacht hat, denn dann wird der Antrag abgelehnt). Mit »Richtlinientherapie« ist gemeint, dass eine Psychotherapie beantragt wird, wie sie in der viel zitierten Psychotherapie-Richtlinie beschrieben ist. Diese ist in einem der vier *Richtlinien*verfahren möglich, d. h. der VT, der TP, der ST und der AP (▶ Kap. 3), und zwar jeweils entweder als Kurzzeittherapie (KZT) oder als Langzeittherapie (LZT) und entweder als reine Einzeltherapie, als reine Gruppentherapie oder als Kombination von Einzel- und Gruppentherapie, wobei (unsinniger- und unpraktischerweise) bei der Beantragung schon festgelegt werden muss, ob Einzel- oder Gruppentherapie überwiegen soll (50:50 geht nicht). Wichtig: Anträge auf Gruppen- oder Kombinationstherapie können nur von Psychotherapeutinnen gestellt werden, die über eine Extra-Zulassung für Gruppentherapie verfügen, und das ist die Minderheit der psychotherapeutisch Tätigen. Was die Dauer der Sitzungen angeht, gilt, dass eine Sitzung Einzeltherapie jeweils 50 und eine Sitzung Gruppentherapie in der Regel 100 Minuten umfasst.

Wichtig: Der implizite Grundsatz aller psychotherapeutischen Leistungen im gesetzlichen Krankenkassensystem Deutschlands ist, dass die Kontingente begrenzt sind und Therapiesitzungen nicht »open end«, d. h. ohne Mengenbegrenzung, durchgeführt werden können. Es ist dem deutschen System somit immanent, dass Psychotherapie, anders als man es z. B. in amerikanischen Filmen und Serien sieht, *nicht* als dauerhafte Lebensbegleitung, sondern als zeitlich begrenzte Hilfe gedacht ist – ein Aspekt, den ich im nächsten Kapitel detailliert beleuchten werde. Der Antrag auf jede Art von Psychotherapie erfolgt über Formblätter, welche typischerweise die Psychotherapeutin zur

Verfügung stellt und ausfüllt, für die Patientin entsteht keinerlei Aufwand. Theoretisch kann man direkt zu Beginn der Therapie sofort eine Langzeittherapie beantragen, was z.B. in der VT direkt ein Kontingent von 60 Sitzungen bedeutet. Hier spricht jedoch einiges gegen: Einerseits die Tatsache, dass ein KZT-Kontingent oft ausreichend ist und zudem besser geeignet ist, um zu überprüfen, ob die Therapie überhaupt anschlägt, andererseits der unschöne Umstand, dass alle Langzeittherapie-Anträge, bei denen nicht Gruppentherapie überwiegt, von der Krankenkasse nur im Rahmen eines sogenannten Gutachterverfahrens bearbeitet werden, was einen unkomplizierten Einstieg in die Psychotherapie verhindert (siehe nachfolgender Exkurs).

> **Exkurs: Das Gutachterverfahren in der Psychotherapie**
> »Gutachterverfahren« bedeutet, dass die Psychotherapeutin einen ausführlichen Bericht über die Problematik, ein Erklärungsmodell hierfür und den voraussichtlichen Therapieplan verfassen muss, der dann von einer Gutachterin (eine andere Psychotherapeutin irgendwo in Deutschland, die von den Krankenkassen beauftragt wird) gelesen und beurteilt wird, die dann der Krankenkasse mitteilt, ob die geplante Therapie die erforderlichen Kriterien, auf die ich im nächsten Unterkapitel eingehen werde, erfüllt und von der Krankenkasse übernommen werden soll – oder nicht. Dieses Verfahren, das ursprünglich als Instrument der Qualitätssicherung eingeführt wurde, kommt mit zwei sehr unschönen Eigenschaften daher: Erstens bedeutet das Verfassen dieses Berichts mindestens 1,5, manchmal aber auch bis zu 3 Stunden Arbeit für die Psychotherapeutin, die von der Krankenkasse mit gerade einmal 70 Euro vergütet werden. Zweitens bedeutet ein Gutachterverfahren, dass wertvolle Zeit ins Land geht, bis die eigentliche Therapie beginnen kann, denn bis eine Gutachterin den Bericht geprüft und der Krankenkasse ihre Entscheidung mitgeteilt hat, vergehen gerne mal 4 oder 5 Wochen. In diesen sollte man die Therapie besser nicht beginnen, denn zum einen übernehmen viele Krankenkassen bei Langzeittherapien Sitzungen erst, nachdem die beantragte Therapie bewilligt wurde, und zum anderen verliert man, wenn man vor der Bewilligung schon Therapiesitzungen beginnt, aber die Krankenkasse auf Empfehlung der Gutachterin den Therapieantrag ablehnt (was allerdings selten passiert, erst recht, wenn man sich zumindest ein bisschen Mühe mit dem Bericht gegeben hat) als Psychotherapeutin dann sein Anrecht auf Vergütung (die man dann von der Patientin selbst einfordern muss oder darauf sitzen bleibt).

Das Gutachterverfahren als Instrument der Qualitätssicherung zu beschreiben, ist aus meiner Sicht allerdings recht blauäugig, da es aus Sicht der Psychotherapeutin natürlich überhaupt keinen Sinn ergibt, einen Bericht zu verfassen, der der Prüfung der relevanten Kriterien nicht standhält. Natürlich ist die Anreizsituation so gelagert, dass man als Behandlerin den Bericht so schreibt, dass er »durchgeht«, alles andere wäre selbstdestruktiv. Ferner wird das Verfassen der »Berichte an die Gutachterin«, obwohl dies unzulässig ist, nicht selten an andere Personen, teils sogar externe hierauf spezialisierte Dienstleiser, delegiert, was dieses Instrument ad absurdum führt. Dieser und weitere Kritikpunkte, wie z.B., dass Gutachterinnen eine Ablehnungsquote erfüllen müssen, wurden bereits vor rund 20 Jahren in der Fachpresse diskutiert (Bühring, 2002; Bühring, 2004), und auch ich habe mit dem Gutachterverfahren über die Jahre diverse »Augenroll-Momente« erlebt. Der intensivste hiervon war, als eine Gutachterin meinen Bericht ablehnte, weil ich im Therapieplan den Wagemut hatte, schematherapeutische Begriffe zu verwenden, was die Gutachterin mit der Begründung, Schematherapie werde von den Krankenkassen nicht bezahlt, zur Ablehnung der Therapie verleitete. Ich habe dann in dem Bericht an fünf Stellen einzelne schematherapeutische Begriffe (z.B. »Modus«) durch bedeutungsgleiche verhaltenstherapeutische Begriffe (»dysfunktionale Bewältigungsstrategie«) ersetzt (d.h., es änderte sich absolut nichts am Inhalt, sondern nur an der Wortwahl), und diesem leicht geänderten Bericht hat die Gutachterin dann zugestimmt. Man sehe mir also nach, dass ich dem Gutachterverfahren seine qualitätssichernde Funktion in Teilen abspreche und es eher als Farce betrachte.

Aufgrund der vielen (berechtigten) Kritik am Gutachterverfahren ist inzwischen auch beschlossen, dass es als Qualitätssicherungsverfahren abgeschafft und durch ein anderes Instrument ersetzt werden soll. Eigentlich sollte es Ende 2022 auslaufen, wozu es aber nicht kam, weil (ja, Sie dürfen lachen) bis dato noch kein alternatives Instrument zur Qualitätssicherung entwickelt wurde. Wie u.a. Lieberz und Jungclaussen (2024) neben einer dezidierten Analyse der Geschichte des Gutachterverfahrens sowie seiner Vor- und Nachteile berichten, wird dieses neue Instrument, das bereits genau so umstritten zu sein scheint wie sein Vorgänger, wohl 2025 das Licht der Welt erblicken, jedoch erst einmal 6 Jahre lang ausschließlich in NRW erprobt. Da hofft man natürlich, dass es dafür dann umso besser durchdacht und klug konzipiert ist. Bis dahin bin ich, um ehrlich zu sein, ganz froh, 2018 meine Heimat NRW verlassen zu haben.

In der Regel verfährt man wegen dieser Umstände so, dass man als erstes eine sogenannte »KZT-1« mit 12 Sitzungen beantragt, denn bei denen fällt das Gutachterverfahren weg; die Krankenkasse entscheidet allein und kann den Antrag nur in bestimmten Sonderfällen ablehnen oder doch eine Gutachterin einschalten (z. B., wenn eine vorherige Richtlinientherapie weniger als zwei Jahre her ist). Die KZT-1 wird in der Regel so schnell von den Krankenkassen bewilligt, dass, wenn man den Antrag direkt am Ende der ersten probatorischen Sitzung stellt, in der Woche nach der letzten probatorischen Sitzung direkt nahtlos die eigentliche Therapie beginnen kann. In der Praxis werden Sie als Patientin den Unterschied zwischen probatorischen Sitzungen und Therapie übrigens gar nicht so sehr merken, da es nicht nur am Anfang, sondern laufend um einen wiederkehrenden, sich abwechselnden Prozess aus Problemanalyse und Problemlösung geht (was vor allem für die VT gilt, aber mehr oder weniger auch für alle anderen Verfahren zutreffend ist). Schlägt die KZT-1 gut an und gibt es weiterhin Behandlungsbedarf, kann man im nächsten Schritt noch einmal, wieder ohne Gutachterverfahren, weitere 12 Sitzungen (die heißen dann »KZT-2«) beantragen. Sowohl nach der KZT-1 als auch nach der KZT-2 kann man aber auch die Kurzzeittherapie in eine Langzeittherapie *umwandeln.* Daher spricht man formal, obwohl de facto einfach nur weitere Sitzungen beantragt werden, von einem *Umwandlungsantrag.* Diese Umwandlungsanträge beinhalten wiederum immer dann ein Gutachterverfahren, wenn der neue Therapieabschnitt nicht ausschließlich oder überwiegend als Gruppentherapie stattfindet. In der Richtlinientherapie ist es üblich, aber nicht zwingend so geregelt, dass Patientinnen einmal pro Woche zu einer 50-minütigen Einzelsitzung ihre Psychotherapeutin aufsuchen und in dieser Zeit das machen, was ich, je nach Verfahren, in ▶ Kap. 3 beschrieben habe. Gruppensitzungen dauern in der Regel derweil 100 Minuten und bestehen aus drei bis neun Patientinnen, wobei es unterschiedliche Konzepte gibt – von themenoffenen Gruppen, in denen jede an einem unterschiedlichen Problem arbeitet, bis hin zu themenspezifischen Gruppen, z. B. zu sozialem Kompetenztraining. Bei einer LZT gibt es seit 2017 die Besonderheit, dass ein Teil der Sitzungen (in der VT z. B. bis zu 16) als sogenannte *Rezidivprophylaxesitzungen* deklariert werden kann. Dafür wird die LZT dann (in der VT) z. B. schon nach 44 Sitzungen offiziell beendet, und die restlichen 16 Sitzungen, die die Psychotherapeutin dann mit einer etwas anderen Ziffer abrechnet, können über 24 Monate wahrgenommen werden, ganz egal mit welchen Abständen dazwischen (bei einer regulären Therapie gilt im Allgemeinen, dass nicht mehr als sechs Monate zwischen zwei Sitzungen vergehen dürfen, sonst verfällt das gesamte noch offene Sitzungskontingent). Das hat genau einen großen Vorteil, der Patientinnen betrifft, bei denen man davon ausgeht, dass sie im Anschluss an die üblichen zwei Jahre nach Therapieende, während derer nämlich ein neuer Therapieantrag (auch KZT) nur kompliziert per Gutachterverfahren gestellt werden kann, wieder eine neue Therapie benötigen werden. Mit den Rezidivprophylaxesitzungen kann man diese zwei Jahre nämlich relativ gut überbrücken und kann chronisch kranke Patientinnen einigermaßen stabil halten, wenn diese wissen, dass sie z. B. alle 4 bis 6 Wochen einen Termin haben.

Denselben praktischen Nutzen, nämlich chronisch kranken und häufig rückfälligen Patientinnen in der zweijährigen »Sperrphase« ohne ein aufwändiges Gutachterverfahren Behandlung anbieten zu können, erfüllt übrigens auch die sogenannte *Akutbehandlung*, auch wenn sie offiziell 2017 nicht dafür ins Leben gerufen wurde. Eine Akutbehandlung umfasst bis zu 24 Sitzungen von je 25 Minuten Dauer bzw. im Regelfall 12 Sitzungen à 50 Minuten, wobei im Anschluss daran (und an mindestens zwei probatorische Sitzungen, die man dann unnatürlicherweise noch nachträglich machen muss) auch eine Richtlinientherapie beantragt werden kann. Das Bequeme an der Akutbehandlung ist, dass sie *direkt* nach einem Termin in der Psychotherapeutischen Sprechstunde beginnen kann – ohne probatorische Sitzungen, ohne dass ein Antrag gestellt werden muss und ohne dass man auf den Konsiliarbericht vom Arzt warten muss (zur Einholung dessen die Psychotherapeutin aber trotzdem verpflichtet ist, die Akutbehandlung darf jedoch auch vorher schon beginnen). Offiziell ist die Akutbehandlung für Fälle gedacht, in denen ein so drängendes Problem vorliegt, dass man der Patientin das ganze übliche Prozedere nicht zumuten kann. Da dies aber angesichts der Tatsache, dass Psychotherapeutinnen aufgrund der angespannten Versorgungslage (seien Sie gespannt auf ▶ Kap. 5) ohnehin selten einen sofortigen Behandlungsbeginn anbieten können, überwiegend ein Schein-Vorteil ist, liegt der eigentliche Pluspunkt der Akutbehandlung darin, dass erstens viel Bürokratie wegfällt (man muss eine Akutbehandlung nicht beantragen, sondern nur *anzeigen*, d. h. ein Formblatt an die Krankenkasse schicken, das aussagt, dass man eine Akutbehandlung beginnt – die Krankenkasse muss nichts bewilligen), zweitens die Phase des Behandlungsbeginns gegenüber dem Richtlinien-Vorgehen entzerrt wird und drittens damit eine Möglichkeit dafür geschaffen ist, Patientinnen in der besagten Zweijahresphase (nach einem erneuten Termin in der Psychotherapeutischen Sprechstunde) eine Behandlung anzubieten. Denn: Eine Akutbehandlung kann man schon 6 Monate nach Ende einer Richtlinientherapie beginnen. Viertens ist eine Akutbehandlung eine auch für Patientinnen relativ sichere Variante des Therapie*einstiegs* im Allgemeinen – und zwar insofern, als eine Akutbehandlung, egal welcher Länge, nicht den Anspruch auf eine Richtlinientherapie »verbaut«. Anders gesagt: Wenn eine Patientin im Rahmen einer ebenfalls 12 Sitzungen umfassenden KZT-1 merkt, dass sie doch nicht mit der Psychotherapeutin klarkommt, hat sie erst einmal ein Problem, denn Therapeutinnenwechsel sind von Seiten der Krankenkassen meist kompliziert, und in der Regel ist die »neue« Therapeutin in der undankbaren Lage, selbst für eine KZT einen Gutachterbericht verfassen zu müssen, wofür kaum jemand die zeitlichen Ressourcen hat. Wenn die Patientin bei Therapeutin A jedoch eine Akutbehandlung gemacht hat und dann feststellt, dass sie die Therapeutin wechseln möchte, fällt dieser ganze Hickhack nämlich weg, und sie kann ganz unkompliziert bei Therapeutin B eine neue Akutbehandlung oder eine Richtlinientherapie beginnen. Man könnte also auch sagen, dass eine Akutbehandlung als verlängerte Kennenlernphase dienen und die beschriebenen Probleme verhindern kann.

2021 kam übrigens die »kleine« Gruppenvariante der Akutbehandlung zum Portfolio der psychotherapeutischen Leistungen hinzu, die sogenannte *Gruppenpsychotherapeutische Grundversorgung*. Diese bedeutet, dass Patientinnen nach einem Termin in der Psychotherapeutischen Sprechstunde ohne Antrag oder Anzeige gegenüber der Krankenkasse bis zu vier 100-minütige Gruppentherapiesitzungen in Anspruch nehmen können, um zu überprüfen, ob sie sich (in der jeweiligen Gruppe von Menschen) eine Therapie vorstellen können. Hierbei handelt es sich aus meiner Sicht, da ich selbst viel Gruppentherapie durchführe, um ein durchweg sinnvolles Zusatzangebot, da Patientinnen bei Gruppentherapie oft ein großes und sehr verständliches Bedürfnis haben, erst mal »reinzuschnuppern«, bevor sie sich auf eine solche einlassen.

Und der Vollständigkeit halber sei noch erwähnt, dass es als weitere psychotherapeutische Leistung »am Rand« auch noch die sogenannten *Psychotherapeutischen Gespräche* gibt. Das ist eine Abrechnungsziffer, die man in 10-minütigen Einheiten abrechnen und somit für kürzere Gespräche z.B. als Krisenintervention nutzen kann. Das Maximum liegt bei 150 Minuten pro Quartal, wobei anzumerken ist, dass diese Abrechnungsform nicht selten auch dafür genutzt wird, Patientinnen, die sich in der zweijährigen »Sperrzeit« zwischen zwei Richtlinientherapien befinden, einmal im Monat mit einem »vollen« Termin zu versorgen (da man die Abrechnungsziffer auch fünfmal hintereinander abrechnen und somit eine 50-minütige Sitzung »erzeugen« kann). Finanziell bedeutet das für die Psychotherapeutin allerdings eine rund 18 % niedrigere Vergütung als bei einer Sitzung Richtlinientherapie oder Akutbehandlung, obwohl der Aufwand derselbe ist.

Übrigens: Mit Ausnahme der Psychotherapeutischen Sprechstunde, die immer im persönlichen Kontakt zu erfolgen hat (nur in der COVID-19-Pandemie war das ausgesetzt), können alle anderen Leistungen, die ich hier beschrieben habe, auch per Video durchgeführt werden (ja, so modern ist das deutsche Gesundheitswesen an dieser Stelle!): Jedoch gilt (Stand: Frühjahr 2024), dass eine Psychotherapeutin pro Quartal nur 30 % der Leistungen, die per Video zulässig sind, im Rahmen der Videosprechstunde erbringen darf. Psychotherapie per Telefon ist derweil, was vielen Patientinnen nicht klar ist, nach wie vor nicht erlaubt und nicht abrechenbar – wobei es das aufgrund einer Ausnahmeregelung während der COVID-19-Pandemie vorübergehend war.

Und was gilt außerhalb der gesetzlichen Krankenversicherung?

Was die Regelungen außerhalb der gesetzlichen Krankenversicherung (GKV) betrifft, kann man grob Folgendes sagen: Für Beamtinnen, die beihilfeberechtigt sind, gilt, dass die Regelungen in den vergangenen Jahren sowohl von den Begrifflichkeiten als auch den Kontingenten sehr stark an diejenigen der für gesetzlich Versicherte geltende Psychotherapie-Richtlinie angeglichen wurden. Private Krankenversicherungen (PKV) kochen typischerweise alle ihr eigenes Süppchen, und es finden sich in den Verträgen sehr unterschiedliche Regelungen – von »Psychotherapie ist gar nicht abgedeckt« bis zu »Pauschal bis zu 20 Sitzungen pro Jahr«. Manche PKV übernimmt sogar die Kosten für eine Psychotherapie bei Heilpraktikerinnen für Psychotherapie, was ich aufgrund der in ▶ Kap. 2 beschriebenen Gründe ziemlich problematisch finde. Privatversicherte sollten daher in ihren jeweiligen Vertrag schauen und prüfen, welchen Anspruch sie haben. Neben der Beihilfe und den PKVen ist in seltenen Fällen, z. B. nach berufsbedingten Traumata (z. B. als Sanitäterin oder Polizistin), auch die Berufsgenossenschaft (BG) ein Kostenträger für Psychotherapie. In allen Fällen (Beihilfe, PKV, BG) gilt, dass die Psychotherapeutin keine Kassenzulassung haben muss. Betroffene können sich auch an eine Privatpraxis wenden, was auch deshalb sinnvoll ist, da sie dort nicht mit gesetzlich versicherten Patientinnen konkurrieren, deren Behandlung für Psychotherapeutinnen mit Kassenzulassung erstens verpflichtend und zweitens inzwischen wirtschaftlich attraktiver ist – mehr dazu in ▶ Kap. 6. Grundsätzlich besteht natürlich immer auch die Option, als Patientin die Kosten für eine Psychotherapie selbst zu tragen; dies wird jedoch aufgrund der nicht unwesentlichen Kosten nur für die wenigsten Menschen in Betracht kommen.

Die strengen Vorgaben von Berufsordnung und Co.: Von der Aufklärungs- bis zur Dokumentationspflicht

Gerade weil mir manchmal im Privaten sowie im Kontakt mit Patientinnen, denen der Unterschied zwischen heilkundlicher Psychotherapie und alternativmedizinischen Angeboten jeglicher Couleur (▶ Kap. 2) nicht ganz bewusst ist, die Annahme begegnet, in der Psychotherapie sei »alles erlaubt«, ist es mir wichtig, Ihnen zumindest auszugsweise zu beschreiben, warum das Gegenteil der Fall ist und welche (wichtigen) Regeln für alle Psychotherapeutinnen in Deutschland gelten. Denn diese gelten für all diejenigen, die heilkundliche Psychotherapie ausüben, unabhängig davon, ob sie dies im Rahmen einer Kassenzulassung tun oder nicht. Während Sie im vergangenen Unterkapitel vor allem die Psychotherapie-Richtlinie als Quelle von Regelungen und Vorgaben kennengelernt haben, werden Sie in diesem Unterkapitel wichtigen Bestandteilen der für Psychotherapeutinnen geltenden Berufsordnung begegnen. Kurzer Hinweis: Die hier zitierte Berufsordnung gilt für PP, KJP und Psychotherapeutinnen nach dem novellierten PsychThG von 2019 (▶ Kap. 2). Für die kleine Gruppe der ÄP gilt derweil die ärztliche Berufsordnung.

Bevor wir jedoch in die Berufsordnung eintauchen, möchte ich Ihnen gerne vorweg die im Allgemeinen für das Gesundheitswesen als verbindlich erachteten 4 Prinzipien der Medizinethik vorstellen, die auf Beauchamp und Childress (2008) zurückgehen. Die ersten beiden Prinzipien »Nichtschädigung« und »Fürsorge« könnte man als trivial und selbstverständlich ansehen, sind aber nicht weniger wichtig. Sie besagen, dass Behandelnde den Behandelten erstens nicht schaden und zweitens möglichst helfen sollen (durch Abmilderung von Leid etc.). Das dritte Prinzip fordert die Behandelnden dazu auf, die Autonomie der behandelten Person zu achten und zu wahren, d.h. sie nicht zu bevormunden und (relevant in der Psychotherapie) ihnen nicht zu sagen, wie sie ihr Leben zu leben haben. Schon allein mit diesen drei Prinzipien hat man oft den Salat, dass man sich in eine Zwickmühle begibt, weil die Prinzipien sich widersprechen. Das ist z.B. der Fall, wenn eine Patientin den Wunsch äußert, sich das Leben zu nehmen, was zu einem Konflikt der Prinzipien »Nichtschädigung/Fürsorge« und »Autonomie« führt. In solchen Fällen sind Psychotherapeutinnen aufgefordert, die im Widerspruch stehenden Werte im Sinne einer *Güterabwägung* gegeneinander abzuwägen und zu entscheiden, welcher Wert schwerer wiegen soll. Bei dem besagten Beispiel würde man je nachdem, wie akut, konkret und handlungsleitend dieser

Wunsch ist, nach bewusster Abwägung ggf. den Entschluss fällen, die Autonomie zugunsten der Fürsorge (Rettung des Menschenlebens) als zweitrangig anzusehen und die Patientin unter Einschränkung ihrer Autonomie von selbstschädigenden Handlungen abzuhalten. Das vierte und letzte Prinzip ist das der »Gleichheit«, was auch vielerorts mit »Gerechtigkeit« bezeichnet wird. Es besagt, im Grunde auch ziemlich selbstverständlich, dass eine Ungleichbehandlung von zwei Patientinnen nur *sachlich* begründet werden darf. Merkmale wie ethnische Herkunft, Geschlechtsidentität, Religion, sozialer Status, Einkommen oder sexuelle Orientierung dürfen nicht zu einer Benach- oder Bevorteilung führen. Diese Sachgründe für Ungleichbehandlung in der Psychotherapie, d.h. im Kern bei der Frage, wem wir eine Psychotherapie anbieten und wem nicht, sind ein sehr wichtiger und kritischer Punkt, den ich im nächsten Unterkapitel wieder aufgreifen werde, wenn ich mich dem Wirtschaftlichkeitsgebot im SGB V widme. Aber nun erstmal zur Berufsordnung für Psychotherapeutinnen.

Zur Berufsordnung seien vorweg drei Dinge gesagt: Erstens gibt es zwar die von der BPtK herausgegebene Muster-Berufsordnung, die Sie auch im Literaturverzeichnis dieses Kapitels finden. Hiermit verhält es sich aber ähnlich wie mit dem Kultusministerium: Die Bundesministerin hat nicht viel zu sagen, weil verbindliche Regeln auf Landesebene getroffen werden. Bindend ist für Psychotherapeutinnen somit immer die jeweilige Berufsordnung der zuständigen Landespsychotherapeutenkammer, welche sich von der Muster-Berufsordnung jedoch meist nur unwesentlich unterscheidet. Zweitens sollten Sie wissen, dass viele Prinzipien und Regeln der Berufsordnung sich auch an anderer Stelle, z.B. im SGB V und im BGB, finden und hieraus abgeleitet oder entlehnt wurden. Dies gilt insbesondere für das Patientenrechtegesetz, das 2013 als Bündelung vormals auf unterschiedliche Gesetze verteilter Patientenrechte ins BGB integriert wurde. Drittens: Ich greife hier die aus meiner Sicht wichtigsten Regeln heraus, die für Lesende, insbesondere solche, die überlegen, eine Psychotherapie zu beginnen oder bereits eine gemacht haben, am relevantesten sind. Das bedeutet auch, dass ich, da dies den Rahmen sprengen würde, nicht auf die Besonderheiten der Berufsordnung eingehen kann, die für KJP gelten und u.a. das für diese Berufsgruppe besondere Dreiecksverhältnis zwischen minderjähriger Patientin, KJP und Eltern betreffen. Fangen wir also an und arbeiten uns alphabetisch durch.

Abstinenzgebot

Mit dem Abstinenzgebot (§ 6 Muster-Berufsordnung) ist natürlich nicht gemeint, dass Psychotherapeutinnen auf Alkohol und Sex verzichten müssen – außer mit ihren Patientinnen zusammen, denn genau darum geht es hier. Im Kern besagt die Abstinenzregel, dass Psychotherapeutinnen angehalten sind, mit ihren Patientinnen, solange ein Behandlungs- oder Abhängigkeitsverhältnis besteht, keine parallele private Beziehung (schon gar keine sexuelle) aufzunehmen, lediglich geringfügige und keine größeren Geschenke anzunehmen (etwas selbst Gebasteltes oder eine Schachtel Pralinen sind kein Problem, eine Reise auf die Malediven dagegen sehr wohl) und die Kontakte außerhalb des therapeutischen Geschehens auf das Notwendige zu beschränken (d.h., wenn meine Patientin beim Bäcker vor Ort arbeitet, darf ich dort als Psychotherapeutin weiterhin mein Brot kaufen, aber wir sollten nach Feierabend nicht noch zusammen in die Disco gehen). Einige Landespsychotherapeutenkammern beziffern den Zeitraum nach der Behandlung, in der kein privater Kontakt aufgenommen werden sollte, mit mindestens 12 Monaten, andere sprechen nur davon, dass kein Abhängigkeitsverhältnis mehr bestehen darf. Das Abstinenzgebot gilt übrigens auch für den Patientinnen nahestehende Personen, zu denen die Psychotherapeutin somit möglichst auch kein privates Verhältnis aufbauen sollte. Dieser Umstand ist auch der Grund dafür, dass Psychotherapeutinnen z.B. nicht den Partner ihrer besten Freundin oder die beste Freundin ihrer Mutter behandeln sollten. Denn dann besteht zu den besagten nahestehenden Personen ja bereits ein privates Verhältnis (man kann sich die unangenehmen Verstrickungen und Interessenskonflikte, die das mit sich bringen würde, vorstellen, denke ich).

Das bedeutet, die Abstinenzregel, wie die Berufsordnung sie formuliert, ist weitaus weniger drastisch als das gleichnamige Prinzip, zu dem sich typischerweise Psychoanalytikerinnen bekennen und welches diesen vorschreibt, sich vollständig neutral zu verhalten und eigene Bedürfnisse und Gefühle aus der Therapiebeziehung strikt herauszuhalten. Weil es nun aber nicht nur die Analytische Psychotherapie (als Verfahren, das der klassischen Psychoanalyse am nächsten steht) gibt, sondern auch Therapieverfahren, in denen die Psychotherapeutinnen sich weitaus authentischer und menschlicher zeigen und verhalten (erinnern Sie sich an ▶ Kap. 3), wurde die Abstinenzregel logischerweise nicht in ihrer »psychoanalytischen« Form in die Berufsordnung aufgenommen. Dabei ist es durchaus wichtig, sich klarzumachen, dass, wie wahrscheinlich fast jede heute bestehende Regel ihre Existenz ihrer Nichteinhaltung in der Vergangenheit verdankt, das Abstinenzgebot u.a. darauf zurückgeht, dass es in der Frühphase der Psychoanalyse, welche Anfang des

20. Jahrhunderts die einzige Form von Psychotherapie darstellte, nicht selten dazu kam, dass die Analytiker (männliche Form, da meines Wissens keine Frauen beteiligt waren) sich in ihre Patientinnen verliebten oder auch mit ihnen Sex hatten. Das kann durchaus mit der starken Machtposition des Analytikers (und deren Missbrauch) im Rahmen der bei der Psychoanalyse sehr asymmetrischen Beziehungsgestaltung in Verbindung gebracht werden. Dies wurde jedoch bereits von den Analytikern der damaligen Zeit selbst als Problem erkannt und aufgegriffen (vgl. z.B. Graurock, o.D.). Meiner Auffassung nach ist es wichtig, das Abstinenzgebot im Kontext des Ausmaßes des Abhängigkeitsverhältnisses zu betrachten, das während der Behandlung bestand und das bei einer Beziehung auf Augenhöhe, welche die Verhaltenstherapie, die Gesprächspsychotherapie oder die Systemische Therapie kennzeichnen, aus meiner Sicht wahrscheinlich weniger drastisch ausgeprägt ist als in den psychodynamischen Verfahren. War das Verhältnis sehr asymmetrisch, kann es auf lange Sicht unmöglich sein, ein privates Verhältnis aufzubauen; war die Therapiebeziehung aber bereits auf Augenhöhe, muss vielleicht nicht unbedingt ein Jahr abgewartet werden, um ein gesundes privates Verhältnis aufzubauen. Auch wichtig erscheint mir, dass die Berufsordnung, was die Abstinenzregel angeht, keine Antworten auf Fragen gibt, die sich Psychotherapeutinnen stellen müssen, die (was ja im Sinne einer wohnortnahen Versorgung explizit gewünscht ist) wie ich ihre Praxis in einem kleinen Dorf mit unter 1000 Einwohnerinnen betreiben, aber, anders als ich mich bewusst dagegen entschieden habe, auch selbst in diesem Dorf *wohnen.* Man kann sich fragen, wie eine solche Person es bitte bewerkstelligen soll, ihrem Versorgungsauftrag nachzukommen, also viele Personen möglichst aus demselben Ort zu behandeln, und gleichzeitig ein intaktes Privatleben zu haben, wenn die Hälfte ihrer Nachbarinnen, ein Drittel der örtlichen Vereine und der Stammtisch in der Dorfkneipe durch das Abstinenzgebot für sie »tabu« sind.

Aufklärungspflicht

Die Pflicht zur Aufklärung ergibt sich sowohl aus § 7 der Muster-Berufsordnung als auch aus § 630e BGB, wohinter sich das Patientenrechtegesetz verbirgt – was übrigens bedeutet, dass die Pflicht zur Aufklärung auch für alle *ärztlichen* Behandlerinnen gilt. Von der Form her soll die Aufklärung mündlich und persönlich erfolgen, d.h. eine Info-Broschüre zum Durchlesen genügt *nicht.* Gefordert wird, dass die Patientin über alles aufgeklärt wird, was sie wissen muss, um *informiert* in die Behandlung einzuwilligen (im Englischen spricht man daher von »informed consent«). Das gilt sowohl vor Beginn der Behandlung als auch in deren Verlauf immer dann, wenn das Vorgehen geändert werden muss. Diese Aufklärung umfasst eine ganze Menge, u.a. die gestellte(n) Diagnose(n), die Art der Behandlung (z.B. Verhaltenstherapie), die voraussichtlichen Therapiebausteine (z.B. sollte man bei einer Angststörung erwähnen, dass vermutlich Elemente von Expositionstherapie zum Einsatz kommen werden) sowie deren Eignung zur Behandlung des vorliegenden Problems und deren Erfolgsaussichten. Schließlich gehört noch die Aufklärung über die Rahmenbedingungen der Therapie (das meint Dinge wie Sitzungsdauer, Häufigkeit der Sitzungen und voraussichtliche Gesamtbehandlungsdauer, auch wenn die schwer vorhersehbar ist) mit dazu. Hier gilt: Fragen Sie nach, wenn Ihre Psychotherapeutin diese Dinge nicht von sich aus mit Ihnen bespricht. Sie sollen vorher wissen, worauf Sie sich einlassen, und dies ist Ihr gutes Recht!

Die Aufklärung umfasst im besten Fall übrigens auch, falls vorhanden, Behandlungs*alternativen* und deren Vor- und Nachteile (bei einer Angststörung könnte das z.B. Angstbewältigungstraining sein) sowie mögliche Behandlungs*risiken*, mit anderen Worten: Nebenwirkungen. Ja, auch Psychotherapie kann Nebenwirkungen haben, und zwar ganz erhebliche – definiert als negative Effekte, die nicht ursprünglich als Ziel gesetzt waren. Natürlich kommen diese nicht dadurch zustande, dass Menschen eine Tablette schlucken, sondern typischerweise durch eine Veränderung des *Verhaltens*. So kann, wenn z.B. eine Depression maßgeblich mit Partnerschaftsproblemen zusammenhängt, eine Therapie dazu führen, dass jemand die Partnerschaft beendet – mit allen potenziellen Folgeproblemen z.B. finanzieller Natur. Noch häufiger ist außerdem der Effekt, dass Menschen im Rahmen einer Psychotherapie beginnen, ihre eigenen Bedürfnisse mehr in die Tat umzusetzen und sich von den Forderungen anderer Menschen in ihrem Umfeld mehr abzugrenzen. Gerade dann, wenn das Umfeld daran gewöhnt ist, dass die betreffende Patientin sich wie Mutter Theresa verhält, ist der Effekt der Verhaltensänderung nicht selten, dass Patientinnen den Vorwurf hören, »total egoistisch« geworden zu sein (oder noch besser und bereits erlebt: »Die Therapie hat ein richtiges Arschloch aus dir gemacht.«). Auch zu den Nebenwirkungen zählt natürlich, dass im Prozess einer Therapie viele Gefühle aktiviert werden, weil z.B. Erinnerungen von früher »hochkommen«, was kurzfristig und vorübergehend eine gewisse Dünnhäutigkeit und eine verringerte Belastbarkeit mit sich bringen kann.

Jenseits davon finde ich es, weil mir die Informiertheit und Mündigkeit der Patientinnen immens wichtig ist, immer noch grundlegend, Patientinnen auch darüber aufzuklären, was ihre Rolle in der Therapie, in meinem Fall einer

VT, ist (z. B. Verhältnis auf Augenhöhe, aber somit auch Notwendigkeit, aktiv mitzuarbeiten), was für das Gelingen der Therapie vonnöten ist (z. B. Transfer der Therapie in den Alltag durch therapeutische Hausaufgaben), wie der zeitliche Rahmen der Therapie ist (Information zu den Sitzungskontingenten, keine »Open-end«-Therapie) und woran die Therapie formal geknüpft ist, nämlich daran, dass sie erstens notwendig ist und zweitens »etwas bringen« soll – mehr dazu im letzten Unterkapitel.

Dokumentationspflicht

Auch die Pflicht zur Dokumentation findet sich fast wortgleich im Patientenrechtegesetz (§ 630 f BGB) und macht in der Muster-Berufsordnung den § 9 aus. Falls Sie dachten, dass Psychotherapeutinnen sich nur für ihr eigenes Gedächtnis Notizen machen, seien Sie eines Besseren belehrt. Nein, sie sind verpflichtet, Patientenakten zu führen und die psychotherapeutische Behandlung zu dokumentieren. Die Muster-Berufsordnung definiert in § 9 Abs. 2, dass die Dokumentation vor allem »Anamnese, Diagnosen, Untersuchungen, Untersuchungsergebnisse, Befunde, Therapien und ihre Wirkungen, Eingriffe [in der Psychotherapie etwas unpassender Begriff, Anm. d. Autors] und ihre Wirkungen, Einwilligungen und Aufklärungen« enthalten soll. Es ist den Behandelnden dabei übrigens freigestellt, ob sie Akten in digitaler oder in Papierform führen. Es muss jedoch sichergestellt werden, dass nachvollziehbar ist, wenn ein Akteneintrag nachträglich geändert wurde. Zur Dokumentationspflicht gehört übrigens auch die Aufbewahrungspflicht: Die Behandelnde hat die Patientenakte im Regelfall für 10 Jahre nach Behandlungsende aufzubewahren.

Einsichtnahmerecht

§ 11 der Muster-Berufsordnung und § 630 g BGB regeln, dass Patientinnen auf Verlangen Einsicht in die sie betreffenden Dokumentationen, sprich Akteneinsicht, zu gewähren ist. Die Patientin kann laut § 630 g Abs. 2 BGB auch »elektronische Abschriften« (weniger hochgestochen ausgedrückt: Kopien bzw. Ausdrucke) der Patientenakte verlangen, muss aber die dabei entstehenden Kosten tragen. Seit Inkrafttreten des Patientenrechtegesetzes gibt es nur noch wenige Gründe, aus denen eine Psychotherapeutin die Einsichtnahme verweigern dürfte. Dazu gehören nach § 630 g Abs. 1 BGB »erhebliche therapeutische Gründe« (d. h. beispielsweise die Erwartung, dass die Patientin durch das, was sie über sich in ihrer Akte liest, Schaden nehmen könnte) oder »erhebliche Rechte Dritter« (z.B. von außenstehenden Personen, über die etwas in der Akte geschrieben steht). Die Muster-Berufsordnung hingegen führt als zusätzlichen Anlass für die Verweigerung einer Einsichtnahme an, dass die Psychotherapeutin begründet darlegt, dass die Offenlegung bestimmter Aufzeichnungen den Schutz ihres Persönlichkeitsrechts verletzt und dieser Schutz in der Abwägung höher zu gewichten ist als das Recht der Patientin auf Einsichtnahme. Was damit gemeint ist? Nun, verklausuliert wird hier vorrangig auf Aufzeichnungen Bezug genommen, die etwas mit dem zu tun haben, was in den psychodynamischen Therapieformen »Gegenübertragung« heißt und sich sinngemäß in Aussagen wie »Patientin erzeugt in mir Minderwertigkeitsempfinden wie früher mein Vater« oder »Ich muss aufpassen, mich in die Patientin nicht zu verlieben« äußert. Wenn Psychotherapeutinnen in einem Verfahren ausgebildet sind, das eher Neutralität als Authentizität fordert, kann eine solche Offenbarung durchaus unangenehm sein. Ob das aber die Verweigerung des Rechts auf Einsichtnahme rechtfertigt, finde ich schwierig zu beantworten.

Fortbildungspflicht

§ 15 der Muster-Berufsordnung regelt, dass alle Psychotherapeutinnen, die ihren Beruf ausüben, verpflichtet sind, »ihre beruflichen Fähigkeiten zu erhalten und weiterzuentwickeln«. Jeweils verbindliche Gültigkeit haben die Fortbildungsordnungen der entsprechenden Landespsychotherapeutenkammern. In diesen ist auch geregelt, was als Fortbildung zählt (d.h., wofür es *Fortbildungspunkte* gibt – die Punktzahl ist quasi das ausschlaggebende Verkaufsargument einer jeden Fortbildungsveranstaltung): So gibt es klassische Fortbildungen im Sinne von Vorträgen und Workshops, jedoch zählt als Fortbildung auch regelmäßige Super- oder Intervision (d.h. kollegialer Austausch über Patientenbehandlungen, natürlich anonymisiert), Literaturstudium in Eigenregie sowie eigene Veröffentlichungen. Auch Online-Fortbildungen sind möglich und eine äußerst praktische Alternative, wenn man z.B. familiär bedingt nicht für ein Seminar durch die Bundesrepublik jetten kann. Wie gerecht das System ist (für meine Doktorarbeit habe ich z.B. 5 Punkte bekommen – genau so viel wie für knapp 4 Stunden Intervision) und wo es vielleicht Schlupflöcher und falsche Anreize bietet, ist ein interessantes Thema, aber jenseits des Rahmens dieses Buchs. Wichtig ist derweil noch zu wissen, dass die Fortbildungspflicht in noch mal strengerer Form für Psychotherapeutinnen mit Kassenzulassung gilt. Diese müssen im Regelfall alle

5 Jahre nachweisen, dass sie eine bestimmte Zahl an Fortbildungspunkten, in meinem Fall z. B. 250, gesammelt haben. Andernfalls drohen Sanktionen wie z. B. 10 % Honorarkürzung bei der KV Schleswig-Holstein.

Schweigepflicht

In der Psychotherapie haben, anders als bei Andrea Berg, nicht die Gefühle Schweigepflicht (im Gegenteil), sondern die Psychotherapeutinnen. Die Schweigepflicht findet sich in der Muster-Berufsordnung unter § 8 sowie tatsächlich im Strafgesetzbuch (§ 203 Abs. 1 StGB), woran bereits die herausragende Bedeutung dieser Berufspflicht erkennbar wird. § 8 Abs. 1 der Muster-Berufsordnung besagt: »Psychotherapeut*innen sind zur Verschwiegenheit über Behandlungsverhältnisse verpflichtet und über das, was ihnen im Zusammenhang mit ihrer beruflichen Tätigkeit durch und über Patient*innen oder Dritte anvertraut und bekannt geworden ist.« Dies hat übrigens sogar über den Tod der Patientin hinaus Bestand. Sprich, wenn mich Angehörige einer verstorbenen Patientin fragen, was diese mir so alles Gemeines über sie erzählt hat, habe ich – richtig – die Klappe zu halten. Dieser Umstand hat, das kurz am Rande, übrigens zur Folge, dass Patientinnen ihren Psychotherapeutinnen viele Dinge anvertrauen, die sie sonst niemandem erzählen – teils natürlich belastende Dinge wie traumatische Erfahrungen, teils aber auch bisweilen pikante Dinge wie Affären, Seitensprünge und Kinder, deren Vater nicht ihr Erzeuger ist. Um Gloria Stuart in ihrer Rolle als (alte) Rose DeWitt Bukater in der 1997er-Verfilmung von »Titanic« leicht abgewandelt zu zitieren, würde ich sagen: Das Herz einer Psychotherapeutin ist ein *Ozean voller Geheimnisse.* Aber nun zurück zur Ernsthaftigkeit.

Die Schweigepflicht ist natürlich genau aus diesem Grund, den ich gerade beschrieben habe, für die Psychotherapie von immenser Bedeutung, da sie die Basis einer vertrauensvollen Beziehung ist – auch wenn sie in genau gleicher Weise übrigens für alle Ärztinnen gilt. Sie gilt natürlich auch für alle Mitarbeitenden der Psychotherapeutin, die naturgemäß einiges mitbekommen und daher zur Verschwiegenheit zu verpflichten sind. Und, was vielen Patientinnen nicht klar ist, die implizit davon ausgehen, dass alle ihre Behandlerinnen sich (was ja für vieles gut wäre) im Hintergrund über sie austauschen: Ohne Entbindung von der Schweigepflicht *darf* grundsätzlich weder eine Psychotherapeutin sich mit der Hausärztin austauschen noch die Hausärztin z. B. mit der behandelnden Kardiologin. Eine Ausnahme hiervon ist gegeben, wenn eine Patientin per Überweisung ihrer Hausärztin eine andere Fachärztin aufsucht. Hier geht man von einer Entbindung von der Schweigepflicht durch das »konkludente« (= schlüssige) Verhalten der Patientin (das Aufsuchen der anderen Fachärztin) aus, sodass die Fachärztin der Hausärztin z. B. ihren Befundbericht schicken darf. Im Rahmen von Fallbesprechungen (Intervision/Supervision), die ja im Sinne der Fortbildungspflicht absolut gewollt sind, ist es auch erlaubt, sich über Patientinnen auszutauschen – allerdings nur unter der Bedingung, dass in einer derart anonymisierten Form über die Patientinnen gesprochen wird, dass keine Rückschlüsse darauf möglich sind, um wen es sich handelt (was natürlich in kleinen ländlichen Gemeinden um ein Vielfaches schwieriger ist als in einer Großstadt). Die Schweigepflicht führt auch dazu, dass Psychotherapeutinnen genau wie Ärztinnen vor Gericht ein Zeugnisverweigerungsrecht haben (§ 383 Zivilprozessordnung sowie § 53 StGB) – außer sie wurden wirksam von der Schweigepflicht entbunden. Dann *müssen* sie wiederum aussagen.

Es gibt allerdings klare Vorgaben, unter welchen die Schweigepflicht gebrochen werden darf oder sogar gebrochen werden *muss*. Die Psychotherapeutin *darf* Dinge, die ihr im Rahmen der Schweigepflicht anvertraut wurden, offenbaren, wenn sie wirksam, d. h. schriftlich per Unterschrift, von der betreffenden Patientin von der Schweigepflicht entbunden wurde oder eine gesetzliche Vorschrift sie dazu berechtigt. Letzteres ist z. B. bei Anfragen des Medizinischen Dienstes der Krankenkassen (MDK) der Fall, der bei schon länger krankgeschriebenen Patientinnen die Behandelnden anschreibt und Auskunft über Diagnose und Behandlung verlangt. Hier besteht aufgrund des Vertrags, den die Patientin bei Eintritt in die Krankenkasse als Versicherte mit dieser geschlossen hat, für die Psychotherapeutin eine Befugnis und sogar eine Verpflichtung, Auskunft zu den relevanten Punkten zu geben. Eine Befugnis zur Offenbarung, d. h. zum Bruch der Schweigepflicht, besteht außerdem immer dann, wenn die Psychotherapeutin in einem Abwägungsprozess zu dem Entschluss gelangt, dass die Schweigepflicht zugunsten eines höheren Rechtsguts zu verletzen ist. Das wäre z. B. der Fall bei Patientinnen, die ankündigen, dass sie sich selbst das Leben nehmen (Rechtsgut: Schutz der Patientin nach dem Prinzip der Fürsorge, siehe die 4 Prinzipien der Medizinethik) oder aber andere Menschen in Gefahr bringen wollen (Rechtsgut: Schutz Dritter bzw. der Allgemeinheit). In dem Fall wäre es wahrscheinlich die Mehrheitsauffassung, dass die Schweigepflicht gebrochen werden darf, da Menschenleben zu retten sind. Die Basis hierfür bildet auch § 34 StGB. Eine *Pflicht* zum Bruch der Schweigepflicht bzw. eine Offenbarungspflicht besteht für Psychotherapeutinnen derweil auf Basis von § 138 StGB dann, wenn die Patientin ihnen mitteilt, dass sie vorhat, eine bestimmte (schwere) Straftat wie z. B. Mord, Totschlag, Verbrechen gegen die Menschlichkeit, Raub oder räuberische Erpressung zu begehen. Hier besteht Anzeigepflicht – jedoch nur

(!), wenn durch diese Anzeige die Straftat noch *verhindert* werden kann. Das bedeutet umgekehrt: Erzählt uns jemand von einer in der Vergangenheit begangenen Straftat, so unterliegt diese der Schweigepflicht und darf diese *nicht* gebrochen werden, selbst wenn es sich um einen Mord handelt.

Sorgfaltspflicht

Diese Berufspflicht hat nichts mit der Verpflichtung zum Schönschreiben in der Patientenakte zu tun, sondern damit, dass Psychotherapeutinnen aufgefordert sind, ihre Arbeit ordentlich und gewissenhaft zu erledigen. Dazu gehört eine gründliche Diagnostik, bevor man mit der Therapie loslegt, ebenso wie ein Unterlassen unangemessener Versprechen bzgl. eines Heilungserfolgs. Wie § 5 Abs. 3 und 4 der Muster-Berufsordnung außerdem sehr deutlich beschreiben, ist Teil eines *sorgfältigen* Vorgehens auch, dass Psychotherapeutinnen eine Behandlung *beenden*, wenn 1) sie feststellen, dass das für eine Behandlung notwendige Vertrauensverhältnis, d. h. eine tragfähige therapeutische Arbeitsbeziehung, nicht herstellbar ist, weil es zwischenmenschlich zu sehr »hakt« (hier werden tatsächlich die in Kapitel 3 zusammengefassten Befunde zur Bedeutung der therapeutischen Beziehung gewürdigt), oder 2) sie erkennen, dass sie für die vorliegende Problematik nicht befähigt oder nicht ausgebildet sind (sprich, nicht angemessen helfen *können*), oder 3) die Behandlung so verläuft, dass absehbar wird, dass diese *keinen Erfolg* haben wird (was wiederum mit Punkt 1 oder 2 zusammenhängen kann). Alle drei Aspekte sind solche, die naturgemäß bei Patientinnen, die sich in der Regel Hilfe erhoffen, nicht besonders gut ankommen, weil deren Denkweise oft ist: »Hauptsache Therapie – egal wie«. Aber wie § 5 Abs. 3 der Muster-Berufsordnung sehr deutlich besagt, ist eine in dieser Weise kontraindizierte Psychotherapie »selbst bei ausdrücklichem Wunsch eines*einer Patient*in abzulehnen«. Das ist sehr deutlich, und ich werde in Kürze darauf zurückkommen, wenn es um die Frage geht, für wen Psychotherapie gedacht ist und für wen nicht.

Weitere Aspekte, welche die Sorgfaltspflicht regelt, sind, wofür und in welchem Umfang Psychotherapie auch per Video stattfinden kann (§ 5 Abs. 5), und der Umstand, dass die »Übernahme einer zeitlich parallelen oder nachfolgenden Behandlung von Eheleuten, Partner*innen, Familienmitgliedern oder in engen privaten und beruflichen Beziehungen zu einem*einer Patient*in stehenden Personen [...] mit besonderer Sorgfalt« zu prüfen ist (§ 5 Abs. 8). Mit anderen Worten: Es ist nicht, wie man es von der Abstinenzregel kennt, verboten, Menschen zu behandeln, die aktuellen Patientinnen nahestehen, aber die Berufsordnung trägt hier dem Umstand Rechnung, dass solche Situationen typischerweise mit diversen Verstrickungen, einer nicht verhinderbaren Voreingenommenheit der Therapeutin und schnell auch mit Interessenskonflikten (»Bitte machen Sie nach mir auch meinen Mann gesund!«) einhergehen.

Warum Psychotherapie nicht für jeden gedacht ist: Das Wirtschaftlichkeitsgebot und die Bedeutung der Diagnose

Kommen wir nun also zu einem ziemlich heißen Eisen, nämlich der Frage, für wen Psychotherapie tatsächlich das richtige Behandlungsangebot ist und für wen nicht. Eine Klarstellung hierzu ist mir extrem wichtig, weil meiner Wahrnehmung nach medial, d.h. in Film und Fernsehen, in Nachrichtenformaten und in den sozialen Medien, zu häufig ein falsches Bild vermittelt wird. Da wären zum einen TikTok-Reels, in denen Leute erzählen, dass sie (sinngemäß) wegen ihrer »Spleenigkeit« zur Therapeutin gehen, und andererseits Meldungen in Nachrichtensendungen über Naturkatastrophen und ähnliches, in denen davon gesprochen wird, dass die Opfer »über Jahre psychologische Hilfe« benötigen werden. Diese Katastrophen sind schlimm, und sicher haben viele Menschen eine Traumatisierung dadurch erlitten, aber warum haut man so schnell und meist ohne Qualifikation, die dazu berechtigt, eine solche Aussage heraus? Mal davon abgesehen, dass der Begriff »psychologische« wieder einmal durch »psychotherapeutische« zu ersetzen wäre, aber geschenkt.

Das Allerwichtigste, was man verstehen muss und was ich in Kapitel 2 bereits angerissen habe, ist, dass Psychotherapie eine Leistung der gesetzlichen Krankenkassen ist (übrigens keine *Regelleistung*, daher ist auch das ganze Antragsprozedere nötig), die gemäß § 12 Abs. 1 SGB V (das ist das sogenannte *Wirtschaftlichkeitsgebot*) *notwendig* ist. Und notwendig ist eine Leistung im Gesundheitswesen, wenn eine *Indikation* für sie besteht – das bedeutet, wenn eine *Diagnose* vorliegt, für die Psychotherapie ein geeignetes Behandlungsverfahren ist. Das sind, grob gesagt, die meisten psychischen Störungen, die in den internationalen Klassifikationssystemen beschrieben sind. Wer es genauer wissen möchte, sei auf § 27 der Psychotherapie-Richtlinie verwiesen, die das präzise regelt. Was das heißt, ist, dass Psychotherapie (zumindest nicht zulasten der Krankenkassen) erstens nicht für Probleme gedacht ist, die *keinen*

Krankheitswert haben, d. h. keine Diagnosekriterien erfüllen – wie z. B. Konflikte am Arbeitsplatz, Schuldgefühle aufgrund dessen, dass man der Partnerin fremdgeht, oder das alleinige Anliegen, »die Vergangenheit aufzuarbeiten«. Auch sind z. B. Ängste (Höhenangst, Angst vor Spinnen etc.) auch nur dann eine Indikation für eine Psychotherapie, wenn das diagnostische Kriterium erfüllt ist, dass sie *in bedeutsamer Weise* Leiden und/oder Beeinträchtigung hervorrufen. Und, hinsichtlich der oben genannten Meldungen nach Naturkatastrophen, ebenfalls sehr wichtig zu erwähnen: Ein Trauma (ein diagnostisch übrigens eng definierter Begriff) erlebt zu haben, was auf die gesamte Lebensspanne betrachtet auf die Mehrheit (!) der Bevölkerung zutrifft (74–97 % der Bevölkerung laut Breslau et al., 1998), ist per se auch *keine* Indikation für Psychotherapie – eine tatsächliche posttraumatische Belastungsstörung (PTBS) hingegen schon. Eine solche entwickelt jedoch zum Glück nur die Minderheit (!) der Menschen mit traumatischen Erfahrungen (ca. 25 %; Hidalgo & Davidson, 2000), weil der menschliche Organismus über erstaunliche Erholungs- und Bewältigungsmechanismen verfügt. Das gilt übrigens auch für Kindheitstraumata, egal wie schrecklich sie (leider) sein mögen: Liegt keine behandlungsbedürftige Symptomatik mit naheliegendem Zusammenhang bzgl. der traumatischen Erfahrung in der Gegenwart vor, bedeuten auch diese keine Indikation für Psychotherapie. Ohne Anlass sollte man von therapeutischer Seite ohnehin die Finger davon lassen, eine traumatische Erfahrung »auszugraben«. Ich schreibe das deshalb so explizit, weil nicht selten Patientinnen sich mit solchen Anliegen an mich wenden und völlig baff sind, wenn ich ihnen sage, dass sie mit diesen Themen, die ohne parallel bestehende Symptomatik von Krankheitswert kein Anlass für eine Psychotherapie sind, eher eine Beratung oder ein Coaching aufsuchen sollten. Natürlich kann und sollte man diese Probleme aber sehr wohl behandeln, *wenn* sie innerhalb einer vorhandenen psychischen Störung auftreten, z. B. einer depressiven Episode, und mit dieser zusammenhängen – aber *nur* dann.

Dass eine Psychotherapie, die stattfindet, somit per Definition »medizinisch notwendig« ist (anders als z. B. eine Vorsorgeuntersuchung beim Arzt), hat übrigens einen nicht unwesentlichen Vorteil: Arbeitnehmerinnen können diese Termine in der Regel während der Arbeitszeit wahrnehmen, ohne dass sie die Zeit nacharbeiten oder auf einen Teil ihrer Vergütung verzichten müssen. D. h., sie können für den Termin entgeltlich freigestellt werden – eine wichtige und zumindest von meinen Patientinnen häufig genutzte Regelung, da Psychotherapeutinnen schließlich nicht nur abends arbeiten können, wenn Arbeitnehmende Feierabend haben. Interessierte finden im Quellenverzeichnis zu diesem Kapitel einen erläuternden Artikel hierzu, in dem auch entsprechende Urteile des Bundesarbeitsgerichts genannt werden. Zweitens, und auch das ist wichtig, bedeutet das Notwendigkeitsprinzip, dass Psychotherapie nicht *präventiv* eingesetzt werden darf, d.h. nicht zur Vorbeugung einer psychischen Störung. Etwas zynisch, aber sachlich korrekt könnte man auch sagen: Das Kind muss erst in den Brunnen gefallen sein, damit eine Psychotherapeutin tätig werden kann. Den – um im Bild zu bleiben – Fall in den Brunnen zu verhindern, ist keine Leistung der Krankenkassen. Weil mir dieser Aspekt am Herzen liegt, werde ich in Kapitel 5 noch einmal auf ihn zurückkommen.

Ich könnte an dieser Stelle bereits einen umfangreichen Schlenker zu dem sehr wichtigen Thema »Psychische Diagnosen« und den vielen damit verknüpften Problemen machen, verschiebe dies aber auf ▶ Kap. 5. Das tue ich nicht nur, um Sie zum Weiterlesen zu animieren und es spannend zu halten, sondern auch, weil es dort thematisch noch besser hinpasst. Freuen Sie sich einfach darauf und merken Sie sich für den Moment, dass Psychotherapie im Rahmen der Leistungen der gesetzlichen Krankenkassen nur für Menschen gedacht ist, die eine behandlungsbedürftige und diagnostizierbare psychische Störung aufweisen. Allerdings geht § 12 Abs. 1 SGB V noch darüber hinaus. Er regelt nämlich auch, dass eine Leistung *zweckmäßig* sein muss, was man salopp für die Psychotherapie so übersetzen kann, dass von dieser erwartbar sein muss, dass sie auch etwas *bringt*, d.h. die Symptomatik verbessert. Hier geht es zum einen um die nachgewiesene Wirksamkeit, weshalb das Zweckmäßigkeitskriterium grundsätzlich erst einmal als erfüllt angesehen werden kann, wenn eines der vier Richtlinienverfahren zur Anwendung kommt (Sie erinnern sich an ▶ Kap. 3). Ob eine Psychotherapie zweckmäßig ist, d.h. in der gewünschten Art *wirkt*, hängt jedoch in ganz essentieller Weise von noch ganz anderen Faktoren ab. Und das ist wiederum der Grund, warum Psychotherapie ebenfalls nicht automatisch für jede Patientin gedacht ist, bei der eine behandlungsbedürftige psychische Störung *vorliegt*.

Die Kontraindikationen für Psychotherapie

Es schmeckt der einen oder anderen vielleicht nicht oder wirkt gemein und kaltherzig, aber Voraussetzung für eine Psychotherapie ist gemäß § 27 Abs. 3 S. 1 der Psychotherapie-Richtlinie leider mehr als das alleinige Vorliegen einer psychischen Störung mit Krankheitswert. Dort heißt es ganz explizit, dass Psychotherapie als Leistung der gesetzlichen Krankenkassen ausgeschlossen ist, wenn »zwar seelische Krankheit vorliegt, aber ein Behandlungserfolg nicht erwartet werden kann, weil dafür bei der Patientin oder dem Patienten die Voraussetzung hinsichtlich der Motivationslage, der Motivierbarkeit oder der Umstellungsfähigkeit nicht gegeben sind, oder weil die Eigenart der neurotischen Persönlichkeitsstruktur (gegebenenfalls die Lebensumstände der Patientin oder des Patienten) dem Behandlungserfolg entgegensteht«. D. h., hier werden die *Kontraindikationen* für Psychotherapie (d. h. Faktoren, die trotz vorliegender Indikation in Form einer Diagnose gegen die Behandlungsmaßnahme sprechen) sehr klar genannt, was den Hintergrund der in § 5 Abs. 4 der Muster-Berufsordnung (Sorgfaltspflicht) beschriebenen Regel bildet, dass Behandlungen, bei denen kein Erfolg mehr zu erwarten ist, zu beenden sind. Übersetzt lauten diese Kontraindikationen im Kern 1) mangelnde Änderungsmotivation, 2) nicht ausreichende Umstellungsfähigkeit, 3) ungünstige Persönlichkeitsmerkmale und 4) Lebensumstände, die den Erfolg einer Psychotherapie unwahrscheinlich machen (z. B. weil es an Unterstützung im Umfeld fehlt oder weil eine Patientin mit Alkoholabhängigkeit in einer WG lebt, in der jeden Tag große Mengen an Alkohol getrunken werden). Punkt 4 wird vielleicht Menschen mit »Helferinnen-Herz« wehtun, was ich absolut verstehe. Aber hier haben wir es mit der unangenehmen Wahrheit zu tun, dass Psychotherapeutinnen keine Sozialarbeiterinnen sind und es nicht ihre Aufgabe ist, lebenspraktische Unterstützung zu leisten oder das soziale Umfeld zu verändern. Zu Punkt 3 sei gesagt, dass dieser z. B. auf Menschen zutreffen kann, die (denken Sie an ▶ Kap. 1) zwar eine ausgeprägte Persönlichkeitsstörung aufweisen, aber denen die Einsicht fehlt, dass sie selbst und nicht ihr Umfeld ein Problem hat – was eine Psychotherapie unmöglich machen kann.

Die wichtigsten Punkte sind aus meiner Sicht aber die Punkte 1 und 2, angefangen bei der *Umstellfähigkeit*, also der Fähigkeit (kognitiv und verhaltensbezogen), sich umzustellen, sprich, sich zu verändern. Meiner Erfahrung nach wird diese meist in einem Atemzug mit der sogenannten *Introspektionsfähigkeit* genannt, worunter man sich die Fähigkeit eines Menschen vorstellen kann, »in sich hineinzuschauen« und Auskunft über Gedanken, Gefühle, Wünsche, Bedürfnisse, Ziele etc. zu geben. Natürlich hat man bei Patientinnen, die auf Fragen hierzu konsequent mit »Weiß nicht« antworten (der Endgegner in einer Therapiesitzung), ein paar Tricks in der Kiste, um ihnen zu helfen, Zugang zu ihrem inneren Erleben zu erlangen. Aber zum einen sind diese Tricks endlich, und zum anderen sollte der Person, welcher der Zugang zu ihrem Inneren fehlt, zumindest wenn man die Psychotherapie-Richtlinie ernst nimmt, eigentlich gar keine Psychotherapie angeboten werden (ich weiß, kaltherzig und gemein, aber einerseits Fakt und andererseits nicht unerheblich für die Versorgungssituation, wie wir in Kapitel 5 noch genauer sehen werden).

4 Verbote, Pflichten und Gebote: Über das komplizierte Regelwerk der Psychotherapie

Noch wichtiger als die Umstellfähigkeit bzw. Introspektionsfähigkeit und aus meiner Sicht der allerwichtigste Faktor für das Gelingen der Psychotherapie (auf Seiten der Patientin jedenfalls) ist die Frage, ob eine *Änderungsmotivation* vorliegt oder die Patientin zumindest *motivierbar* ist. Ich denke, es ist, auch ohne Psychotherapeutin zu sein, mittels gesundem Menschenverstand begreifbar, dass Psychotherapie, bei der es darum geht, emotionale, mentale und verhaltensbezogene Veränderungen zu erzielen (wo ich den Erkenntnisgewinn, den die psychodynamischen Therapieformen vorrangig anstreben, hinzuzähle) kaum bis gar nicht mit einem Gegenüber möglich ist, das keinen eigenen Arbeitsauftrag für die Therapie hat oder sogar (mehr oder weniger bewusst) möchte, dass alles beim Alten bleibt. Von diesen Konstellationen gibt es viel mehr, als Sie vielleicht denken, und meiner Erfahrung nach machen die aus ihnen resultierenden Probleme mindestens die Hälfte der Gesprächsthemen in Inter- und Supervision aus. Da wäre z. B. die nicht gerade seltene Konstellation, dass Patientinnen zur Psychotherapie »geschickt« werden, entweder von der Partnerin, die es nicht mehr aushält oder sich große Sorgen macht, oder von der Hausärztin, die auch nicht mehr weiter weiß und aufgrund der Anreize des Abrechnungssystems nicht die nötige Zeit hat, sich des Problems selbst anzunehmen. Das alles ist menschlich vollkommen verständlich. In der Psychotherapie ist die betreffende Person wahrscheinlich aber dennoch nicht richtig, wenn sie selbst nichts an sich verändern will.

Ebenso häufig und oft, wenngleich nicht immer automatisch problematisch, ist die Konstellation, dass die Motivation, meist mehr unbewusst als bewusst, dadurch eingeschränkt ist, dass an das Fortbestehen der Problematik ein konkreter Vorteil geknüpft ist (rufen Sie sich bitte das Thema »Krankheitsgewinn« bzw. »Funktionalität« aus ▶ Kap. 3 ins Gedächtnis). Dies ist typischerweise der Fall, wenn aufgrund des psychischen Problems, z. B. der Depression, eine Erwerbsminderungsrente beantragt wurde, für deren Bewilligung es natürlich günstiger ist, wenn das psychische Problem fortbesteht und (noch wichtiger) eine Psychotherapie nachgewiesenermaßen nichts gebracht hat. Eine ähnliche Dynamik entfaltet sich teilweise auch bei Anträgen auf einen Grad der Behinderung (GdB) oder dessen Erhöhung – und nicht selten auch dann, wenn an das Bestehen einer Diagnose eine Krankschreibung geknüpft ist. Bei letzterem kommt leider noch der ungünstige Umstand hinzu, dass, wenn z. B. eine Depression maßgeblich durch Konflikte am Arbeitsplatz ausgelöst wurde, es keine ausschließlich gute Idee ist, die Patientin über viele Monate krankzuschreiben. Denn in dieser Zeit wächst die Angst vor der Rückkehr an den Arbeitsplatz oft ins Unermessliche. Die Entwöhnung von einer Tagesstruktur mit Arbeit tut ihr Übriges, wodurch die Rückkehr immer schwieriger wird. Oder mit anderen, etwas verhaltenstherapeutischeren

Worten: Ab einem gewissen Punkt wird die Krankschreibung zum *aufrechterhaltenden Faktor* der Symptomatik, die zur Krankschreibung geführt hat. Etwas Ähnliches kann übrigens auch passieren, wenn Patientinnen anfangen, sich zu sehr mit ihrer Diagnose zu identifizieren – so sehr, dass sie beginnen, sich dahinter zu verstecken oder sie im Übermaß als Entschuldigung bzw. als Argument zur Entlastung von Anforderungen zu verwenden (»Ich leide an Depressionen, das kann man von mir nicht verlangen.«). Auch hier kann es, wenn dies zu große Ausmaße annimmt, dazu kommen, dass die Diagnose, die eigentlich den Nutzen haben soll, eine Behandlung zu begründen, die Störung paradoxerweise aufrechterhält.

Und dann sind da natürlich noch die Störungsbilder, die aufgrund ihrer Natur quasi automatisch mit einer sehr hohen Ambivalenz zwischen »Verändern« und »beim Alten lassen« einhergehen. Hier sind allen voran die Suchterkrankungen zu nennen, für die bei Anwendung von Psychotherapie deshalb auch die sehr strenge Regel gilt, dass spätestens nach 10 Sitzungen eine Abstinenz vom Suchtmittel erreicht sein muss (§ 27 Abs. 2 S. 1a Psychotherapie-Richtlinie). Analog zur fehlenden Introspektionsfähigkeit gibt es natürlich auch bei ambivalenter Motivationslage das eine oder andere in der Trickkiste, z. B. das *Motivational Interviewing* nach Miller und Rollnick. Aber genau wie oben gilt auch hier: Die Trickkiste enthält, wenngleich ihr Marketing das suggerieren mag, keine Wunderwaffen, und wie lange man versucht, eine Patientin ohne oder mit ambivalenter Motivation zu motivieren, sollte man aus ethischen Gesichtspunkten davon abhängig machen, wie viele andere Patientinnen mit vielleicht klarerer Änderungsmotivation auf einen Therapieplatz warten. Dasselbe gilt übrigens für Patientinnen, die die Therapie mit einer »Wasch mich, aber mach mich nicht nass«-Haltung beginnen, d. h., die zwar einen Leidensdruck haben, aber eher getätschelt, bedauert und »auf den Schoß genommen« als dabei unterstützt werden wollen, etwas zu ändern. Denn das könnte ja bedeuten, sich mit unangenehmen Wahrheiten und eigenen Anteilen an einem Problem zu beschäftigen. Um das klarzustellen: Auch diese innere Haltung bei Patientinnen ist absolut menschlich und somit auch nachvollziehbar, aber stellt in der genauen Analyse wohl in keinem Richtlinienverfahren einen Anlass für Psychotherapie dar, wenn man die oben beschriebenen Regeln ernst nimmt. Und darüber hinaus ist damit auch die sehr wichtige Fehlannahme verknüpft, Psychotherapeutinnen hätten die Aufgabe, zu ihren Patientinnen immer nur »nett« zu sein – in dem Sinne, dass sie ihnen bei all ihren Sichtweisen Recht geben und ihre uneingeschränkt unkritischen »Anwältinnen« zu sein haben. Dem ist nicht so, denn unsere Aufgabe ist es, Menschen zu *helfen* – und nicht, dafür zu sorgen, dass Menschen sich ausschließlich toll fühlen. Und es hilft auf Dauer niemandem und ist daher unethisch, wenn wir, damit die Patientin uns »lieb« hat, ihr immer nur nach dem Mund reden und sie eben nicht darauf hinweisen, wo der Ball in ihrem Spielfeld liegt und sie für ihr eigenes Leben Verantwortung übernehmen sollte.

Übrigens: Die beschriebenen Kontraindikationen fußen nicht nur auf den Ideen der Autorinnen der Psychotherapie-Richtlinie. Nein, mal abgesehen davon, dass wohl jede Psychotherapeutin diese Faktoren aus Erfahrung kennt und sie sich auch aus gesundem Menschenverstand ableiten lassen, gibt es eine Fülle von wissenschaftlichen Belegen dafür, dass insbesondere Introspektionsfähigkeit und Motivation einen großen Einfluss auf den Erfolg bzw. die Wirksamkeit einer Psychotherapie haben (zusammengefasst von Bohart & Wade, 2013).

Die Befugnisse von Psychotherapeutinnen: Was dürfen sie und was nicht?

Gegenüber der Zeit, als ich noch Psychologie studiert und mir überlegt habe, Psychotherapeut zu werden, hat sich bzgl. der Befugnisse von Psychotherapeutinnen jede Menge getan (bitte erinnern: Gemeint sind hier erneut alle *nicht-ärztlichen* Psychotherapeutinnen; ÄP hatten diese Befugnisse als Ärztinnen schon immer). Noch vor weniger als einem Jahrzehnt »durften« Psychotherapeutinnen weitaus weniger als Ärztinnen, doch in den letzten 7 Jahren regneten die Befugnisse dann beinahe derart vom Himmel, dass man kaum hinterherkam. Der größte Zuwachs an Befugnissen kam 2017 mit der Psychotherapiestrukturreform, im Rahmen derer der G-BA erstmals verfügte, dass Psychotherapeutinnen Heilbehandlungen *verordnen* durften, was bis dato Ärztinnen vorbehalten war. Einschränkend muss man dazu sagen, dass Psychotherapeutinnen sämtliche Dinge, die ich gleich beschreibe, natürlich nur aufgrund einer *psychischen* Indikation verordnen dürfen (logisch, aber erwähnenswert). Dazu gehörte 2017, was einer Revolution glich, vor allem die Befugnis, Krankenhausbehandlungen aufgrund psychischer Erkrankungen zu verordnen, d. h. Patientinnen zur stationären Behandlung in eine psychiatrische oder psychosomatische Klinik *einzuweisen.* Daneben erhielten Psychotherapeutinnen die Befugnis, auch Krankentransporte, medizinische bzw. psychotherapeutische Rehabilitation (jedoch aufgrund der Eigenheiten der Sozialgesetzbücher nur zulasten der Krankenkassen, nicht der Deutschen

Rentenversicherung – d.h., de facto nur für berentete Menschen, Mütter und Väter sowie Pflegebedürftige, aber nicht für Erwerbstätige) und Soziotherapie, eine Form der lebenspraktischen Unterstützung für schwer psychisch erkrankte und insofern beeinträchtigte Menschen, zu verordnen. 2021 kamen dann noch die Befugnisse zur Verordnung von Ergotherapie und psychiatrischer häuslicher Krankenpflege hinzu.

Die beiden Dinge, die Psychotherapeutinnen (wie ich finde, zum Glück) weiterhin nicht dürfen, sind 1) Arbeitsunfähigkeitsbescheinigungen ausstellen (d.h. »krankschreiben«) und 2) Medikamente verschreiben. Letzteres hat den gut nachvollziehbaren Grund, dass Psychotherapeutinnen das Medizin- oder Pharmaziestudium als Grundlage dafür fehlt, Sinn, Zweck und Risiken eines Medikaments vor dem Hintergrund von Wechsel- und Nebenwirkungen umfassend zu beurteilen und auch ggf. notwendige Untersuchungen (wie z.B. ein EKG, das zum Ausschluss seltener kardiologischer Nebenwirkungen von Antidepressiva bei einer Behandlung mit solchen in gewissen Abständen erfolgen sollte) durchzuführen. Natürlich können Psychotherapeutinnen gegenüber einer Hausärztin oder Psychiaterin die Einstellung auf ein Medikament *empfehlen*. Es ist und bleibt aber Pflicht der *Ärztin*, sich nicht einfach blind hierauf zu verlassen, sondern eine eigene Beurteilung der o.g. Faktoren vorzunehmen. Fakt ist: Psychotherapeutinnen dürfen selbst keine Medikamente verordnen, und sie dürfen sie auch nicht selbst an Patientinnen aushändigen. Sollte Ihnen also (man weiß ja nie) eine nicht-ärztliche Psychotherapeutin, auch mit einer noch so guten Absicht, irgendwelche verschreibungspflichtigen Tabletten aus ihrem eigenen Schrank in die Hand drücken und sie auffordern, diese zu nehmen, dann *gehen* Sie bitte (und melden den Vorfall vielleicht auch der zuständigen Landespsychotherapeutenkammer).

Dass Psychotherapeutinnen nicht krankschreiben dürfen, ist zwar inhaltlich nicht logisch, da wir durchaus in der Lage sind, zu beurteilen, ob Patientinnen aufgrund ihrer psychischen Problematik arbeitsfähig sind oder nicht. Ich halte diese Regelung jedoch aus bestimmten Gründen, die ich im letzten Kapitel noch beschreiben werde, für einen großen Segen, da es ganz unangenehmen Interessenskonflikten und damit verbundenen Auseinandersetzungen mit Patientinnen vorbeugt.

Doch bevor wie dorthin kommen, werden wir uns im kommenden Kapitel (dem ausführlichsten von allen) erst einmal mit einem noch heißeren Eisen beschäftigen, nämlich den Gründen dafür, warum Menschen in Deutschland auf eine Psychotherapie so unglaublich lange warten müssen.

4 Verbote, Pflichten und Gebote: Über das komplizierte Regelwerk der Psychotherapie

Literatur

Beauchamp, B. L. & Childress, J. F. (2008). *Principles of Biomedical Ethics* (6. Aufl.). Oxford University Press.

Bohart, A. C. & Wade, A. G. (2013). The client in psychotherapy. In M. J. Lambert (Hrsg.), *Bergin and Garfield's handbook of psychotherapy and behavior change*, S. 219–257. Wiley.

Breslau, N., Kessler, R. C., Chilcoat, H. D., Schultz, L. R., Davis, G. C. & Andreski, P. (1998). Trauma and posttraumatic stress disorder in the community: the 1996 Detroit Area Survey of Trauma. *Archives of general psychiatry, 55*(7), 626–632.

BPtK. (2013, 5. Februar). *Anstellung im Fokus. Fachtagung von BPtK und ver.di.* https://www.bptk.de/neuigkeiten/anstellung-im-fokus/

BPtK. (2022, 14. Mai). *Muster-Berufsordnung der Psychotherapeut*innen.* https://api.bptk.de/uploads/Muster_Berufsordnung_der_B_Pt_K_412a6bcb36.pdf

Bundesministerium für Gesundheit. (2016, 7. Oktober). *Bekanntmachung eines Beschlusses des Gemeinsamen Bundesausschusses über eine Änderung der Psychotherapie-Richtlinie: Strukturreform der ambulanten Psychotherapie Vom 16. Juni 2016.* https://www.kbv.de/media/sp/2016_06_16_Psycho_Strukturreform_BAnz.pdf

Bühring, P. (2002). Gutachterverfahren: Modifizierung notwendig. *Deutsches Ärzteblatt für Psychologische Psychotherapeuten und Kinder- und Jugendlichenpsychotherapeuten, 1*(10), 440–441. https://www.aerzteblatt.de/archiv/33933/Gutachterverfahren-Modifizierung-notwendig

Bühring, P. (2004). Kommerzielle Hilfe bei Psychotherapieanträgen: Eine Frage der Ehre. *Deutsches Ärzteblatt für Psychologische Psychotherapeuten und Kinder- und Jugendlichenpsychotherapeuten, 3*(7), 308–309. https://www.aerzteblatt.de/archiv/42729/Kommerzielle-Hilfe-bei-Psychotherapieantraegen-Eine-Frage-der-Ehre

G-BA. (2009, zuletzt geändert 2020). *Richtlinie des Gemeinsamen Bundesausschusses über die Durchführung der Psychotherapie (Psychotherapie-Richtlinie).* https://www.g-ba.de/downloads/62-492-2400/PT-RL_2020-11-20_iK-2021-02-18.pdf

Gesundheitsberichterstattung des Bundes (o.D.). *Beschäftigte Psychologische Psychotherapeutinnen und -therapeuten und Kinder- und Jugendlichenpsychotherapeutinnen und -therapeuten. Gliederungsmerkmale: Jahre, Deutschland, Alter, Geschlecht, Art der Einrichtung, Beschäftigungsverhältnis.* https://www.gbe-bund.de/gbe/pkg_olap_tables.prc_set_hierlevel?p_uid=gast&p_aid=24968135&p_sprache=D&p_help=2&p_indnr=697&p_ansnr=54793266&p_version=2&p_dim=D.382&p_dw=43741&p_direction=drill

Hidalgo, R. B., & Davidson, J. R. (2000). Posttraumatic stress disorder: epidemiology and health-related considerations. *Journal of Clinical Psychiatry, 61*(17), 5–13.

JuraForum.de-Redaktion. (2023, 29. Mai). *Arztbesuch während der Arbeitszeit: Wann ist er erlaubt?.* https://www.juraforum.de/news/arztbesuch-waehrend-der-arbeitszeit-wann-ist-er-erlaubt_248103

KBV & GKV-Spitzenverband. (2017, 2. Februar). *Vereinbarung über die Anwendung von Psychotherapie in der vertragsärztlichen Versorgung (Psychotherapie-Vereinbarung).* https://www.kbv.de/media/sp/01_Psychotherapie_Aerzte.pdf

Lieberz, K. & Jungclaussen, I. (2024). Qualitätssicherung in der ambulanten Psychotherapie: Politik im Widerspruch. *Deutsches Ärzteblatt für Psychotherapeutinnen und Psychothera-*

peuten, *23*(2), 57–59. https://www.aerzteblatt.de/archiv/237475/Qualitaetssicherung-in-der-ambulanten-Psychotherapie-Politik-im-Widerspruch

5 Faule Psychotherapeuten oder Versagen der Gesundheitspolitik? Eine Analyse zu den Ursachen der langen Wartezeiten und der schlechten Versorgungslage

Mir war klar, dass ich keinen Bogen um das riesige Problem machen kann, das es mit der psychotherapeutischen Versorgung in Deutschland gibt, wenn ich ein Buch über Irrtümer bzgl. Psychotherapie schreibe. Die Realität, von welcher der Großteil der Menschen berichtet, die sich (nachdem viele davon sich lange durchgerungen haben, sich Hilfe zu suchen) um einen Termin beim Psychotherapeuten bemühen, ist leider tragisch: Oft erreichen sie telefonisch nur einen Anrufbeantworter, und wenn sie tatsächlich jemanden ans Telefon bekommen, ist die Antwort meist entweder, dass man sie auf eine (sehr lange) Warteliste aufnehmen kann, oder dass gar keine neuen Patienten aufgenommen werden können. Das Resultat ist, dass Menschen, wenn sie nicht direkt aufgeben (man bedenke, dass diese Menschen meist nicht besonders belastbar sind), meist etliche Monate wenn nicht gar mehr als ein Jahr auf ein Erstgespräch, geschweige denn einen Therapieplatz warten. Es erscheint mir zwar beinahe obsolet, angesichts der Offensichtlichkeit des Problems weiterführende Quellen für den Umstand der langen Wartezeiten anzuführen, aber es kann ja durchaus sein, dass Sie als Leser dieses Buchs noch in keiner Weise mit dem Thema in Berührung gekommen sind.

Eine sehr ausführliche deutschlandweite Datenrecherche zu den langen Wartezeiten wurde z. B. von rbb24 durchgeführt (Bleckmann et al., 2022). Auch wenn qualitative Daten in Form von Berichten betroffener Patienten auf der Suche nach einem Therapieplatz mit in diese Erhebung einflossen, bildeten den Kern dieser Datenerhebung die Informationen zur Wartezeit, welche die befragten 123 Praxen, und noch einmal 54 mehr nur für Berlin und Brandenburg, dem Rechercheteam zur Verfügung stellten. Hierbei ergab sich eine durchschnittliche Wartezeit (für die, die es genau wissen möchten: Berechnet wurde der Median, nicht das arithmetische Mittel) von 12 Wochen zwischen dem Erstgespräch (in der sogenannten Psychotherapeutischen Sprechstunde, Sie erinnern sich), bei dem der Behandlungsbedarf überprüft wird, und dem

5 Faule Psychotherapeuten oder Versagen der Gesundheitspolitik?

Beginn einer Behandlung. Hinzu kommen laut dieser Recherche im Durchschnitt noch zusätzliche 6 Wochen Wartezeit zwischen erster Anfrage und Erstgespräch. Von beidem, muss ich leider sagen, kann ich als Psychotherapeut im ländlichen Raum nur träumen: Obwohl ich gut organisiert bin, viel Gruppentherapie anbiete und darauf achte, Therapien nicht länger als notwendig zu ziehen, komme ich der Flut an Anfragen nicht annähernd hinterher und müssen Patienten bei mir meist mindestens 3 Monate auf ein Erstgespräch und, wenn ich sie danach auf die Warteliste für einen Therapieplatz aufnehme, weitere 3 bis 6 Monate auf den Therapiebeginn warten. Dieser Stadt-Land-Unterschied wurde in der rbb24-Recherche übrigens auch sehr klar belegt: Laut diesem Datensatz war die Wartezeit auf dem Land zwei- bis dreimal länger als in der Stadt. Was soll ich sagen: Kenn' ich.

Die Bundespsychotherapeutenkammer (BPtK) kam 2021 zu recht ähnlichen Angaben, was die Wartezeit zwischen Erstgespräch und Therapiebeginn angeht – interessanterweise aber auf Basis von objektiven Abrechnungsdaten. Hier wurden also nicht die Praxen gefragt, sondern anhand von anonymisierten Daten von 300.000 Patienten geschaut, wie lange Patienten, die im 1. Quartal 2019 ein Erstgespräch wahrgenommen haben, auf den Beginn einer Behandlung warten mussten. Als Ergebnis zeigte sich u. a., dass 40 % der Patienten nach dem Erstgespräch zwischen 3 und 9 Monaten auf den Beginn der Therapie warten mussten. Zu deutlich optimistischeren Ergebnissen kommt der Barmer Arztreport 2020 (Grobe et al., 2020, S. 159, Abbildung 3.9), dem zufolge 83,6 % der Versicherten maximal 8 Wochen und nur 9,2 % der Versicherten mehr als 3 Monate zwischen Erstgespräch und Behandlungsbeginn warten mussten. Diese Daten stammen, anders als bei BPtK und rbb24, allerdings aus einer Befragung von nur 2000 Barmer-Versicherten. Nicht nur, weil eine Krankenkasse tendenziell ein gewisses Interesse daran haben dürfte, zu belegen, dass die Versorgungslage gar nicht so schlecht und die Wartezeiten eigentlich gar nicht so lang sind (weil mehr niedergelassene Psychotherapeuten zumindest erst einmal mehr Kosten für die Krankenkassen bedeuten würden), sondern auch weil diese Stichprobe zum einen eher klein und zum anderen nicht besonders repräsentativ (nur Barmer-Versicherte) sein dürfte, würde ich den Daten von rbb24 und BPtK mehr Bedeutung schenken. Ebenso stimmen diese Daten eher mit meiner eigenen Erfahrung als niedergelassener Psychotherapeut überein, der sowohl in einer Großstadt als auch in einem 800-Seelendorf auf dem Land eine Praxis hatte und zudem während des Studiums über 5 Jahre das Sekretariat einer psychotherapeutischen Gemeinschaftspraxis gemanagt hat.

Ganz andere Kritikpunkte gelten für eine noch aktuellere Auswertung des Verbands der Ersatzkassen (vdek, 2023, Juni), d. h. der Interessensvertretung eines Teils der gesetzlichen Krankenkassen, der jedoch dem gleichen Tenor folgt und sinngemäß aussagt: »Es ist bei Weitem nicht so schlimm, wie immer behauptet wird.« Diese Statistik kommt, obwohl sie auf 1,2 Millionen objektiven Abrechnungsdatensätzen beruht, mit ein paar Problemen daher. Was der vdek in seiner Statistik präsentiert, sind im Kern zwei Aussagen: 1) Die Wartezeit zwischen Psychotherapeutischer Sprechstunde und probatorischer Sitzung ist nicht lang (nur bei 20 % der Versicherten überschreitet sie einen Monat) und *weil* probatorische Sitzungen stattfinden, *warten* diese Patienten ja gar nicht, sowie 2) die Wartezeit zwischen probatorischer Sitzung und Therapiebeginn ist auch nicht lang (nur bei 25 % der Versicherten länger als einen Monat). D.h., der vdek versucht hier, die Aussage der Untersuchung der BPtK zu widerlegen, in der nur die Wartezeit zwischen Erstgespräch und Therapiebeginn betrachtet wurde. An dieser Statistik gibt es diverse kritische Punkte, die allesamt etwas mit einem willkürlich wirkenden Herausgreifen von zeitlichen Abständen zu tun haben. Der erste und wichtigste Grund, warum man diese Statistik nicht zur Widerlegung der langen Wartezeiten heranziehen darf, ist, dass ein ganz erheblicher Teil der Wartezeit, nämlich der zwischen erster Anfrage und Erstgespräch in der Psychotherapeutischen Sprechstunde, hier *komplett ignoriert* wird (weil man ihn aus objektiven Abrechnungsdaten auch nicht herauslesen kann – vor dem Erstgespräch wird ja nichts abgerechnet). Damit, dass der vdek naturgemäß aufgrund der Art der Daten nur Fälle betrachten *konnte*, bei denen sich nach dem Erstgespräch eine probatorische Sitzung bzw. eine Therapiesitzung in der Abrechnung findet (was allerdings gleichermaßen für die o. g. Untersuchung der BPtK gilt), ist der zweite Kritikpunkt verbunden: Wir erfahren aus dieser Statistik *nichts* über all die Patienten, die nach dem Termin in der Psychotherapeutischen Sprechstunde eben *keine* probatorische Sitzung bekommen haben, entweder weil Psychotherapie nicht indiziert war oder aber weil der Psychotherapeut den Patienten aufgrund fehlender Kapazitäten oder nicht vorhandener persönlicher Passung weiterverwiesen hat. Ebenso erfahren wir nichts über die Patienten, die nach erfolgten probatorischen Sitzungen aufgrund derselben Gründe keine Therapie beginnen. Die Statistik des vdek benennt nicht, wie groß der Anteil der Patienten ist, der jeweils ganz rausfällt, sodass der vdek korrekterweise in der Kommunikation darauf hinweisen müsste, und zwar durch Formulierungen wie »Von *denjenigen* Patienten, *die* nach dem Termin in der Psychotherapeutischen Sprechstunde eine probatorische Sitzung erhalten, warten 80 % maximal einen Monat auf diese«.

Und dann kommt noch hinzu, dass viele Ergebnisse dieser Auswertung Trivialitäten widerspiegeln: Es liegt in der Natur der Sache bzw. im typischen Vorgehen vieler Psychotherapeuten, dass die Zeit zwischen den probatorischen Sitzungen (die Statistik sagt übrigens nichts darüber aus, ob die *erste* oder die *letzte* probatorische Sitzung und deren Abstand zur ersten Therapiesitzung gemeint ist, das nur am Rande) und dem Therapiebeginn kurz ist. So *soll* es ja auch sein und ergibt es auch Sinn, denn wenn zwischen Diagnostik, Beziehungsaufbau und Zielsetzung (Inhalt der probatorischen Sitzungen) und Therapiebeginn Monate liegen, ist das nicht gerade förderlich für den Prozess. Dass der vdek außerdem berichtet, es vergehe meist nur ein Monat zwischen dem *letzten* (hier ist der vdek präzise) Termin in der Psychotherapeutischen Sprechstunde und der *ersten* probatorischen Sitzung, ist auch kein klarer Beleg für kurze Wartezeiten. Denn man muss bedenken: Man kann insgesamt 150 Minuten Psychotherapeutische Sprechstunde mit jedem Patienten machen, und es gibt keinen Grund, diese Zeit nicht vollumfänglich zu nutzen. Die meisten Kollegen tun dies in Form von drei Sitzungen à 50 Minuten und machen derweil nur zwei probatorische Sitzungen (weil diese ohne guten Grund unverhältnismäßig schlecht vergütet werden, Sie erinnern sich). Wenn vom »letzten« Termin in der Psychotherapeutischen Sprechstunde die Rede ist, ist also in der Regel der dritte gemeint. Interessant wäre also, wie viel Wartezeit zwischen dem ersten und zweiten und dem zweiten und dritten Termin verging. Genau so wäre es interessant, zu erfahren, wie viel Zeit zwischen den mindestens zwei probatorischen Sitzungen vergeht. Beides wird in der Statistik aber überhaupt nicht benannt, obwohl es zur Gesamtwartezeit hinzuaddiert werden muss.

Besonders gut wird die Absurdität dieser Statistik deutlich, wenn man sich klarmacht, dass, wenn ich als Psychotherapeut dort enthalten bin, ich sowohl die oben genannte Aussage 1 als auch Aussage 2 bestätigen würde, obwohl man bei mir oft 6 Monate auf ein Erstgespräch und danach meist nochmal genau so lang auf einen Therapieplatz wartet. Wie kann das sein? Nun, der Teufel steckt im Detail, und um den Sachverhalt zu verstehen, muss man sich die Prozesse in meiner Praxis anschauen: Ich mache es, um möglichst viele Informationen als Entscheidungsgrundlage zu sammeln, so, dass ich das Erstgespräch sehr ausführlich in 100 Minuten Psychotherapeutischer Sprechstunde durchführe und dann entscheide, ob ich den Patienten für eine Behandlung auf die Warteliste nehme. Wenn ich ihm dann, meist nach 3 bis 6 Monaten, einen regelmäßigen Therapieplatz mit einem festen Termin pro Woche anbieten kann, geht es auch direkt kontinuierlich los: erst mit einem weiteren 50-Minuten-Termin Psychotherapeutische Sprechstunde (in der ich die Entwicklung seit dem Erstgespräch erfrage und den Patienten ausführlich aufkläre), und dann mit i.d.R. 2 probatorischen Sitzungen. Das bedeutet, dass ich beide oben genannte Aussagen bestätige: kurze Wartezeit zwischen dem letzten Termin in der Psychotherapeutischen Sprechstunde und erster probatorischer Sitzung *und* kurze Wartezeit zwischen probatorischen Sitzungen und erster Therapiesitzung. Um die Hauptwartezeit in meiner Praxis zu erfassen, hätte man also z. B. den Abstand zwischen Erstgespräch und erster probatorischer Sitzung oder den Abstand zwischen erstem und letztem Termin in der Psychotherapeutischen Sprechstunde betrachten müssen. Ich denke, dadurch wird nun auch dem Letzten klar, was an dieser Statistik problematisch ist.

Mit anderen Worten: Der vdek tut hier etwas, das meiner Meinung nach zumindest den Verdacht nahelegt, dass hier die gewünschte Schlussfolgerung zum Herausgreifen bestimmter Zeitpunkte führte und so die Statistik formte – und nicht umgekehrt. Zumindest die Tatsache, dass zu den vielen anderen möglichen Beobachtungsintervallen keine Daten genannt werden, wirft die Frage auf, ob diese Daten bewusst oder doch aus Unachtsamkeit nicht genannt wurden. In jedem Fall wurde hier nicht im wissenschaftlichen Sinne sorgfältig agiert. Ob dies aus Absicht, aus mangelnder statistischer bzw. wissenschaftlicher Kompetenz der Beteiligten oder aus deren Unkenntnis bzgl. der alltäglichen Prozesse in einer psychotherapeutischen Praxis herrührt, vermag ich derweil nicht zu beurteilen.

Wir können uns also darauf einigen: Die Wartezeiten sind entsetzlich lang – zu lang, Punkt. Dieser Umstand begünstigt, wie sich jeder vorstellen kann, nicht nur eine Chronifizierung der psychischen Problematik, sondern auch lange Arbeitsunfähigkeitszeiten. Nicht selten kommt es nach meiner Erfahrung vor, dass die 72 Monate, in denen Arbeitnehmer Krankengeld erhalten, schon fast um sind, wenn sie eine Therapie beginnen. Was dann leider zu oft folgt, ist nicht selten ein sozialer Abstieg und ein Sich-Verlieren im Dschungel des deutschen Sozialsystems: ALG I beantragen, nach spätestens 12 (bzw. bei Menschen über 50 nach 24) Monaten die Aussteuerung, damit einhergehend die Aufforderung der Agentur für Arbeit dazu, Erwerbsminderungsrente zu beantragen. Was oft folgt, ist ein Abrutschen in das Bürgergeld (früher Hartz IV) und eine nahezu endlose, kräftezehrende und meist entmutigende Auseinandersetzung mit der Deutschen Rentenversicherung, an deren Ende nicht selten nach langjährigen Widerspruchsverfahren die endgültige Ablehnung der Erwerbsminderungsrente steht. In der Zwischenzeit hat sich beim Patienten die Symptomatik chronifiziert und ist um eine verschlimmernde Komponente ergänzt worden: Ohnmacht und Hilflosigkeit, nicht selten gepaart mit einem erheblichen Groll auf den Sozialstaat. Eine gute Untersuchung dazu, wie sich psychische Erkrankungen u. a. auf Arbeitsfähigkeit und berufliche Wiedereingliederung auswirken, legten z. B. Angerer und Wege (2013) vor. All das könnte wahrscheinlich in vielen Fällen verhindert werden, wenn eine Psychotherapie schneller beginnen könnte. Doch warum genau kommt es zu diesen exorbitant langen Wartezeiten?

Um ein Missverständnis diesbezüglich einmal direkt auszuräumen: Nein, diese langen Wartezeiten haben *nichts* mit einem gerüchteweise vorhandenen Anstieg von psychischen Erkrankungen per se zu tun, wenngleich, wie Sie aus ▶ Kap. 1 erinnern, psychische Störungen weitaus häufiger sind, als man denken würde. Der Mythos der Zunahme psychischer Erkrankungen hält sich hartnäckig, ist aber nicht mit den vorhandenen epidemiologischen Daten (d. h. den in aufwändigen Studien ermittelten Zahlen zur Häufigkeit diverser Erkrankungen in der Bevölkerung) vereinbar, die kaum einen Anstieg über die Jahre und Jahrzehnte zeigen. Vielmehr ist jener scheinbare Anstieg, wie sowohl Richter (2020) als auch Meschede et al. (2020) referieren, ein Trugschluss, der gerne fälschlicherweise daraus gezogen wird, dass es (tatsächlich und nachweislich) einen deutlichen Anstieg des *Inanspruchnahmeverhaltens* von Psychiatern und Psychotherapeuten sowie der Krankschreibungen (und somit Fehlzeiten) und Rentenbegehren aufgrund psychischer Diagnosen gibt. Übersetzt bedeutet das: Psychische Erkrankungen sind nicht häufiger geworden, aber sie werden häufiger diagnostiziert und behandelt (was erfreulich ist), zur Rechtfertigung von Krankschreibungen verwendet und zur Begründung von Anträgen auf Erwerbsminderungsrente herangezogen. Was die Krux mit den Krankschreibungen und den Rentenanträgen ist, habe ich in ▶ Kap. 4 ja bereits hinsichtlich der Probleme mit der Veränderungsmotivation beschrieben. Und so sehr ich es natürlich begrüße, dass im medizinischen, d. h. vor allem im hausärztlichen Bereich, eine deutlich größere Sensibilität für psychische Erkrankungen als früher existiert und diese insgesamt ernster genommen werden, so sehr finde ich es problematisch, dass psychische Diagnosen meiner Erfahrung nach leider inzwischen inflationär gestellt werden, wenn in Wahrheit entweder eigentlich gar keine oder eine viel leichtere Störung vorliegt, als es z. B. die Diagnose auf der Krankschreibung aussagt.

Becker und Abholz (2005) beschreiben am Beispiel der Depression als eine mögliche Ursache dessen, dass Hausärzte diese einerseits oft übersehen, aber eben auch in 12 % der Fälle eine falsch-positive Diagnose stellen (heißt: Hausarzt sagt, Patient sei depressiv, was aber nach genauer Prüfung der Kriterien gar nicht stimmt). Die Vermutung liegt außerdem nahe, dass die eigentlich nicht gerechtfertigten Diagnosen aus einer grundsätzlich wohlwollenden Haltung dem Patienten gegenüber resultieren, dem man ja gerne helfen möchte, z. B. indem man ihn für längere Zeit erst mal aus der Arbeit »rausnimmt« oder durch die schwerere Diagnose den Rentenantrag besser unterfüttert. Bei allem guten Willen diesbezüglich ist diese Praxis jedoch aus meiner Sicht problematisch, weil sie erstens langfristig zu einer Entwertung der *wirklich* ernsthaft erkrankten Patienten führt und zweitens das Sozialsystem dadurch unnötig belastet wird – z.B. durch ungerechtfertigte Rentenanträge (für deren Bearbeitung Personal und Zeit benötigt wird) oder durch Krankengeldzahlungen, die eher auf Wohlwollen gegenüber dem Patienten als auf real vorhandener Arbeitsunfähigkeit beruhen. Beides ist meiner Meinung nach zwar menschlich überaus nachvollziehbar, aber eben unfair gegenüber der Gesamtheit an Menschen, die in die Sozialkassen einzahlen – und führt darüber hinaus bei den Institutionen (Krankenkassen, Rentenversicherung etc.) zu einer verständlichen Skepsis gegenüber Anträgen, die auf psychischen Diagnosen beruhen. Diese Skepsis wird dann leider auch auf Anträge von Menschen angewendet, bei denen *wirklich* eine stark beeinträchtigende psychische Problematik vorliegt. Und um diese Menschen tut es mir leid, denn sie zahlen am Ende die Zeche für jene Praxis im Umgang mit psychischen Diagnosen. Ich werde noch in diesem Kapitel ein weiteres Mal auf das Thema »Diagnosen« zu sprechen kommen, aber jetzt kehren wir erst einmal zurück zu der aktuellen Fragestellung: Woher kommen diese langen Wartezeiten bei Psychotherapeuten?

Tatsächlich wurde mir beim Schreiben dieses Kapitels und den intensiven Recherchen hierzu erst so richtig bewusst, um was für ein heißes Pflaster es sich hierbei handelt und mit welcher Emotionalität sich die verschiedenen Positionen gegenüberstehen. Im Kern gibt es da zum einen die (meist von den Psychotherapeuten sowie teils von Patientenvertretern angeführte) Position, die den Grund für die schlechte Versorgungslage in der zu geringen Zahl von Kassenzulassungen für Psychotherapeuten verortet, damit im Großen und Ganzen »der Politik« die Schuld gibt und daher, vereinfacht gesagt, fordert, dass mehr Psychotherapeuten sich niederlassen dürfen (mehr dazu, was das bedeutet, im weiteren Verlauf des Kapitels). Die andere Position, meist von den Krankenkassen (als der Instanz, die maßgeblich die Kosten trägt) und auch oft von gesundheitspolitischer Seite vertreten, schiebt den schwarzen Peter gern den Psychotherapeuten selbst zu und folgt der Argumentation: »Ihr Psychotherapeuten arbeitet zu wenig, behandelt die falschen Patienten und das auch noch viel zu lange. Wenn ihr alle mal euren Versorgungsauftrag ausführen würdet, hätten wir auch eine bessere Versorgungslage.« Um nun Licht ins Dunkel zu bringen und diese beiden Positionen näher zu beleuchten, müssen wir leider etwas ins Detail gehen, was die Gesundheitsversorgung in Deutschland angeht, und ich muss wieder einmal ein paar sperrige Begriffe erläutern. Dennoch bin ich zuversichtlich, dass Sie nach dem Lesen dieses Kapitels ein einigermaßen vollständiges Bild der Problematik haben und meine differenzierte Haltung dazu nachvollziehen können. Fangen wir also an.

Die Perle des deutschen Gesundheitssystems: Die Bedarfsplanung

Um zu verstehen, warum die Versorgungslage so ist, wie sie ist, muss man sich zunächst bewusst machen, wie in Deutschland festgelegt wird, wie viele psychotherapeutische Praxen es in welchem Umkreis geben darf. Denn wie schon in ▶ Kap. 2 zu den verschiedenen Heilberufen beschrieben, kann man sich als Psychotherapeut in Deutschland nicht *einfach so* niederlassen, d. h. eine Praxis eröffnen und mit den gesetzlichen Krankenkassen abrechnen. Das wäre sowohl schrecklich unbürokratisch als auch fürchterlich undeutsch. Sich frei niederlassen kann man im Allgemeinen nur, wenn man eine reine Privatpraxis führt und nur Privatpatienten und Selbstzahler behandelt. In dem Fall handelt es sich quasi um einen freien Markt. Das in Deutschland etablierte System der sogenannten *Bedarfsplanung* erinnert derweil eher an das Prinzip Planwirtschaft, was bedeutet, dass gesetzlich reguliert wird, wie viele Psychotherapeuten sich in einem bestimmten *Planungsbereich* niederlassen und zulasten der gesetzlichen Krankenkassen Patienten behandeln dürfen. Sinngemäß basiert die Bedarfsplanung somit auf einer Annahme darüber, auf welche Zahl von Einwohnern jeweils ein Psychotherapeut kommen soll, was analog übrigens genauso für alle anderen akademischen Heilberufe geschieht und nach Facharztbereich untergliedert wird. Es gibt somit z. B. auch detaillierte Annahmen darüber, pro wie vielen Einwohnern es je einen Zahnarzt, Gastroenterologen, Gynäkologen, Kinderarzt oder HNO-Arzt geben soll.

Das Problem mit der Bedarfsplanung liegt maßgeblich darin, dass sie in den frühen 1990er Jahren letztlich vor allem deswegen eingeführt wurde, um eine drohende *Über*versorgung mit Ärzten zu verhindern. Hierzu wurde damals einfach zu einem bestimmten Stichtag (in den alten Bundesländern war dies der 31.12.1990) die sogenannte *Verhältniszahl* ermittelt, d. h. die Einwohnerzahl, pro derer es jeweils einen Arzt einer bestimmten Fachrichtung geben soll. Bei Psychotherapeuten lag dieser Stichtag, da das Psychotherapeutengesetz ja erst 1999 in Kraft trat und ab da die Niederlassung von nicht-ärztlichen Psychotherapeuten regelte, natürlich später, nämlich am 01.01.1999. Beschrieben wird dieses Vorgehen sehr ausführlich in der sogenannten *Bedarfsplanungs-Richtlinie.* Diese wird wie auch die Psychotherapie-Richtlinie vom schon bekannten G-BA herausgegeben, weil dieser durch das SGB V damit beauftragt ist, einen deutschlandweit gültigen Planungsrahmen für die Gesundheitsversorgung gesetzlich versicherter Menschen zu erstellen. Diese im Volksmund eher unbekannte Institution ist es übrigens auch, die den sogenannten *Leistungskatalog* der gesetzlichen Krankenkassen bestimmt, also festlegt, welche Leistungen die gesetzlichen Krankenkassen übernehmen und welche nicht. Wenn Sie sich also in Zukunft darüber beschweren wollen, warum z.B. manche Formen der Pränataldiagnostik oder Krebsprophylaxe von der Krankenlasse übernommen werden, während Sie andere selbst bezahlen müssen: Der G-BA ist die richtige Adresse für Ihre Beschwerde.

Der G-BA wiederum ist, vereinfacht gesagt, ein Beschlussgremium, das aus 4 großen Selbstverwaltungsorganisationen im deutschen Gesundheitswesen gebildet wird. Das sind die Kassenärztliche Bundesvereinigung (KBV), die Kassenzahnärztliche Bundesvereinigung, die Deutsche Krankenhausgesellschaft und der Spitzenverband Bund der Krankenkassen, auch genannt GKV-Spitzenverband. Mit anderen Worten: Teil dieses Gremiums sind Vertreter der Leistungserbringer (Ärzte, Zahnärzte, Krankenhäuser) und der Krankenkassen, mit denen die Leistungserbringer abrechnen. Nicht mit am Tisch sitzen derweil Patientenvertreter, was man aus meiner Sicht durchaus kritisieren kann. Zwar haben Patientenvertreter gesetzlich geregelte Antrags- und Beratungsrechte – ein Stimmrecht im Gremium haben sie jedoch nicht (G-BA, o.D.). Möglicherweise sähen sowohl Leistungskatalog als auch Bedarfsplanung etwas anders aus, wenn dem so wäre, aber darüber kann ich natürlich nur mutmaßen.

Zurück zur Bedarfsplanungs-Richtlinie: Da die Psychotherapeuten der allgemeinen fachärztlichen Versorgung zugerechnet werden, finden sich die Verhältniszahlen für Psychotherapeuten dort unter § 12, zusammen mit z.B. Augenärzten und Urologen. Um es noch komplizierter zu machen, wird die jeweilige Verhältniszahl nach Art der Versorgungslage differenziert. Wenn die Bedarfsplanungs-Richtlinie also so schöne Begriffe wie »mitversorgt«, »stark mitversorgend« oder »eigenversorgt« verwendet, ist damit einfach gemeint, wie sehr ein Gebiet, z.B. eine ländliche Region im Herzen Schleswig-Holsteins, durch angrenzende, städtische und somit typischerweise besser versorgte Gebiete (z.B. die Städte Rendsburg und Schleswig) medizinisch mitversorgt wird. Vereinfacht gesagt meint dies, ob man davon ausgeht, dass die ländlich wohnenden Menschen ohnehin in eine der Städte zum Arzt fahren oder ob sie gerne wohnortnah zum Arzt gehen möchten (was übrigens nicht heißen soll, dass Menschen, die auf dem Dorf wohnen, einen im Dorf ansässigen Arzt zu Fuß aufsuchen würden – Menschen auf dem Land lieben das Auto). Die aktuelle Bedarfsplanungs-Richtlinie listet nun unter § 12, je nach Ausmaß dieser »Mitversorgung«, für Psychotherapeuten Verhältniszahlen zwischen 3173 und 6078, was im besten Fall bedeutet, dass auf rund 3000 Einwohner ein Psychotherapeut kommt, oder im schlechtesten Fall, dass auf die doppelte Zahl an Einwohnern je ein Psychotherapeut sich niederlassen darf. Die Zahlen für Psychotherapeuten sind dabei sehr ähnlich wie die für Gynäkologen und gehören in der allgemeinen fachärztlichen Versorgung zu den pro Einwohner recht häufig vertretenen Fachrichtungen. Zum Vergleich: Bei Augenärzten rangiert die Verhältniszahl z. B. zwischen ca. 12.500 und 23.000, d. h. pro einer gewissen Einwohnerzahl »braucht es« laut Bedarfsplanung rund 4-mal mehr Psychotherapeuten als Augenärzte. Diese Zahlen sind auf dem Stand des Jahres 2022.

Oft hört man, vor allem auf der Seite der Psychotherapeuten und der Patienten, den Vorwurf, die Verhältniszahlen seien seit 1990 nie angepasst worden. Das stimmt so nicht, wenngleich es richtig ist, dass zum 01.01.1999 geschaut wurde, wie viele Psychotherapeuten zu diesem Datum in einem bestimmten Gebiet niedergelassen waren und diese Zahl mit einer Versorgung von 100 % gleichgesetzt wurde. Das ist insofern ziemlich problematisch, als das Psychotherapeutengesetz am selben Tag, also am 01.01.1999, ja erst in Kraft trat und somit nur diejenigen Psychotherapeuten gezählt werden konnten, die vorher schon, z. B. im Rahmen des sogenannten Delegationsverfahrens (erinnern Sie sich an ▶ Kap. 4) eine Praxis betrieben hatten. Das bedeutet, es wurde, *bevor* überhaupt jemand nach dem neuen Psychotherapeutengesetz eine geregelte Ausbildung zum Psychotherapeuten machen konnte, festgelegt, dass die bei Inkrafttreten des Gesetzes festgestellte Anzahl an Psychotherapeuten in einem bestimmten Gebiet die Zahl ist, die diese Region benötigt. Ich denke, es wird deutlich, warum dieses Vorgehen so seine logischen Tücken hatte.

Aber, und das ist wichtig: Die heutigen Verhältniszahlen sind eben nicht die, die am 01.01.1999 festgelegt wurden, sondern es haben viele Anpassungen und Ausdifferenzierungen stattgefunden. Allerdings benötigt man angesichts der nicht gerade verständlichen Sprache und Struktur der Bedarfsplanungs-Richtlinie Durchhaltevermögen und Motivation, um zu verstehen, wie diese Zahlen inzwischen modifiziert wurden. In besonders großem Umfang geschah das 2019 im Rahmen einer Reform der Bedarfsplanung, die für Psychotherapeuten besonders relevant war. 2017 hatte der G-BA ein wissenschaftliches Gutachten zur Weiterentwicklung der Bedarfsplanung in Auftrag gegeben, welches 2018 veröffentlicht wurde (Sundmacher et al., 2018). Wie die KBV in einer Broschüre (KBV, 2019) hierzu erläutert, wurden viele Empfehlungen aus diesem Gutachten umgesetzt. Für Psychotherapeuten bedeutete dies, dass die Verhältniszahlen gegenüber dem vorherigen Niveau um 9 % abgesenkt wurden, was erst einmal schlecht klingt, aber letztlich *zugunsten* der Versorgungsverbesserung ist, da dies bedeutet, dass auf einen Psychotherapeuten 9 % *weniger* Einwohner kommen, ergo es dadurch *mehr* niedergelassene Psychotherapeuten pro Einwohnerzahl geben darf. Begründet wurde diese

Anpassung übrigens laut KBV damit, dass man dies (man höre und staune) »aufgrund der höheren Inanspruchnahme seitens der Patienten, einhergehend mit vergleichsweise langen Wartezeiten als notwendig erachtet« habe (KBV, 2019, S. 6). Wichtig: In den oben genannten Verhältniszahlen ist diese Verbesserung bereits enthalten, muss also nicht mehr abgezogen werden. Diese veränderte Bedarfsplanung führte 2019 tatsächlich zur Ausschreibung von rund 800 vorher nicht existierenden Versorgungsaufträgen bzw. »Kassensitzen«, auf die Psychotherapeuten sich bewerben konnten. Auch ich kenne persönlich Kollegen, die auf diese Weise eine Kassenzulassung ergattern konnten. Was dies im Endeffekt gebracht hat, dem widmen wir uns im weiteren Verlauf dieses Kapitels noch. Fakt ist aber, dass man »der Politik« tatsächlich nicht vorwerfen kann, *gar nichts* getan zu haben, was in die richtige Richtung geht – wenngleich man hinzufügen muss, dass es wirklich lange gedauert hat und es fraglich ist, ob dies ausreicht.

Eine weitere Neuerung im Zuge der Reform von 2019 ist übrigens die Einführung des sogenannten *Morbiditätsfaktors.* Hierbei handelt es sich nicht um ein Beurteilungskriterium für Gothic-Bands, sondern schlichtweg um die Berücksichtigung und Anerkennung der Tatsache, dass Menschen nicht in allen Regionen Deutschlands gleichermaßen krank sind, sondern es Regionen mit über- und unterdurchschnittlich viel »Krankheitsanhäufung« gibt – was stark mit dem Durchschnittsalter der dort lebenden Bevölkerung korreliert. Regionen mit einem höheren Morbiditätsfaktor können mehr Ärzte pro Einwohnerzahl zugesprochen werden, und wenn bekannt ist, dass die lokale Bevölkerung aus demographischen Gründen immer »kränker« wird, sieht die Bedarfsplanungs-Richtlinie vor, dass z. B. die Zahl der Hausärzte pro Einwohner Jahr für Jahr zunehmen darf. »Gesünderen« Regionen werden dem gegenüber weniger Ärzte zugesprochen – allerdings ohne dass sie als Ausgleich eine Medaille für ihr »Gesundbleiben« erhalten.

Ein weiterer, 2012 eingeführter Flexibilisierungsaspekt ist übrigens der, dass die Verhältniszahlen des G-BA zwar bundesweit gelten, aber nicht bundesweit *verbindlich* sind. Stattdessen kann die Landespolitik des jeweiligen Bundeslands hiervon abweichen und der Versorgungssituation in der jeweiligen Region Rechnung tragen. Während also der G-BA den bundeseinheitlichen Rahmen vorgibt, werden die letztlich geltenden *Bedarfspläne* auf Landesebene erstellt, woran die jeweiligen Kassenärztlichen Vereinigungen maßgeblich beteiligt sind.

Man kann also festhalten, dass die Bedarfsplanung, so bürokratisch und sperrig sie ist, es geschafft hat, flexibler zu werden und im Zuge der letzten Reform 2019 auch ein gewisser Mehrbedarf an Psychotherapeuten erkannt und umgesetzt wurde. Doch warum sind die Wartezeiten im Alltag sowohl der

Psychotherapeuten als auch der Hilfe suchenden Patienten immer noch so lang? Liegt es vielleicht daran, dass Psychotherapeuten einfach zu faul sind und zu wenig arbeiten?

Der Faulheits-Vorwurf: Machen Psychotherapeuten ihre Arbeit nicht?

In einem Editorial-Beitrag für eine Ausgabe des Ärzteblatts (Bühring, 2022) wird sehr deutlich, wie emotional aufgeladen die Lage zwischen der Psychotherapeutenschaft und »der Gegenseite«, z. B. vertreten durch den G-BA oder das Bundesgesundheitsministerium, ist. So greift Bühring die Pressesprecherin des G-BA, Ann Marini, recht frontal an, indem sie schreibt: »Weiß die Pressesprecherin des höchsten Gremiums der gemeinsamen Selbstverwaltung im deutschen Gesundheitswesen nicht Bescheid über die Arbeit von Psychotherapeuten? Oder will sie bewusst das Ansehen der Therapeuten in der Öffentlichkeit schädigen, wie 2013 der G-BA-Vorsitzende?« (S. 289). Jener G-BA-Vorsitzende Prof. Josef Hecken hatte laut Aussage des SPIEGEL im Jahr 2013 auf einer öffentlichen Sitzung des GKV-Spitzenverbands gesagt, »man benötige nicht für jeden Bürger einen Psychotherapeuten, eine Flasche Bier tue es manchmal auch« (Ballwieser & Teevs, 2013). Tatsächlich hätte ich eine solche Äußerung auch eher auf einem Stammtisch oder in einem Bierzelt erwartet, jedoch hat Herr Hecken sich laut dem besagten SPIEGEL-Artikel im Anschluss für seine Äußerungen entschuldigt. Doch was hat Ann Marini gesagt, das die psychotherapeutischen Gemüter so erhitzt hat? Bühring bezieht sich auf ein Interview aus dem Juni 2022, das die Journalistin Haluka Maier-Borst von rbb24 kurz zuvor mit Marini geführt hatte. Dort macht Marini folgende Aussagen:

> »Es gibt auch Dinge, die die Bedarfsplanung nicht beeinflussen kann, beispielsweise die Praxisöffnungszeiten. Für einen ganzen Arzt- oder Therapeutensitz muss die Praxis mindestens 25 Stunden in der Woche geöffnet sein. Ein normaler Arbeitnehmer wird aber in der Regel 37 bis 40 Stunden in der Woche arbeiten. Selbst wenn man also bedenkt, dass neben der Praxiszeit noch Verwaltung, das Schreiben von Gutachten und ähnliches anfallen oder Therapeut:innen teils sehr schwere Fälle behandeln, wirkt es auf mich, dass zu kurze Praxisöffnungszeiten Teil des Problems sind. Von Krankenkassen hört man außerdem immer wieder, dass es Therapeut:innen gibt, die einen ganzen Kassensitz haben, den [sie] nicht voll ausnutzen. Die machen nebenbei noch Beratung und Coaching. Und das ist für die individuelle Lebensplanung vollkommen in Ordnung – für die Versorgung ist das aber ein Problem.«

Hat Marini Recht?

Arbeiten Psychotherapeuten zu wenige Stunden am Patienten? Von Versorgungsaufträgen, Budgetierung und festgelegten Minimalverpflichtungen

Um diese Frage zu beantworten, muss ich – Sie haben es sich gedacht – erst mal wieder ein paar Dinge erklären. Zunächst ist wichtig, dass Sie verstehen, was Marini mit einem »ganzen Arzt- oder Therapeutensitz« meint. Gemeint ist hiermit der sogenannte Kassensitz, was im Wesentlichen gleichbedeutend mit »Kassenzulassung« und »Versorgungsauftrag« ist. Wie schon in ▶ Kap. 2 ansatzweise beschrieben, ist hiermit zweierlei gemeint: erstens die *Befähigung*, psychotherapeutische (oder bei Ärzten ärztliche) Leistungen mit den gesetzlichen Krankenkassen abzurechnen, und zweitens die *Verpflichtung*, seinem Versorgungsauftrag nachzukommen, also an der psychotherapeutischen oder ärztlichen Versorgung mitzuwirken, und zwar in angemessener Weise. Mit anderen Worten: Der Psychotherapeut oder Arzt bekommt durch diesen Vertrag finanzielle Sicherheit, verpflichtet sich aber gleichzeitig, auch real Patienten zu versorgen. Sowohl als Psychotherapeut als auch als Arzt kann man von der jeweiligen Kassenärztlichen Vereinigung einen ganzen oder einen halben (teilweise sogar einen viertelteiligen) Versorgungsauftrag erhalten (im üblichen Jargon als ganzer oder halber »Sitz« bezeichnet), was mit einer unterschiedlich großen Verpflichtung dahingehend einhergeht, Patienten zu behandeln.

Ein Versorgungsauftrag geht allerdings auch oft mit einer sogenannten *Budgetierung* einher. Diese bedeutet vereinfacht gesagt, dass ein Arzt oder Psychotherapeut mit einem (halben oder ganzen) Versorgungsauftrag bzgl. seines Umsatzes gedeckelt wird. D.h., von der jeweiligen Kassenärztlichen Vereinigung wird für den jeweiligen Psychotherapeuten oder Arzt eine Obergrenze festgesetzt, was ein weiterer Aspekt des in der Gesundheitsversorgung häufig anzutreffenden Prinzips »Planwirtschaft« ist. Diese Grenze liegt bei einem vollen Versorgungsauftrag logischerweise in etwa bei dem Doppelten des Betrags, der für einen halben Versorgungsauftrag gilt. Wenn diese Grenze überschritten wird, erhält man als Arzt oder Psychotherapeut nur noch einen Bruchteil (in der Regel deutlich unter 50%) derjenigen Vergütung, die einem eigentlich zustünde. Das ist übrigens auch der Grund, warum manche Arztpraxen in den letzten Wochen eines Quartals einerseits »knauseriger« mit bestimmten Verordnungen werden (denn die gehen zulasten des Budgets) und andererseits nicht selten in diesen Wochen Ende

März, Ende Juni, Ende September und Ende Dezember Urlaub machen – weil sich das Arbeiten schlichtweg nicht mehr lohnt. Und auch bei den Protesten und Streiks der Vertragsärzte, über die vor allem um den Jahreswechsel 2023/2024 medial recht viel berichtet wurde, stellt die Budgetierung und der daraus resultierende finanzielle Druck auf die Praxen (von den problematischen Anreizen, die dieses System setzt, wie der Bevorzugung von privatversicherten Patienten, einmal ganz abgesehen) den wesentlichen Kritikpunkt dar. Zumindest für Hausärzte, so der Plan von Gesundheitsminister Karl Lauterbach, *soll* die Budgetierung nun jedoch aufgehoben werden (Geinitz, 2024). Wir dürfen also gespannt sein.

Bei Psychotherapeuten gibt es hinsichtlich der Budgetierung wichtige Unterschiede, je nachdem, in welchem Bundesland man seine Praxis hat. In NRW z.B., wo ich herkomme, studiert habe und für kurze Zeit als Psychotherapeut eine Privatpraxis hatte, gilt die besagte Obergrenze für *alle* Leistungen, die man als Psychotherapeut erbringt. Das bedeutet, dass das durch die Praxistätigkeit erzielbare Einkommen (Privatversicherte nicht mitgezählt, die sind von der Budgetierung nie betroffen) *real* nach oben gedeckelt ist, weil der Umsatz mit gesetzlich Versicherten z.B. auf 30.000 € pro Quartal gedeckelt ist. Man erhält also für alles, was darüber hinaus geht, z.B. nur noch 30 % der Vergütung (in der Regel auf jeden Fall deutlich unter 50 %), was sich de facto nicht lohnt. In anderen Bundesländern, z.B. in Schleswig-Holstein, das ich daher gerne als »Eldorado« für Psychotherapeuten bezeichne, ist es ganz anders: Hier gilt eine Budgetierung nur für wenige, eher gering vergütete »Nebenleistungen«, die vielleicht 5–15 % des gesamten Quartalsumsatzes ausmachen, z.B. die Durchführung von Fragebögen und die Biographische Anamnese. Nicht budgetiert – und darauf kommt es an – sind derweil die Behandlungsstunden am Patienten selbst (egal ob Richtlinientherapie, Akutbehandlung, Psychotherapeutische Sprechstunde oder probatorische Sitzung) – mit Ausnahme der »Psychotherapeutischen Gespräche«, die zu den budgetierten Leistungen gehören. In der Praxis bedeutet dies, dass es unter diesen Bedingungen quasi irrelevant ist, ob man einen ganzen oder halben Versorgungsauftrag hat, weil man so oder so weitgehend »open end« so viele Behandlungsstunden durchführen darf, wie man möchte. Dass hiervon zumindest im Gebiet der KV Schleswig-Holstein, der ich angehöre, nicht unbedingt alle Kollegen Gebrauch machen, zeigt mir jedes Quartal meine Quartalsabrechnung, in der es eine interessante Graphik gibt, die für jeden Tag des Quartals zeigt, wie viele Minuten man selbst gearbeitet hat, und im Vergleich dazu, wie viele Minuten im Durchschnitt andere Vertreter derselben Arztgruppe, also Psychotherapeuten (Sie wissen ja, Psychotherapeuten gelten mal als Ärzte und mal nicht), gearbeitet haben. Das Ergebnis: Fast immer liegt Dr.

Christian Rupp deutlich über seinen Kollegen. Dabei arbeite ich mich tatsächlich nicht »tot«. Ich habe pro Woche ca. 31 Behandlungsstunden, davon im Schnitt nur eine mit einem Privatversicherten, also 30 zulasten der gesetzlichen Krankenkassen. Davon sind pro Woche meist 4 Stunden Psychotherapeutische Sprechstunde und 6 Stunden Gruppentherapie. Der Rest sind jede Woche rund 20 Stunden Einzeltherapie. Sind 30 Stunden nun viel oder wenig? Schauen wir mal, was die Vorschriften sind.

Mit der letzten größeren Reform der Psychotherapie-Richtlinie im Jahr 2017 wurde für Psychotherapeuten erstmals festgeschrieben, wie viele Stunden ein Psychotherapeut mit einem ganzen bzw. einem halben Versorgungsauftrag pro Woche *mindestens* aktiv mit Patientenbehandlungen zubringen muss – nämlich 25 Stunden bei einem ganzen und 12,5 bei einem halben Versorgungsauftrag. Aus mir unerklärlichen Gründen treffe ich, gerade bei älteren Kollegen, häufig noch auf das Missverständnis, man müsse 25 Stunden pro Woche *Psychotherapeutische Sprechstunde* anbieten. Dem ist nicht so, obwohl es auch für die Psychotherapeutische Sprechstunde ein Minimum gibt: Die letzte mir bekannte Zahl lautet 100 Minuten bei einem vollen und 50 Minuten bei einem halben Versorgungsauftrag (pro Woche). Übrigens: 2017 wurde ebenfalls geregelt, dass Psychotherapeuten, die bis heute nur in Ausnahmefällen (ich bin ein solcher) Praxispersonal beschäftigen, das Telefonate annimmt, mindestens 200 Minuten bei einem vollen und 100 Minuten bei einem halben Versorgungsauftrag telefonisch erreichbar sein und hierzu der zuständigen KV feste Zeiten nennen müssen. Diese Aufgabe kann natürlich an Praxismitarbeitende delegiert werden.

Marini macht hier in ihrer Äußerung aus meiner Sicht einen Fehler, indem sie suggeriert, dass die Mindestzahl an Behandlungsstunden nicht an das Pensum eines voll arbeitenden Arbeitnehmers herankommt. Zum einen finde ich, dass sie als Person, die das tägliche Geschehen in einer psychotherapeutischen Praxis gar nicht von innen kennt, sich mit solchen Aussagen zurückhalten sollte. Zum anderen unterschätzt sie aus persönlicher Erfahrung die Zeit, die für Dinge jenseits der Patientenbehandlungen »drauf geht«. Ich z.B. bin im Schnitt 46 Stunden pro Woche in meiner Praxis, wovon vielleicht 3 Stunden, auf die Woche betrachtet, real Pause sind, in denen ich tatsächlich nichts Praxisbezogenes tue. Das bedeutet, dass ich rund ein Drittel meiner Zeit mit Dingen jenseits der Patientenbehandlungen selbst zu tun habe – und das, obwohl ich zwei Praxismitarbeiter beschäftige, an die ich einiges wie die Betreuung des Telefons delegieren kann. Was das alles ist und wie ein Alltag in meiner Praxis aussieht, werde ich in ▶ Kap. 6 noch näher beschreiben. Aber so viel sei schon einmal gesagt: Wer mit einem vollen Versorgungsauftrag »nur«

25 Stunden am Patienten arbeitet, liegt beim Gesamtpensum aus meiner Sicht locker bei dem einer Vollzeitstelle.

Diese Erfahrung wird auch durch die umfangreiche Datenerhebung des Zi-Praxis-Panels aus dem Jahr 2021 gestützt. Die Datengrundlage des Zi-Praxis-Panels bilden die Angaben von 4247 Praxen sämtlicher Fachrichtungen, was einem Anteil von 4,4 % an der Gesamtheit aller Praxen in ganz Deutschland entspricht. Dass es sich um ein Panel handelt, bedeutet, dass im Wesentlichen dieselben Praxen über Jahre hinweg immer wieder befragt werden, insbesondere zu ihrer wirtschaftlichen Lage. Mit fast 1000 befragten Praxen waren Psychotherapeuten dabei recht gut vertreten. Im Zi-Praxis-Panel findet sich auf S. 34 (Tabelle 10) eine detaillierte Auswertung dazu, wie viele Stunden Psychotherapeuten tatsächlich am Patienten arbeiten (22,8) und wie viele Stunden sie jenseits der direkten Patientenkontakte arbeiten (4,9). Jetzt könnte man vorschnell sagen, dass Marini recht hat, weil die Arbeit am Patienten unterhalb der Mindestzahl von 25 Stunden liegt. Dabei darf man aber nicht vergessen, dass die Zahlen des Zi-Praxis-Panels *nicht* zwischen Praxen mit vollem und ganzem Versorgungsauftrag differenzieren. Dieser Aspekt ist aber extrem wichtig, da ein Großteil der Psychotherapeuten inzwischen nur noch über halbe Versorgungsaufträge verfügt, seitdem es mit Inkrafttreten des *Gesetzes zur Weiterentwicklung der Organisationsstrukturen in der gesetzlichen Krankenversicherung* (GKV-OrgWG) im Jahr 2009 erlaubt ist, seine Praxistätigkeit auf die eines halben Versorgungsauftrags zu reduzieren und z. B. als Inhaber eines vollen Kassensitzes einen halben Kassensitz abzugeben (natürlich nicht gratis, wie sich versteht – auch hier handelt es sich dann formal um den Verkauf einer »halben Praxis«). Laut aktuellen Daten der in ▶ Kap. 2 bereits angeführten Quelle (KBV, 2022, S. 31, Tabelle 8) zum Stichtag 31.12.2022 verfügen in Deutschland rund 64 % der PP und ca. 60 % der KJP nur über einen halben Kassensitz, Tendenz im Vergleich mit dem Vorjahr steigend. Dies ist also eher die Regel als die Ausnahme. Wenn wir einmal konservativ schätzen und vereinfacht davon ausgehen, dass in der Stichprobe des Zi-Praxis-Panels 50 % der befragten Praxen einen halben Versorgungsauftrag haben, wäre (als arithmetisches Mittel aus der jeweiligen Minimalzahl von 25 bzw. 12,5 Stunden) 18,75 Stunden die Zahl, bei der man für die befragte Stichprobe sagen könnte, dass sie ihr Soll *erfüllt*. Damit ist die Zahl der 22,8 Stunden direkt am Patienten eher so zu verstehen, dass die Mindestzahl an Stunden deutlich *überschritten* wird. Aber, und das muss man korrekterweise auch erwähnen: Jene Tabelle 10 des Zi-Praxis-Panels zeigt *auch*, dass die oft gehörte Aussage, dass Psychotherapeuten weniger Stunden arbeiten als ihre ärztlichen Kollegen, faktisch *richtig* ist. So liegt die Zeit der Arbeit direkt am Patienten sowohl im hausärztlichen als auch im internistischen und neurologisch-psychiatrischen Bereich rund 10 Stunden höher als bei den Psychotherapeuten, während die Arbeit jenseits der direkten Patientenkontakte in diesen Arztgruppen nur moderat höher ausfällt als bei den Psychotherapeuten. Woran das liegt, darauf werde ich zu Beginn von ▶ Kap. 6 eingehen. Für den Moment halten wir zunächst fest, dass dies der Fall ist.

Eine wichtige Einschränkung dieser Daten des Zi-Praxis-Panels ist allerdings folgende: Die Daten basieren auf dem, was die befragten Ärzte und Psychotherapeuten *selbst berichtet* haben. In der Forschung spricht man daher von *Selbstberichtsdaten*, was meistens tendenziell abfällig gemeint ist, weil sie wenig objektiv sind. Natürlich sind wir alle von Grund auf ehrliche Menschen, wie sich von selbst versteht, nicht wahr? Gleichzeitig können wir uns, wenn von unserer Antwort abhängt, ob die Gruppe, zu der wir gehören, öffentlich als »faul« gebrandmarkt und vielleicht einem Shitstorm unterzogen wird oder nicht, vielleicht nicht immer ganz davon frei machen, in eine Richtung zu antworten, die dieser Brandmarkung entgegenwirkt. Daher wäre es doch super, wenn es *objektive* Daten dazu gäbe, wie sehr Psychotherapeuten ihren Versorgungsauftrag erfüllen. Denn das war ja, wie wir uns erinnern, Marinis zweiter Vorwurf: »Von Krankenkassen hört man außerdem immer wieder, dass es Therapeut:innen gibt, die einen ganzen Kassensitz haben, den [sie] nicht voll ausnutzen.«

Auf dem Prüfstand: Erfüllen Psychotherapeuten ihre Versorgungsaufträge nicht?

An diese objektiven Daten heranzukommen, war tatsächlich nicht einfach, und im Rahmen der Recherche musste ich feststellen, dass die KBV tatsächlich über keine deutschlandweiten Daten hierzu verfügt. Erfolg hatte ich derweil bei der KV Schleswig-Holstein, der ich selbst angehöre, und erhielt von einem sehr freundlichen Pressesprecher am 21.03.2023 direkt per E-Mail die erbetenen Daten, und zwar zu der letzten Überprüfung der Versorgungsaufträge Anfang 2022. Hierzu muss man wissen, dass sozialrechtlich (§ 95 Abs. 3 SGB V) geregelt ist, dass es Pflicht der jeweiligen KV auf Landesebene ist, die Erfüllung der Versorgungsaufträge durch die Leistungserbringer, d. h. Psychotherapeuten und Ärzte, jährlich zu überprüfen – und zwar nicht durch eine Befragung der Leistungserbringer (denken Sie an das Problem mit den subjektiven Daten), sondern anhand der objektiven Daten aus den eingereichten Quartalsabrechnungen. Ja, diese kann man natürlich auch fälschen (z. B. mehr Sitzungen abrechnen, als man real erbracht hat), aber das ist dann schon

Next-Level-Betrug. Während der COVID-19-Pandemie war diese Prüfung ausgesetzt, Anfang 2022 wurde sie dann erstmals wieder durchgeführt.

Die Prüfung der KV Schleswig-Holstein im Jahr 2022 ergab nun Folgendes (Ich gebe 1 zu 1 den Inhalt der E-Mail des Pressesprechers wider): Bei 89 von 827 (also knapp 11 %) der untersuchten, in Schleswig-Holstein niedergelassenen Psychotherapeuten (untersucht wurden alle, die zuvor mindestens acht Quartale, also zwei volle Jahre tätig waren) wurde eine Nichterfüllung des Versorgungsauftrags (hier geht es um das Minimum an Behandlungsstunden am Patienten, Sie erinnern sich an die 25 bzw. 12,5 Stunden je nach Größe des Versorgungsauftrags) festgestellt. Diese 89 Psychotherapeuten wurden dann offiziell aufgefordert, ihren Tätigkeitsumfang auf das jeweils notwendige Maß zu erhöhen. 37 der betroffenen Psychotherapeuten taten dies. Interessant ist, was mit den restlichen 52 Kollegen passierte: 17 von diesen erklärten einen Verzicht auf ihren Kassensitz, was bedeutet, dass dieser abgebaut, sprich vom »Markt genommen« bzw. ersatzlos gestrichen wurde. 20 Kollegen wiederum bemühten sich um eine Nachbesetzung ihres Sitzes, was auch bedeutet, dass zwar diese *Kollegen* »vom Markt genommen« wurden, aber nicht ihre Kassensitze, die stattdessen neu ausgeschrieben wurden. Von den restlichen 15 Kollegen gaben offenbar neun »plausible Gründe« dafür an, ihren Versorgungsauftrag nicht besser erfüllen zu können (z. B. Krankheit), woraufhin diese von der KV »in Ruhe gelassen« wurden.

Lediglich bei 6 der 89 nicht ihren Versorgungsauftrag erfüllenden Psychotherapeuten, die weder bereit waren, mehr zu arbeiten, noch ihren Sitz abzugeben, kam es zu einer Sanktion, und zwar in der Form, dass diesen Psychotherapeuten ab dem 4. Quartal 2022 das Honorar um ganze 5 % gekürzt wurde. Wenn man sich das einmal auf der Zunge zergehen lässt, schmeckt es durchaus etwas bitter: Im Endeffekt können Psychotherapeuten, die relativ klar deutlich machen, dass sie keinerlei Respekt vor der Verpflichtung ihres Versorgungsauftrags haben, genau so weitermachen wie bisher, wenn sie ein ausreichend dickes Fell gegenüber den Aufforderungen der KV haben und damit leben können, dass ihnen 5 % Honorar abgezogen werden – was wahrscheinlich der Fall ist, wenn man bedenkt, dass sie es finanziell ja offenbar auch nicht nötig haben, ihrem Versorgungsauftrag nachzukommen. Sicherlich ist das überspitzt dargestellt, und natürlich sind das nur die Daten für Schleswig-Holstein. Es zeigt aber, dass die KVen über kein besonders scharfes Schwert gegen die »schwarzen Schafe« unter den Psychotherapeuten verfügen.

Bianca Hartz von der KV Schleswig-Holstein beschreibt diese Datenerhebung in einem Artikel aus dem Mai 2023 näher und nimmt auch kritisch Stellung zu diesem Vorgehen. Sie erläutert, dass die Höhe der Honorarkürzungen im Ermessen der jeweiligen KV liege und nicht vom Gesetzgeber vorgegeben sei, sodass erst die künftige Rechtsprechung zeigen werde, ob diese Sanktionen Bestand haben. Bei der Honorarkürzung um 5 %, so Hartz, habe sich die KV daran orientiert, dass bei Nichterfüllung der Fortbildungspflicht, einem aus Sicht der Kassenärztlichen Vereinigung schwerer wiegenden Vergehen, das Honorar um 10 % gekürzt werde, sodass ihnen die Hälfte hiervon angemessen erschien. Sie fügt außerdem hinzu, dass eine Nichterfüllung des Versorgungsauftrags sowohl bei ganzen als auch bei halben Versorgungsaufträgen gefunden wurde. Und hinsichtlich meines Einwands des »nicht gerade scharfen Schwertes« ergänzt sie noch, dass die besagten 6 Psychotherapeuten, bei denen das Honorar gekürzt wurde, auch mit »Entziehungsverfahren zumindest für einen Teil ihres Versorgungsauftrags rechnen« (S. 17) müssen. Fraglich bleibt, wie lange diese Verfahren dauern und ob die Betroffenen in der Zwischenzeit nicht ohnehin das Rentenalter erreichen, sowie die Frage, ob durch ein solches Vorgehen in irgendeiner Form die Patientenversorgung verbessert wird. Ich vermute mal sehr stark, dass dem nicht so ist – und das ist aus meiner Sicht nicht hinnehmbar.

Doch was kann man hieraus nun für Schlussfolgerungen bzgl. der Ausgangsfrage ziehen? Nun, Marini hat recht mit der Aussage, dass es Psychotherapeuten *gibt*, die ihren Versorgungsauftrag nicht erfüllen, wobei es übrigens nicht nur um *volle* Versorgungsaufträge geht. Allerdings ist der Befund, dass es sie *gibt*, nun wirklich keine Überraschung und vermutlich jedem Psychotherapeuten bewusst, der sich mit Kollegen austauscht (oder eine Praxis mit vollem Versorgungsauftrag von einem Kollegen abkauft, der auf diesem 10–12 Sitzungen pro Woche durchgeführt hat). Die für die Beantwortung der Frage wichtige Information liegt im *Anteil* der Psychotherapeuten, die ihre Versorgungsaufträge nicht erfüllen, denn nur anhand dessen kann man abschätzen, wie sehr diese »schwarzen Schafe« zu den langen Wartezeiten beitragen. Mein differenziertes Urteil fällt diesbezüglich folgendermaßen aus: Wenn ich einmal davon ausgehe, dass der Anteil der »schwarzen Schafe« in den anderen Bundesländern nicht eklatant anders ist, würde ich auf Basis der Annahme, dass somit rund 90 % der Psychotherapeuten ihren Versorgungsauftrag erfüllen, was die subjektiven Daten aus dem Zi-Praxis-Panel eher bestätigt als ihnen widerspricht, davon ausgehen, dass dieser Faktor zwar einen nicht einfach wegzuwischenden Anteil an der schlechten Versorgung mit überbordenden Wartezeiten ausmacht, dieser aber im Vergleich zu anderen Faktoren gering ist – und bei Weitem nicht ausreicht, um den Psychotherapeuten den schwarzen Peter zuzuschieben.

Machen Psychotherapeuten es sich einfach gerne leicht?

Betrachten wir also nun einen weiteren vermeintlichen Faktor, der von der Gegenseite gerne als Ursache für die langen Wartezeiten bei Psychotherapeuten ins Feld geführt wird und dem sich 2023 die März-Ausgabe des Ärzteblatts für PP und KJP intensiv widmete. Wie Bühring (2023) und Martin (2023) in dieser Ausgabe beschreiben, lautet der Vorwurf, der u. a. von Gesundheitsminister Karl Lauterbach persönlich formuliert worden sei, sinngemäß: Psychotherapeuten behandeln lieber »leichte Fälle« (was auch immer das sein soll), und das auch noch länger als nötig, anstatt sich schwer kranken Patienten zu widmen. An dieser Stelle möchte ich zudem gerne klarstellen, dass ich mich in diesem Kapitel zwar viel auf die Äußerungen von Ann Marini aus jenem Interview beziehe (weil sie eine wunderbare Vorlage bieten, um dazu Stellung zu nehmen), dies jedoch nicht heißen soll, dass Marini die Einzige ist, die diese Positionen vertritt. Vielmehr stehen ihre Aussagen stellvertretend für Positionen, die vor allem von Seiten der Gesundheitspolitik und der Krankenkassen häufig vorgetragen werden.

Böker und Hentschel (2023; ▶ Kap. 1) präsentieren zu diesem Vorwurf im Deutschen Ärzteblatt eine Untersuchung, deren Qualität vor allem darin besteht, dass sie auf objektiven Daten beruht, nämlich bundesweiten Abrechnungsdaten der Jahre 2016 bis 2021, d. h. aus 24 Quartalen. Grob gesagt: Das ist eine bombastische Datengrundlage, von der viele Forschende träumen würden. Betrachtet wurden hierbei, mit Bezug auf die beiden Elemente des o. g. Vorwurfs (erstens unnötig lange Behandlungen, zweitens zu »leichte« Fälle) sowohl die gestellten Diagnosen als auch die abgerechneten Leistungen. Die Autoren dieser Analyse präsentieren hinsichtlich des ersten Vorwurfs (unnötig lange Behandlungen) Daten, die eindeutig zeigen, dass die Anzahl der tatsächlich abgeleisteten Therapiesitzungen eben *nicht* gleich der Anzahl der maximal möglichen Therapiesitzungen ist, und zwar in allen drei untersuchten Richtlinienverfahren (VT, TP und AP). Das bedeutet konkret: Entgegen dem beschriebenen Vorwurf werden Therapiekontingente eben nicht, nur weil sie zur Verfügung stehen, um jeden Preis ausgeschöpft, sondern anscheinend werden Therapien doch recht häufig früher beendet, was die Autoren so deuten, dass Psychotherapeuten angesichts der Daten offenbar nicht länger als erforderlich (denken Sie an das Wirtschaftlichkeitsgebot mit dem Prinzip der Notwendigkeit) behandeln. Ergänzend dazu konnten sie zeigen, dass ein überwältigender Teil der psychotherapeutischen Behandlungen, nämlich 77%, in Form einer Kurzzeittherapie mit maximal 24 Sitzungen erbracht wird und Langzeittherapien eher die Ausnahme darstellen (was nicht ganz so verwunderlich ist, wenn man bedenkt, dass Langzeittherapien mit der

Hürde des Gutachterverfahrens einhergehen). Die Autoren schlussfolgern dementsprechend: »Der Vorwurf, dass zu lange behandelt wird, ist hier eindeutig widerlegt« (S. 106). Ich würde ihnen, nachdem ich mich mit dieser Untersuchung beschäftigt habe, dahingehend überwiegend zustimmen, jedoch mit einer wichtigen Anmerkung: Sicherlich zeigen die Daten, dass Psychotherapeuten nicht einfach so bei sympathischen Bestandspatienten das zur Verfügung stehende Kontingent undifferenziert ausschöpfen, um es »bequemer« und einfacher zu haben, als wenn sie sich regelmäßig in neue Patienten hineinfinden müssen. Genau genommen belegen diese Daten aber *nicht*, dass Therapien nur so lange wie nötig laufen. Denn: Selbst wenn die Daten zeigen, dass die Therapie nach 45 Sitzungen beendet wurde, obwohl 60 zur Verfügung standen, kann man ja nicht wissen, ob das Ende vielleicht eigentlich schon nach 35 Sitzungen angebracht gewesen wäre. Ferner erfährt man aus den Daten natürlich nicht, wo das »vorzeitige« Ende z. B. durch einen Therapieabbruch des Patienten, dessen Umzug oder ähnliches verursacht wurde und somit nicht auf die Gewissenhaftigkeit des Therapeuten zurückgeht. Von daher muss man hier ein bisschen vorsichtig mit dem sein, was man aus diesen Daten wirklich schließen kann.

Die Sache mit den Diagnosen: Es ist kompliziert

Der problematischere Teil dieser Analyse ist aus meiner Sicht derjenige, der sich dem Vorwurf der »zu leichten Fälle« widmet. Diesen widerlegen Böker und Hentschel (2023) vermeintlich damit, dass bei 49 % der behandelten Patienten 4 und mehr Diagnosen bzw. bei 37 % zumindest 2 bis 3 Diagnosen gestellt wurden, und schlussfolgern daraus, dass die »Krankheitslast der Patientinnen und Patienten in Psychotherapie hoch« (S. 106) sei. Viele Diagnosen, ergo Patienten schwer krank. Das klingt auf den ersten Blick logisch, ist aber streng genommen keine zulässige Schlussfolgerung. Zum einen muss man sich bewusst machen, dass psychische Diagnosen zwar versuchen, eindeutige Kriterien zu definieren, im Endeffekt aber nicht zu verhindern ist, dass vieles Auslegungssache bleibt und man daher beim Umgang mit Diagnosen immer im Hinterkopf haben muss, dass sie im Bereich psychischer Störungen keine eindeutigen, trennscharfen und durch objektive Befunde wie MRT-Bilder und Gewebeproben klar definierte Kategorien repräsentieren, sondern diejenige Kategorie bezeichnen, mit der die individuelle Konstellation von Symptomen der jeweiligen Person die meisten *Überlappungen* hat – nicht mehr und nicht weniger. Denn psychische Diagnosen sind »nicht vom Himmel gefallen«, sondern dadurch zustande gekommen, dass Fachleute irgendwann begonnen haben, das, was sie an Menschen beobachten konnten, mit Begriffen zu versehen und in *künstliche* Kategorien einzuordnen. Ich meide daher Aussagen wie »Sie haben eine Generalisierte Angststörung« und formuliere eher Dinge wie: »Bei Ihnen liegt eine Konstellation von Symptomen vor, die man am ehesten als sogenannte Generalisierte Angststörung auffassen kann.« In den Fällen, wo die Diagnose die (vor allem medikamentöse) Behandlung in bedeutsamer Weise ändern würde (Bipolare Störung ja oder nein, Psychose mit depressiven Symptomen oder Depression mit psychotischen Symptomen, Borderline-Störung oder ADHS im Erwachsenenalter?), ist es dabei von größerer Bedeutung, die am besten passende (im Sinne von »die richtige«) Diagnose zu stellen als bei konzeptuell eng verwandten Diagnosen (z.B. Zwangsstörung, Störung mit Krankheitsangst und Generalisierte Angststörung), bei denen die Diskussion über die »richtige« Diagnose eher akademischen Wert hat und die letztliche Behandlung nicht signifikant verändert.

In der Tat sollte man sich nicht zuletzt wegen dieser ziemlich relativen Bedeutung psychischer Diagnosen davor hüten, aus der schieren Anzahl an Diagnosen die Gesamtschwere der Beeinträchtigung einer Person abzuleiten. Zum einen kann ein Patient zwar theoretisch die Kriterien für 4 Störungsdiagnosen (z.B. eine soziale Phobie, eine Zwangsstörung, eine leichte depressive Episode und eine ADHS) erfüllen und trotzdem insgesamt weniger beeinträchtigt sein als ein anderer Patient, der nur eine Diagnose, z.B. eine schwere depressive Episode, erfüllt. Warum das so ist? Nun, weil es sein kann, dass die Belastung durch jede der 4 Diagnosen relativ gering ausfällt, weil die jeweilige Symptomschwere zwar gerade ausreicht, um die Diagnose zu stellen, aber zu keiner umfassenden Beeinträchtigung des Funktionsniveaus der Person führt. Das ist der Grund, warum Sie in der klinisch-epidemiologischen Forschung (das ist die, die sich mit der Häufigkeit, Verbreitung, Schwere etc. von Erkrankungen befasst) auch kaum die Zahl der Diagnosen als Maß für die Schwere der Beeinträchtigung finden werden, sondern eher komplexe Bewertungsskalen, die sich u.a. aus Symptomzahl, Schwere der Beeinträchtigungen im Alltag, subjektivem Leid und anderen Facetten zusammensetzen und die in der Regel separat für jedes Störungsbild betrachtet werden. Zimmerman et al. (2018) bieten hierzu einen guten Überblicksartikel. Ein gutes Beispiel für ein relativ weit verbreitetes Instrument zur globalen Erfassung des allgemeinen Funktionsniveaus einer Person ist die *Global Assessment of Functioning-Skala* (kurz GAF-Skala), auf der maximal 100 Punkte zu erreichen sind.

Der andere Aspekt ist der, dass man meiner Erfahrung nach im psychischen Bereich einer Diagnosenliste umso weniger trauen sollte, je länger sie ist. Dies fällt mir regelmäßig auf, wenn ich Entlassbriefe von Patienten lese, die zur stationären Behandlung in einer Klinik (egal ob vollstationär oder tagesklinisch) waren und mit einer ganzen Liste psychischer Diagnosen (von den somatischen mal ganz abgesehen) entlassen werden, während ich z. B. bei dem Patienten nur eine Diagnose gestellt habe. Wie kommt das zustande? Erklärung 1 wäre, dass Dr. Rupp einfach keine Ahnung hat. Meine begründete Vermutung ist jedoch die, dass in Kliniken möglichst alles, was der Patient berichtet, diagnostisch kodiert wird, wobei meist außer Acht gelassen wird, dass manche Diagnosen überflüssig sind, weil sie durch die »erste« Diagnose schon ausreichend erklärt werden. Ein Beispiel hierfür ist die oft zu findende zusätzliche Diagnose einer Panikstörung (F41.0) bei einem Patienten, bei dem als erste Diagnose z. B. eine mittelgradige depressive Episode (F32.1) gestellt wurde – und zwar *obwohl* klar ist, dass der Patient *nur im Rahmen* der depressiven Episode Panikattacken erlebt. Das ist deshalb fachlich gesehen Unsinn, weil im für das Gesundheitssystem verbindlichen Diagnosesystem ICD-10 (ja, es gibt auch bereits das ICD-11, das ist aber im Jahr 2024 in der Praxis noch nicht angekommen) klar formuliert wird, dass von der Diagnose einer Panikstörung abzusehen ist, wenn die Panikattacken nur im Rahmen einer Depression auftreten. Auch die gleichzeitige Stellung mehrerer Angststörungsdiagnosen ist so ein Beispiel. Wenn man genauer nachfragt, stellt sich oft heraus, dass entweder die gesamte Symptomatik gut durch *eine* Diagnose erklärt wird oder die Diagnose einer gemischten Angststörung (F41.3) angebracht ist (und übrigens nicht die einer Generalisierten Angststörung, F41.1 – die ist durch mehr definiert als »ein paar verschiedene Ängste auf einem Haufen«). Und noch ein interessantes Beispiel ist die Diagnosekombination von ADHS im Erwachsenenalter (F90.0) und irgendeiner Form von depressiver Episode (F32.X), weil bei genauer Überprüfung oft gar keine depressive Episode (die erfordert, dass Symptome wie gedrückte Stimmung und Freudlosigkeit mindestens *zwei Wochen am Stück* bestehen) diagnostisch erfüllt wird, sondern lediglich die im Rahmen einer »erwachsenen ADHS« häufig vorkommenden, heftigen Stimmungsumbrüche und »Tiefphasen« vorliegen, die aber selten mehr als wenige Tage andauern und in den sogenannten Wender-Utah-Diagnosekriterien für ADHS im Erwachsenenalter unter dem Begriff »Affektlabilität« zusammengefasst werden.

Doch warum werden im Gesundheitssystem diese unnötigen Extra-Diagnosen gestellt, wenn es doch fachlich gesehen falsch ist und den betreffenden Menschen auf dem Papier kränker macht, als er ist – was sich auch auf dessen Selbstverständnis auswirken dürfte? Wie oft muss ich Patienten all das hier Beschriebene erklären, damit sie sich nach dem Durchlesen ihres Entlassberichts nicht für »von vorn bis hinten gestörte Wracks« halten. Tatsächlich liegt dieser Umgang mit Diagnosen vor allem an problematischen Anreizen, die das Gesundheitssystem setzt. Im stationären Bereich, speziell in psychiatrischen Kliniken, ergeben sich diese Anreize aus dem sogenannten PEPP-Entgeltkatalog. Wenn man dort hineinschaut, sieht man sehr schnell, dass sich die Vergütung für die Klinik je nach Diagnosebereich unterscheidet, dass zusätzliche Diagnosen die Vergütung positiv beeinflussen und auch, dass die Vergütung für die Klinik mit jedem Behandlungstag weniger wird, was zusätzlich einen Anreiz dafür setzt, Patienten so schnell wie möglich zu entlassen.

Bei Ärzten (nicht bei Psychotherapeuten, zumindest Stand jetzt) im ambulanten Bereich ist es derweil tatsächlich so, dass es einen finanziellen Anreiz dafür gibt, bestimmte (schwerere) Diagnosen zu stellen. Das liegt daran, dass Krankenkassen für eine vom Bundesversicherungsamt herausgegebene Liste von 80 Diagnosen, darunter auch Depression, für ihre Versicherten eine Sondervergütung aus dem deutschen Gesundheitsfond erhalten – was eine gewisse Bonusvergütung für die Ärzte mit sich bringt, die diese Diagnosen stellen. 2009 wurde dieser Mechanismus, genannt *Risikostrukturausgleich*, eingeführt, um Krankenkassen zu unterstützen, die überdurchschnittlich »kranke« Patienten versichern (Bundesamt für soziale Sicherung, o.D.). Dass hieraus aber leider ungünstige Anreize zum »Kränkermachen« von Patienten resultierten, um an zusätzliche Gelder zu kommen – bis hin zu Vorfällen, bei denen Krankenkassen Ärzte »berieten«, welche Diagnosen sie bitte stellen sollen – wurde u.a. in der Süddeutschen Zeitung (Ludwig, 2017) und im Deutschlandfunk (Interview mit dem Gesundheitsökonomen Gerd Glaeske; Müller, 2016) aufgegriffen. Mit Bezug zu unserer Ausgangsfrage muss man aber sagen, dass alle beschriebenen Anreize nicht für Psychotherapeuten im ambulanten Bereich greifen.

Weitgehend gilt dies auch für einen weiteren Faktor, der bestimmte Diagnosen, sagen wir einmal, wahrscheinlicher macht als andere. Hier geht es um den Indikationsbereich bestimmter Behandlungsmaßnahmen, d.h. darum, eine bestimmte Behandlungsmaßnahme (z.B. Psychotherapie oder die Verabreichung eines bestimmten Medikaments) zu rechtfertigen. Das ist z.B. meiner Vermutung nach sowohl der Grund für die zusätzliche Depressionsdiagnose bei einer erwachsenen ADHS (der Psychiater ist auf der sichereren Seite, wenn er bestimmte Antidepressiva gegen die heftigen Stimmungstiefs einsetzen möchte, was durchaus sinnvoll sein kann) als auch dafür, dass Patienten mit einer Depression (die es in leichter, mittelgradiger und schwerer Ausprägung gibt) nach meiner Erfahrung in Hausarztpraxen fast immer die Diagnose einer *mittelgradigen* depressiven Episode (F32.1) erhalten, obwohl nach meinem fachlichen Urteil (im Erstgespräch, zu dem die betreffenden Patienten mit einer entsprechenden Überweisungsdiagnose kommen) oft entweder nur eine leichte depressive Episode, etwas völlig anderes oder auch gar nichts Pathologisches vorliegt. Das dürfte zum einen dem geschuldet sein, dass der schon vor 20 Jahren in einer Studie (Hach et al., 2003) angeprangerte und auch mir gut bekannte Umstand, dass Hausärzte erschreckend wenig Kenntnisse über psychische Diagnosen und deren Behandlung haben (was in erster Linie nicht ihnen selbst, sondern ihrer Ausbildung vorzuwerfen ist), leider weiterhin recht viel Gültigkeit besitzt. Diesem Umstand ist es meiner Einschätzung nach übrigens auch anzulasten, dass Hausärzten anscheinend oft nicht bewusst ist, wie folgenschwer es sein kann, wenn sie leichtfertig (aus welchen Gründen auch immer) bei Patienten psychische Diagnosen stellen, was dann leider nicht selten zu folgendem unschönen Phänomen führt, das mir im privaten wie im beruflichen Bereich schon dutzende Male begegnet ist: Als Mensch in seinen Zwanzigern möchte man eine Berufsunfähigkeitsversicherung oder eine private Krankenversicherung abschließen und erlaubt der Versicherungsgesellschaft, bei der Krankenkasse die Diagnosen der letzten zehn Jahre in Erfahrung zu bringen. Bekommt man diese Liste zu Gesicht, schlackern einem dann die Ohren, weil man z. B. plötzlich sieht, dass ein Orthopäde, den man wegen Rückenschmerzen aufgesucht hat, bei einem die Diagnose einer mittelgradigen depressiven Episode (F32.1) gestellt und ein Hausarzt, den man wegen Magenschmerzen aufgesucht hat, einem die Diagnose einer Somatisierungsstörung (F45.0) gegeben hat – leider fast immer, ohne den Patienten darüber aufzuklären und ohne dass der Arzt einem auch nur annähernd die Fragen gestellt hätte, die er stellen müsste, um abzuklären, ob die Diagnosekriterien überhaupt erfüllt sind. Die Folge ist dann leider nicht selten, dass man sich die Berufsunfähigkeitsversicherung abschminken kann oder zumindest mit dem betreffenden Arzt in eine unangenehme Diskussion gehen muss. Das Problem ist so bekannt und groß, dass inzwischen sogar die Versicherungsanbieter selbst hierüber informieren und davor warnen (z. B. Signal Iduna, 2020). Natürlich machen das bei Weitem nicht *alle* Hausärzte (Ich kenne etliche, die sich der Problematik bewusst und zudem im psychischen Bereich sehr fit sind!), aber es geschieht eindeutig zu oft und ist zu gravierend, was aus meiner Sicht absolut inakzeptabel ist. Übrigens sind psychische Diagnosen auch bei einer späteren Verbeamtung oft ein Problem, weshalb, wie ich es Dutzende Male erlebt habe, sich z. B. viele psychisch erkrankte Lehramtsstudierende lieber stark belastet durchs Studium quälen, anstatt eine Behandlung zu beginnen – wodurch die Problematik dann nicht selten chronifiziert ist, wenn nach der lang ersehnten Verbeamtung endlich eine Psychotherapie begonnen wird.

Zum anderen aber wird der Umstand mit den unzutreffenden psychischen Diagnosen, wenn er nicht gerade mit dem oben beschriebenen Anreiz durch den Risikostrukturausgleich zusammenhängt, aber darauf zurückzuführen sein, dass ein Hausarzt durch die Diagnose der mittelgradigen depressiven Episode aus der Hilflosigkeit herauskommt, die ihn bei psychischen Leiden, für deren Behandlung er kaum ausgebildet ist, überkommt. Denn: Laut offizieller Behandlungsleitlinie für unipolare Depression (Nationale Versorgungsleitlinien, 2022) ist eine *mittelgradige* depressive Episode eine Indikation (also ein Anlass) für die Verordnung eines Antidepressivums, also eines Medikaments – eine *leichte* depressive Episode hingegen nicht. Dadurch bekommt der Hausarzt eine Handhabe, er kann etwas für den Patienten *tun*. Ob es so sinnvoll ist, Patienten mit einer eher geringfügig ausgeprägten Symptomatik ein Medikament zu verschreiben, das aus gutem Grund erst bei einer schwereren Symptomatik empfohlen wird, sollte man dabei aber aus meiner Sicht mindestens hinterfragen.

Allerdings gilt auch dieser »Anreiz« für Psychotherapeuten nicht. Und dennoch sind Psychotherapeuten indirekt von all dem betroffen, was im Gesundheitssystem um sie herum passiert und was ich auf den letzten Seiten deshalb so ausführlich beschrieben habe: einem Trend dazu, mehr und schwerwiegendere Diagnosen zu stellen (aus den unterschiedlichsten Gründen). Meiner Erfahrung und Wahrnehmung nach geht es dabei im Falle der Psychotherapeuten vor allem darum, gegenüber Ärzten und insbesondere Psychiatern die eigene Daseinsberechtigung im Gesundheitssystem (d.h. konkret den Umstand, von den Krankenkassen Geld für Heilbehandlungen zu erhalten) zu verteidigen, die man sehr viel besser rechtfertigen kann, wenn man nachweisen kann, dass man möglichst viele Patienten mit mehreren und möglichst vielen Diagnosen behandelt. Ich selbst, in der Ausbildung zum Psychotherapeuten vorwiegend dahingehend erzogen, gewissenhaft und ordentlich zu diagnostizieren und keine »überflüssigen« Diagnosen zu stellen, bin hiermit in Berührung gekommen, als ein Dozent im Rahmen eines Ausbildungsseminars uns darauf hinwies, dass »wir Psychotherapeuten« in den Jahren vor 1999 unsere Rolle im Gesundheitssystem hart erkämpft hätten und sie nicht dadurch wieder verlieren sollten, dass wir zu »schwache« Diagnosen stellen und Institutionen wie der G-BA nach Sichtung der Abrechnungsdiagnosen zu dem Schluss kommen, dass wir nur »Wehwehchen« wie Anpassungsstörungen behandeln – und uns infolgedessen bzgl. Vergütung und Berechtigungen an die Wäsche wollen. Ich könnte mir daher vorstellen, dass Psychotherapeuten vor dem Hintergrund dieser »Ur-Angst« vor dem Wegfall ihrer Daseinsberechtigung einerseits und dem eindeutigen Diagnosen-Trend im gesamten Gesundheitssystem andererseits angefangen haben, die Diagnosekriterien (und insbesondere den bei den meisten psychischen Diagnosen enthaltenen Zusatz, die Diagnose nur zu stellen, wenn sie durch keine *andere*

Störung erklärt wird) etwas lockerer anzuwenden. Anders (das ist meine fachliche Einschätzung) kommt man nicht bei der Hälfte der Psychotherapie-Patienten auf 4 und mehr Diagnosen. Es ist nicht plausibel.

Kommen wir nun also zurück zu unserer Ausgangsfragestellung. Dass Psychotherapeuten die Therapien länger ziehen als nötig, ist relativ gut, wenngleich nicht eindeutig, widerlegt. Dass sie wiederum eher »Wehwehchen« als schwer kranke Patienten behandeln, kann man, wenn man die sehr eingeschränkte Aussagekraft der Diagnosen aus den Abrechnungsdaten bedenkt, welche bestenfalls eine *Annäherung* an die Gesamtbelastung eines Patienten bietet, schlussendlich nicht eindeutig beantworten. Es besteht die Möglichkeit, dass Psychotherapeuten, wie viele andere Teilnehmer im Gesundheitssystem, im Zweifelsfall aus der Befürchtung heraus, den Vorwurf zu erhalten, nur »leichte Fälle« zu behandeln, auch eher zu viele als zu wenige Diagnosen stellen, um künstlich und in überzogener Weise zu belegen, dass sie tun, was sie *sollen* (nämlich möglichst schwer kranke Patienten behandeln). Wenn dann allerdings die daraus entstehenden Daten wiederum als Beleg dafür herangezogen werden, *dass* sie tun, was sie sollen (schwer kranke Patienten behandeln), drehen wir uns jedoch im Kreis und haben nichts an Information hinzugewonnen.

Leidensdruck ist nicht gleich Veränderungsmotivation

Aus dem Kreis heraus kommt man indes, wenn man sich einmal von der Frage löst, ob Psychotherapeuten genügend *schwer kranke* Patienten behandeln, und eher die Frage stellt, ob sie die *richtigen* Patienten behandeln – d. h. die, für die Psychotherapie gedacht ist. Denn aus Gründen, die Sie bereits in ▶ Kap. 4 kennengelernt haben (wenn Sie auf den vorherigen Seiten schon daran gedacht haben, lagen Sie vielleicht schon richtig), ist diese einseitige Fokussierung auf Krankheitsschwere und Symptombelastung bzw. Leidensdruck bei Psychotherapie im Grunde unsinnig und die hitzige Diskussion darüber aus meiner Sicht daher eine Scheindebatte. Korrekt wäre es meiner Auffassung nach, eine Debatte darüber zu führen, ob wir Psychotherapeuten diejenigen behandeln, bei denen davon auszugehen ist, dass sie von der Psychotherapie *profitieren* werden – d. h., wie die *Prognose* aussieht. *Das* ist nach meinem Ermessen der eigentliche Diskussionspunkt. Die »Wehwehchen«-Debatte ist deshalb eine Scheindebatte, weil hierbei völlig außer Acht gelassen wird, dass es diverse Faktoren (der wissenschaftliche Fachbegriff wäre *Moderatoren*) gibt, von denen man weiß, dass sie einen nachgewiesenen Zusammenhang damit haben, wie gut Psychotherapie wirkt. Die große Rolle der therapeutischen

Beziehung und einzelne Faktoren auf Seiten des Psychotherapeuten kennen Sie bereits aus ▶ Kap. 3. An dieser Stelle geht es nun um Faktoren auf der Seite des Patienten, d.h. was *dessen* Beitrag zu einer erfolgreichen Therapie ist.

Bohart und Wade (2013), deren Analyse ich schon in ▶ Kap. 4 erwähnt hatte, liefern eine hervorragende und sehr ausführliche Zusammenfassung der wissenschaftlichen Befunde hierzu. Entgegen dem »Wehwehchen«-Vorwurf schildern die Autoren z.B. hinsichtlich des Ausmaßes der Symptombelastung sehr uneinheitliche und wenig eindeutige Befunde, die nicht gerade den Schluss zulassen, dass Menschen umso stärker von Psychotherapie profitieren, je schwerer sie krank sind und je größer der Leidensdruck ist. Dem gegenüber führen sie eine Reihe starker wissenschaftlicher Befunde dafür an, dass (Sie kennen es schon aus ▶ Kap. 4) die Motivation eines Patienten eine sehr große Rolle dabei spielt, ob er von der Therapie profitiert und die Symptomatik sich bessert. Passend hierzu beschreiben Bohart und Wade auch, dass (wenig verwunderlich) das Ausmaß, in dem Patienten ihre therapeutischen Hausaufgaben erledigen, und die Stärke ihrer *Erwartung*, dass sie durch die Therapie etwas verändern können, positiv mit dem Effekt der Therapie zusammenhängen (siehe auch die im zweiten Teil von ▶ Kap. 3 zusammengefasste Literatur). Ebenso schildern sie Nachweise für den positiven prognostischen Einfluss einer Variable, die wir Psychotherapeuten gerne *Introspektionsfähigkeit* nennen und die Ihnen aus Kapitel 4 ebenfalls bekannt vorkommen sollte. Genau, da haben wir uns nämlich schon einmal mit Kontraindikationen für Psychotherapie beschäftigt, wozu u.a. mangelnde Umstellfähigkeit und Änderungsmotivation gehörten. Vielleicht erinnern Sie außerdem noch, dass die bereits bekannte Psychotherapie-Richtlinie, herausgegebenen vom G-BA, in § 27 Abs. 3 ganz klar regelt, dass Psychotherapie unter diesen Bedingungen *ausgeschlossen* ist. Wenn also Vorwürfe, Psychotherapeuten würden die schwer kranken Patienten vernachlässigen, ausgerechnet vom höchsten Vertreter der deutschen Gesundheitspolitik, also dem Gesundheitsminister, kommen, ist das vor dem Hintergrund dessen, dass diesem essenzielle Regelwerke wie die Psychotherapie-Richtlinie eigentlich bekannt sein müssten, ein wenig grotesk.

Diesen Berg an wissenschaftlichen Befunden zugrunde gelegt, erscheint es somit wenig sinnvoll, darüber zu streiten, ob Psychotherapeuten die »zu wenig Kranken« behandeln. Die korrektere Frage lautet: Behandeln wir die, bei denen Psychotherapie *erfolgsversprechend* ist? Tatsächlich bin ich sogar recht zuversichtlich, dass Psychotherapeuten ziemlich gut darin sind, die für die Prognose relevanten Faktoren abzuschätzen und abzuwägen – was in der Praxis durchaus darauf hinauslaufen kann, dass (nach wissenschaftlichem Ermessen *korrekterweise*) nicht jedem schwer kranken Menschen eine Psychotherapie angeboten wird. Ich weiß, dass das unmenschlich und gemein klingt, gerade wenn man davon ausgeht, dass Psychotherapeuten grenzenlose »Kümmerer« sind. Das sind sie aber nicht. Sie wissen (im besten Fall), was sie leisten können und was nicht, und zur unschönen Realität gehört es leider auch, dass, selbst wenn der Leidensdruck groß ist, das nicht automatisch eine Indikation für Psychotherapie bedeutet, wenn z. B. die Introspektionsfähigkeit gering ausgeprägt ist oder der Patient vom Hausarzt zum Psychotherapeuten *geschickt* wurde, aber gar kein von Motivation begleitetes Veränderungsziel hat, an dem er arbeiten möchte. Ich weiß, dass viele meiner Kollegen aus dem tiefen, anerkennenswerten Wunsch heraus, jedem Patienten helfen zu können, an dieser Stelle einwenden werden, dass man Motivation manchmal erst schaffen muss und Introspektionsfähigkeit trainieren kann. Nicht umsonst nehmen meiner Erfahrung nach solche Themen typischerweise mindestens die Hälfte der Zeit in Inter- und Supervision ein. Grundsätzlich mag das sein, aber meine Gegenfrage dazu ist: Wie fair ist es in einem so unterversorgten System, wie wir es haben, dass ein Behandlungsplatz, der einem Menschen mit besserer Prognose zur Verfügung stehen könnte, von jemandem belegt wird, der gar keinen Auftrag formulieren kann und nicht an die Dinge herankommt, um die es in einer Psychotherapie geht? Man muss zudem bedenken, dass, einem Patienten mit diesen ungünstigen Voraussetzungen eine Psychotherapie anzubieten, gegen § 12 Abs. 1 SGB V (Wirtschaftlichkeitsgebot) verstoßen würde, weil bei Aufnahme der Behandlung keine gute Prognose besteht und man somit nicht davon ausgehen kann, dass die Behandlung *zweckmäßig*, also wirksam, sein wird (während aber trotzdem Kosten entstehen, die letztlich die Gemeinschaft der gesetzlich Versicherten durch ihre Beiträge zahlt). Man kann hier unterschiedlicher Meinung sein, aber ich vertrete diesbezüglich den Standpunkt, dass Psychotherapeuten sich richtig verhalten, wenn sie dem verständlichen (weil menschlichen) Mitleid, dass man für solche Patienten natürlich oft empfindet, *nicht* nachgeben und die Prognose *nicht* außer Acht lassen. Das bedeutet wiederum auch, dass Vertreter der Gesundheitspolitik oder der Krankenkassen, die ein solches Vorgehen von Psychotherapeuten fordern (»Behandelt vorrangig die schwer Kranken!«), sowohl wissenschaftlichen Befunden als auch dem SGB V und der Psychotherapie-Richtlinie widersprechen.

Ein Aspekt, der hiermit eng verwoben ist, ist der, dass Psychotherapeuten, zumindest nach allem, was ich und die mir bekannten Kollegen an den unterschiedlichsten Ausbildungsinstituten an Erfahrungen gemacht haben, schlichtweg nicht hauptsächlich für die Behandlung schwer kranker Patienten ausgebildet sind. Das wird erstens daran liegen, dass das typische psychotherapeutische Vorgehen, übrigens egal in welchem Therapieverfahren, ein recht hohes Maß an Introspektionsfähigkeit, Motivation und Reflexionsgabe voraussetzt. Man analysiert gemeinsam Gefühle, Denk- und Verhaltensweisen, vielleicht übergeordnete Grundannahmen und Muster in Beziehungen. Man formuliert (zumindest in der VT und tendenziell der ST) Therapieziele, man macht sich ans Arbeiten. Das funktioniert alles nicht besonders gut bei hochgradig belasteten Patienten, bei denen man leider häufig jede Woche einen anderen akuten Brand löscht und in der Kernproblematik dadurch keinen Schritt vorankommt. Nun kann man natürlich argumentieren, dass Psychotherapeuten dahingehend flexibler werden und von ihrem hohen Ross herunterkommen müssen. Ich kann diese Meinung, die mir durchaus schon begegnet ist, verstehen, halte dem aber entgegen, dass ich das nicht als die Aufgabe von Psychotherapeuten sehe. Was diese Patienten oft brauchen, ist erstens konkrete Unterstützung bei der Bewältigung von Lebens- und Arbeitsproblemen (das ist ein klassisches sozialarbeiterisches oder soziotherapeutisches Arbeitsfeld), zweitens eine medikamentöse Unterstützung (das können nur Ärzte, speziell Psychiater bieten) und drittens Möglichkeiten des gar nicht mal langen, aber akut entlastenden Gesprächs. Aufgrund der Terminstruktur passt auch letzterer Aspekt nicht wirklich zu Psychotherapeuten; stattdessen wäre hier aus meiner Sicht eigentlich die Hausärzteschaft der richtige Ansprechpartner (ich weiß, Hausärzte ächzen bereits unter zu viel Arbeit, daher werde ich später in diesem Kapitel noch einmal genauer beschreiben, was ich damit meine, und bitte daher darum, die Entrüstung zu vertagen).

Noch ein Punkt ist mir wichtig: Wer Psychotherapeuten vorwirft, »zu leichte« Fälle zu behandeln (was, wie wir nun wissen, eher bedeutet, dass sie vielleicht gut *geeignete* Patienten behandeln), sei auch darauf hingewiesen, dass hiermit unbeachtet bleibt, dass Psychotherapeuten damit einen wichtigen *präventiven* Beitrag leisten. Man bedenke nur einmal, dass eine im März behandelte leichte depressive Episode ohne Arbeitsunfähigkeit womöglich eine schwere depressive Episode im November (mit mehreren Monaten Krankschreibung) weniger bedeutet. Übrigens ist dies auch ein Argument für Arbeitgeber dahingehend, ihren Angestellten schon aus rein unternehmerischen Gründen besser die Inanspruchnahme von Therapiesitzungen während der Arbeitszeit zu ermöglichen als zu verwehren. Ich denke, es lohnt sich, darüber nachzudenken, und verspreche Ihnen, dass wir zum Aspekt der Prävention zum Ende dieses Kapitels noch einmal zurückkehren werden.

Was machen wir nun also daraus? Ich schlage vor, die Diskussion zu erweitern und darüber nachzudenken, worum es eigentlich geht, nämlich um die Frage, wer im Gesundheitssystem wie stark zur Gesundheit der Bevölkerung beiträgt. Diesen lösungsorientierten und versöhnenden Teil verschiebe ich aber bewusst ans Ende dieses Kapitels, weil ich vorher noch beschreiben möchte, welche (Schein-)Lösungen die Gesundheitspolitik auf Basis ihrer Sichtweise (»Psychotherapeuten arbeiten zu wenig, behandeln nur ›Wehwehchen‹ und ziehen die Therapien außerdem länger als nötig«) in den letzten 10–15 Jahren produziert hat und wozu diese geführt haben.

Die (Schein-)Lösungen der Gesundheitspolitik

Bei den »Lösungen«, die die Gesundheitspolitik in den letzten beiden Jahrzehnten hervorgebracht hat, gibt es ein paar, die man aus meiner Sicht durchaus als sinnvoll einstufen kann und bei denen auch nachgewiesen ist, dass sie etwas gebracht, d. h. die Versorgungslage verbessert, haben. Und dann gibt es diverse weitere Maßnahmen (leider der Großteil), die ich als wenig sinnvoll einstufen würde und die maßgeblich, basierend auf dem beschriebenen Image der Psychotherapeuten (»faul«, »es sich leicht machend« etc.), auf das Prinzip »immer mehr Zwang« setzen und damit das Verhältnis zwischen Psychotherapeutenschaft und Politik eher vergiften als entspannen. Beginnen wir aber, weil mir Fairness und Differenziertheit wichtig sind, mit den durchaus sinnvollen Maßnahmen. Ich greife hierbei bewusst die aus meiner Sicht wichtigsten Aspekte heraus und erhebe dabei keinen Anspruch auf Vollständigkeit.

Die sinnvollen Maßnahmen

Anerkennenswerterweise muss man sagen, dass die umfassende Reform der vom G-BA herausgegebenen Psychotherapie-Richtlinie im Jahr 2017, die detailliert regelt, welche psychotherapeutischen Leistungen von den gesetzlichen Krankenkassen übernommen werden, einige reale Verbesserungen mit sich brachte. So ging die Einführung der in ▶ Kap. 4 beschriebenen »Psychotherapeutischen Sprechstunde« als Eingangspforte in die Psychotherapie und die »Akutbehandlung« als unbürokratische, hindernisarme Möglichkeit, schnell eine dringend notwendige Behandlung zu beginnen, aus meiner Sicht durchaus in die richtige Richtung. Bei der »Akutbehandlung« hat das vorrangig mit dem Wegfall der vor dem Beginn einer »normalen« (Richtlinien-)Psychotherapie notwendigen Bürokratie durch das Warten auf den (dann vielleicht noch falsch ausgefüllten) Konsiliarbericht, die Antragsstellung und das oft frustrierende Warten auf den Bewilligungsbescheid der Krankenkasse zu tun. Aus Sicht eines Praktikers ist das eine große Erleichterung ohne Einbußen bei der Vergütung, und für den Patienten ist der Vorteil, dass es schnell und unkompliziert losgehen kann. Die Psychotherapeutische Sprechstunde birgt aus meiner Perspektive derweil vor allem den Vorteil, dass hierdurch Anreize gesetzt werden, öfter mal ein Erstgespräch anzubieten, das genauso gut vergütet wird wie eine reguläre Therapiesitzung, während vor 2017 das Erstgespräch als deutlich schlechter vergütete probatorische Sitzung abgerechnet werden musste. Bis 2017 gab es keinen betriebswirtschaftlichen Grund für einen Psychotherapeuten, Terminlücken mit einem Erstgespräch zu füllen, wenn nicht klar war, dass es im Anschluss auch direkt mit einer Therapie weitergeht (was voraussetzt, dass man den Termin nicht nur einmalig, sondern dauerhaft frei hält). Durch den 2017 eingeführten finanziellen Anreiz ergibt es nun aus betriebswirtschaftlicher Sicht jedoch Sinn, freiwerdende Termine mit einem Erstgespräch zu füllen und dahingehend ergebnisoffen an dieses heranzugehen, als im Gespräch überprüft wird, ob derjenige Patient, direkt oder mit Wartezeit, für eine Behandlung bei einem selbst infrage kommt. Und vor allem (das sehe ich als den wesentlichen Vorteil dieser Flexibilisierung) kann so schneller eine erste *Abklärung* der Behandlungsbedürftigkeit und, nach Überprüfung der Indikation, auch schon ggf. eine erste Beratung dahingehend erfolgen, was der Patient bereits in Eigenregie zur Selbsthilfe *tun* kann, ggf. auch unterstützt durch eine DiGA. Dabei handelt es sich nicht um eine Abwandlung des jugendsprachlichen Worts zur gegenseitigen Ansprache, sondern um eine Gesundheits-App, die auch Psychotherapeuten verschreiben können. Mit anderen Worten: Der Patient bekommt vielleicht nicht sofort eine ausführliche Behandlung, aber eine Abklärung und Beratung zum weiteren Vorgehen. Das ist sicherlich nicht optimal, aber es ist eine eindeutige Verbesserung gegenüber der Zeit vor 2017.

Eine im positiven Sinne noch viel weitreichendere Maßnahme kam jedoch schon 2009 mit dem vorhin bereits beschriebenen Gesetz zur Weiterentwicklung der Organisationsstrukturen in der gesetzlichen Krankenversicherung (GKV-OrgWG), weil dies – wie in einer Bakterienkultur, die sich richtig wohl fühlt – zu einer massiven »Zellteilung« der Kassensitze führte. Dies bedeutet konkret, dass danach wirklich viele Inhaber eines vollen Kassensitzes einen halben an einen Kollegen abgaben (nicht gratis natürlich, Sie erinnern sich). Dies führte tatsächlich zu einer spürbaren Verbesserung der Versorgungslage, weil bei Kassensitzen die übliche Mathematik nicht greift: Zwei halbe Kassensitze bedeuten nicht dieselbe, sondern in der Regel eine bessere Versorgung als ein einziger voller Kassensitz. Borchers (2023) stellt hierzu z. B. für die in Schleswig-Holstein niedergelassenen Psychotherapeuten beeindruckende Zahlen vor, die zeigen, dass, jeweils im Vergleich zwischen 2009 (Inkrafttreten des Gesetzes) und 2022 durch die »Erlaubnis zur Zellteilung« für Kassensitze sich die Anzahl der Praxisinhaber fast verdoppelt hat (logische Folge der »Zellteilung«), inzwischen der halbe Kassensitz das vorwiegende Modell ist und – besonders wichtig – die Zahl der behandelten Patienten (ganz korrekt muss ich sagen: die Gesamtfallzahlen) sich in diesem Zeitraum ebenfalls fast verdoppelt hat. Auch die Zahl der pro Praxisinhaber behandelten Fälle stieg in diesem Zeitraum um knapp 48 % an. Mit anderen Worten: Diese Maßnahme war, in den Worten unseres im Jahr 2024 regierenden Bundeskanzlers Olaf Scholz, mindestens ein »Wumms«, wenn vielleicht auch kein »Doppelwumms«.

Die letzte sinnvolle Maßnahme, die ich vorstellen möchte, kommt mit einem großen »Aber« daher. Ich nenne sie aber dennoch in diesem Abschnitt, weil ich den Grundgedanken durchaus berechtigt finde. Es handelt sich um die mit diversen Reformen der Psychotherapie-Richtlinie seit 2017 verbesserte und flexibilisierte Anwendung von Gruppentherapie. Die Idee dahinter war, Gruppentherapie als Format, in dem 3 bis 9 Personen auf einmal behandelt werden können, zur Verbesserung der ambulanten Versorgungslage einzusetzen und sie sogar dahingehend zu flexibilisieren, dass Patienten eine Einzeltherapie bei Psychotherapeut A und gleichzeitig eine Gruppentherapie bei Psychotherapeut B machen können (die praktische Durchführung dessen stelle ich mir aufgrund des erforderlichen kollegialen Austauschs hochgradig aufwändig und chaotisch vor und wird auch meines Wissens kaum genutzt, aber ich erkenne an, dass dies gut gemeint war). Deutlich sinnvoller und ebenso möglich ist eine Kombination aus Einzel- und Gruppentherapie bei ein und demselben Psychotherapeuten, was z. B. in meiner Praxis der Regelfall ist. Hierbei gibt es allerdings den äußerst unflexiblen Haken, dass man im Voraus, also bei der Beantragung, schon festlegen muss, ob Einzel- oder Gruppentherapie überwiegen soll. Das ist de facto nicht vorhersehbar ist und führt zu sehr lästigen Formalitäten mit den Krankenkassen, wenn sich bei Patienten, weil sie eben Menschen sind, im Verlauf der Zeit etwas verändert und dadurch ein Wandel des Therapiekontexts (doch mehr Einzel als Gruppe, obwohl umgekehrt beantragt) notwendig wird. Der große Vorteil wiederum ist, dass bei der Variante »überwiegend Gruppentherapie« das bürokratisch aufwändige Gutachterverfahren inkl. des zeitfressenden und völlig unangemessen vergüteten Berichts an den Gutachter (Sie erinnern sich vielleicht an Kapitel 4) wegfällt – ebenfalls ein wahrer Gamechanger. Er wäre jedoch noch weitaus attraktiver, wenn man die bei Stellung des Therapieantrags zu treffende Entscheidung zwischen »überwiegend Gruppentherapie« und »überwiegend Einzeltherapie« abschaffen und ganz pragmatisch durch die beiden

Optionen »Kombinationsbehandlung« und »reine Einzeltherapie« ersetzen würde. Der Vollständigkeit und Fairness halber sei hier außerdem noch erwähnt, dass die in ▶ Kap. 4 beschriebene Einführung der »Gruppenpsychotherapeutischen Grundversorgung« im Jahr 2021 natürlich auch zu den sinnvollen Neuerungen im Gesundheitssystem zählt.

Wie sehr die gesundheitspolitischen Instanzen, im Falle des folgenden Aspekts die KBV und der GKV-Spitzenverband, das Konzept Gruppentherapie pushen wollten, erkennt man auch daran, auf welch üppiges Vergütungsplus die beiden Instanzen sich 2017 einigten (Hillienhof, 2017): Um rund 20 % wurde damals die Vergütung für Gruppentherapie angehoben (fachmännisch korrekt ist: Die Punktzahlen für die Gebührenordnungspositionen wurden um diesen Prozentsatz angehoben). Eine solche Erhöhung gab es für die Einzeltherapie nie. Heutzutage ist es dadurch so, dass Gruppentherapie deutlich höher vergütet wird als Einzeltherapie: Pro Zeiteinheit ist die Vergütung für Gruppentherapie um das Eineinhalbfache (bei der kleinsten Gruppengröße) bis um das Zweieinhalbfache (bei der größten Gruppengröße) höher als für Einzeltherapie. Das ist wahrhaftig ein »Doppelwumms«. Für Psychotherapeuten, die über eine Abrechnungsbefugnis für Gruppentherapie verfügen und Freude an Gruppentherapie haben, ist *das* ein absoluter Gamechanger. Jedoch verfügen nach Angaben des G-BA (2021, S. 8) nur ca. 30 % der Psychotherapeuten über eine Gruppenzulassung – aus meiner Sicht deshalb, weil der Erwerb dieser Abrechnungsbefugnis aufwändig ist, wenn man sich nicht direkt in der Ausbildung zum Psychotherapeuten darum kümmert, diese »mitzunehmen«. Wie die Zahlen des G-BA (2021, S. 9 ff.) zumindest bis zum Jahr 2018 belegen, ist Gruppentherapie mit einem Anteil von nicht einmal 4 % an den Richtlinienpsychotherapie-Leistungen allerdings nach wie vor weitgehend unbedeutend für die ambulante psychotherapeutische Versorgung, wobei aktuelle Daten nach 2018 noch nicht vorzuliegen scheinen. Dabei ist Gruppentherapie übrigens auch aus Sicht der Krankenkassen sehr attraktiv: 100 Minuten Gruppentherapie kosten die Krankenkasse pro Patient weniger als 50 Minuten Einzeltherapie – je größer die Gruppe, desto geringer die Kosten pro Patient. Es ist also wahrscheinlich nicht nur als Großzügigkeit gegenüber Psychotherapeuten zu werten, dass die Krankenkassen dieser veränderten Vergütung zugestimmt haben.

Die weniger sinnvollen Maßnahmen

Wir machen unter der neuen Überschrift direkt mit der Gruppentherapie weiter. Die Frage ist nämlich, ob die beschriebenen Anreize und Flexibilisierungen irgendetwas an der Versorgung ändern. Wenn wir uns die am Anfang dieses Kapitels beschriebenen Daten zur Wartezeit in Erinnerung rufen und uns den gerade zitierten geringen Anteil von Gruppentherapie am Gesamtgeschehen vor Augen führen, scheint das nicht der Fall zu sein. Das ist aus meiner Sicht auch völlig logisch, denn Gruppentherapie bringt eine ganze Reihe von Problemen mit sich. Zum einen wäre da der Aspekt, dass (Stand 2018) nur ein knappes Drittel der Psychotherapeuten die entsprechende Qualifikation hat, dann kommen praktische Aspekte hinzu wie das Raumangebot und, sehr wichtig, die Patientenakquise. Man sollte nämlich nicht meinen, dass einem als Psychotherapeut Patienten für eine Gruppentherapie die Tür einrennen. Das ist absolut der Fall, was Patienten mit Wunsch nach Einzeltherapie angeht, aber hinsichtlich einer Gruppentherapie, so meine Erfahrung als Praktiker, der drei Therapiegruppen mit bis zu 8 Teilnehmenden pro Woche durchführt, muss man bei Patienten meist doch noch viel Überzeugungsarbeit leisten, was übrigens, von politischen Instanzen offenbar wenig bedacht, völlig verständlich ist: Was empfinden Sie denn bei der Vorstellung, Ihr Innerstes und Ihre (schambehafteten) Probleme vor einer Gruppe wildfremder Menschen preiszugeben, von denen Sie vielleicht denken, sie seien, um das Stigma aus ▶ Kap. 1 aufzugreifen, noch »bekloppter« als Sie selbst? Man bedenke bitte, dass es für Menschen auch heutzutage noch eine große Überwindung ist, sich selbst im Eins-zu-eins-Kontakt einem Psychotherapeuten anzuvertrauen. Natürlich ist ein Gruppenkontext bei den wenigsten Patienten der erste Wunsch, wenn sie sich Hilfe suchen – ist doch klar!

Ich könnte wahrscheinlich inzwischen ein ganzes Buch nur über Gruppentherapie schreiben, weil all die konkreten Probleme, denen ich hierbei begegnet bin, allesamt nicht in meiner Gruppentherapieausbildung vorkamen. Da dies aber kein Buch über Gruppentherapie ist, fasse ich mich kürzer und konzentriere mich auf zwei weitere große Nachteile von Gruppentherapie, die aus meiner Sicht erklären, warum diese zwar ein Wendepunkt für Psychotherapeuten, aber bei Weitem nicht für die Versorgungslage ist. Kurz zusammengefasst lautet der erste dieser Nachteile: Sie können schlichtweg nicht alle Problematiken in einer Gruppe behandeln. Zum einen ist es von Vorteil, wenn die Problemstellungen der Teilnehmenden zumindest teilweise ähnlich sind. Ich z. B. habe in meinen drei Therapiegruppen das Grundthema auf das Lösen interpersoneller Probleme gelegt, was sehr gut in einer Gruppe umsetzbar und ziemlich erfolgreich ist. Auch störungsspezifische Skills-Gruppen für Menschen mit Borderline-Störung funktionieren z. B. gut, weil die Probleme sehr ähnlich sind. Wenn nun aber eine Gruppe aus 6 Teilnehmenden mit Depression und einem Teilnehmer mit einer Anorexie (»Magersucht«) besteht, wird sich dieser Teilnehmer wahrscheinlich ein Stück weit als »Alien«

fühlen, und vielleicht werden die anderen sich fragen, was dieser Teilnehmer in der Gruppe zu suchen hat. Zum anderen gibt es einfach etliche Problematiken innerhalb vieler Störungsbilder, von denen ich beim besten Willen nicht weiß, wie sie in einer Gruppentherapie behandelt werden sollen, weil sie eine hochgradige Individualisierung erfordern, viel Zeit benötigen und »in die Tiefe gehen«. Als Beispiele seien einmal emotionsfokussierte Stuhl-Übungen, Spiegelkonfrontationsübungen bei Körperschemastörung oder imaginatives Rescripting (IRRT) von traumatischen Erinnerungen genannt. Das alles *muss* in einer Einzelsitzung stattfinden, mal ganz zu schweigen vom sensiblen Thema Suizidalität, das aus meiner Sicht besser nicht im Gruppenkontext besprochen werden sollte, da das Triggerpotenzial für die anderen Teilnehmenden viel zu groß ist. Aus diesen Gründen erachte ich es in den allermeisten Fällen übrigens auch nicht als sinnvoll, Psychotherapie *ausschließlich* im Gruppenkontext durchzuführen – vielleicht im allerletzten Abschnitt einer Langzeittherapie mit dem Zweck der langsamen »Entwöhnung« vom Therapeuten, aber ansonsten eher nicht. Ich mache, weil es fast immer vorkommt, dass hier und da einmal Anliegen auftauchen, für die der Gruppenkontext ungeeignet ist, in den meisten Fällen Kombinationsbehandlungen aus Einzel- und Gruppentherapie und erlebe das tatsächlich als enorme qualitative Verbesserung der Gesamtbehandlung, gerade bei Patienten mit zwischenmenschlichen Schwierigkeiten.

Hinzu kommt, dass Sie neben den Störungsbildern vor allem die Interaktion der Teilnehmenden untereinander beachten, moderieren und bei Bedarf eingreifen müssen. Denken Sie bitte an die Bedeutung der therapeutischen Beziehung zwischen Therapeut und Patient zurück und überlegen Sie einmal kurz, was das für die Interaktionen einer Gruppe aus 8 Patienten und einem Therapeuten bedeutet. Ja, da kann einem schwindlig werden. Damit ein aufwändiges Eingreifen durch den Therapeuten gar nicht erst notwendig wird, empfehle ich aus persönlicher Erfahrung, die Gruppenzusammensetzung mit großem Bedacht zu wählen und darauf zu achten, dass die Personen menschlich »zusammenpassen«. Wenn Sie als Leser ebenfalls Psychotherapeut sind und nun auf die Empfehlung eines tollen Fragebogens für dieses Unterfangen hoffen, muss ich Sie leider enttäuschen: Ich gehe hier mittels Menschenkenntnis und Intuition vor, folglich kann ich es niemandem beibringen. Was ich jedoch aus Erfahrung sagen kann, ist, dass eine gute zwischenmenschliche Passung das A und O für eine gute therapeutische Beziehung unter den Teilnehmenden ist – und somit dafür, dass ein Wir-Gefühl entsteht, aus dem heraus sich die Teilnehmenden gegenseitig beim Erreichen ihrer jeweiligen Ziele unterstützen und anspornen. Was hieraus folgt, ist jedoch, dass man Gruppentherapie de facto nicht als Werkzeug zur Verbesserung der Versorgungslage einsetzen kann – nach dem Motto »Wenn wir einfach alle Patienten in Gruppen stecken, braucht es kaum mehr Einzeltherapie und folglich keine neuen Kassensitze«. Auf gar keinen Fall darf man es so sehen, denn dabei missachtet man eklatant die vielen gravierenden Fallstricke, die eine Gruppentherapie mit sich bringt.

Die sinnlosen Maßnahmen: Vom Prinzip »Zwang« und den Terminservicestellen

Die aus meiner Sicht schlimmsten Maßnahmen, die durch Instanzen der Gesundheitspolitik im letzten Jahrzehnt eingeführt wurden, basieren auf dem während der Amtszeit des ehemaligen Gesundheitsministers Jens Spahn 2019 in Kraft getretenen Terminservice- und Versorgungsgesetz, kurz TSVG. Dieses Gesetz hat natürlich viele verschiedene Aspekte, jedoch zieht sich ein Prinzip wie ein roter Faden durch das Gesetz, und zwar, wie ich es nenne, das Prinzip »Zwang«. Hierzu gehört z.B. die weiter vorne in diesem Kapitel schon beschriebene Verpflichtung von Vertragsärzten und -psychotherapeuten, eine bestimmte Mindestzahl an Sprechstunden anzubieten (was durchaus sinnvoll und berechtigt ist), aber auch ein Instrument, das ein herrliches Beispiel für eine weitgehend kontraproduktive Maßnahme und zudem der Inbegriff einer Scheinlösung schlechthin ist: die *Terminservicestellen*, kurz *TSSen*.

Das TSVG verfolgt das Ziel, dass Patienten schneller an Termine bei Psychotherapeuten und anderen Fachärzten gelangen sollen, was natürlich kein unlauteres Ziel ist. Die praktische Umsetzung ist sehr einfach: Patienten rufen die deutschlandweit geltende Nummer 116117 an und werden an eine Facharzt- oder Psychotherapiepraxis in ihrer Umgebung vermittelt, in der dann wiederum der Patient anrufen muss, um einen Termin zu vereinbaren (ja genau, so herum und nicht umgekehrt). Ein weiterer Weg ist der, dass man den Vermittlungscode von einem anderen Arzt, in der Regel vom Hausarzt bekommt. Das Gute aus Patientensicht: Diese Praxis ist, solange sich der Patient binnen zwei Wochen nach der Vermittlung in der Praxis meldet, *verpflichtet*, dem Patienten innerhalb einer gewissen Frist, z.B. von maximal 4 Wochen, einen Termin anzubieten. Für einige Fachärzte, z.B. Psychiater, benötigt der Patient dazu allerdings noch eine Überweisung, in der Regel von seinem Hausarzt – für einen Termin beim Psychotherapeuten jedoch nicht. Das bedeutet, dass man, komplett ohne Hindernis und mit einer traumhaft kurzen Wartezeit, einen Termin beim Psychotherapeuten bekommt, auf den man sonst Monate warten müsste. Klingt erst einmal nach Weihnachten und Ostern zusammen.

Die Regelungen sind in den verschiedenen Bundesländern bzw. KV-Gebieten etwas unterschiedlich, aber in der Regel gilt, dass der Patient nur ein Anrecht auf *einen* Terminvorschlag hat. Wenn er da nicht kann, muss die Praxis ihm keine Alternative anbieten bzw. hat der Patient »Pech«. Und der Patient kann sich die Praxis natürlich nicht aussuchen, sondern ihm wird eine »vorgesetzt«. Ich weiß, dass das aus Patientensicht trotz dieser Einschränkungen ziemlich positiv klingt, aber leider ist es so, dass das TSS-System auf Seiten der Praxen fast nur Nachteile mit sich bringt, und zwar erhebliche. Fairerweise muss man sagen, dass es einen Vorteil gibt, der für Ärzte deutliche Auswirkungen hat, für Psychotherapeuten aber weitaus weniger: Leistungen, die bei einem Patienten erbracht werden, der einem über die TSS vermittelt wurde, werden *extrabudgetär* vergütet, d.h. der Arzt erhält in jedem Fall, auch wenn das Budget schon ausgeschöpft ist (erinnern Sie sich an den Anfang des Kapitels), für diese Leistungen die volle Vergütung. Das ist für Ärzte im Allgemeinen weitaus wichtiger als für Psychotherapeuten, bei denen, wie ich beschrieben habe, teilweise nur ein Bruchteil der Leistungen überhaupt einer Budgetgrenze unterliegt. Zusätzlich erhält man als Arzt oder Psychotherapeut einen Zuschlag, z.B. in Höhe von 50%, auf die Grundpauschale. Das ist ein pauschaler Betrag, den jeder Psychotherapeut und Arzt einmal im Quartal abrechnen kann. Für Ärzte, bei denen die Grundpauschale bei gesetzlich Versicherten oft den Großteil der Vergütung für das ganze Quartal ausmacht (egal, wie oft der Patient im selben Quartal kommt), macht das natürlich einen spürbaren Unterschied. Bei Psychotherapeuten ist das anders. Die Grundpauschale beträgt ohnehin nur rund 8 Euro, und wenn dann 4 Euro draufkommen, macht das den Kohl nun wirklich nicht fett.

Nun aber zu den Gründen, warum die TSSen aus meiner Sicht und aus der vieler meiner psychotherapeutischen wie auch ärztlichen Kollegen einen Alptraum darstellen. Der erste Grund gilt für Ärzte und Psychotherapeuten gleichermaßen und ist recht simpel: *Sie können keine Termine vergeben, wenn sie keine haben.* Die TSS-Regelungen lassen aus meiner Sicht darauf schließen, dass die Erfinder dieser Regelung implizit davon ausgingen, dass man Praxen zur Terminvergabe *zwingen* muss, weil Ärzte und Psychotherapeuten (aus Faulheit, aus Bequemlichkeit, aus Sturheit? – man weiß es nicht) von sich aus keine neuen Patienten annehmen würden. Fairerweise sei hier kurz angemerkt, dass es genau deswegen bis Ende 2022 nicht nur die besagte »Zwangsmaßnahme«, sondern auch einen *positiven* Anreiz in Form einer Belohnung gab, die sogenannte Neupatientenregelung, die für Psychotherapeuten und Ärzte ähnliche Abrechnungsvorteile wie die TSS-Regelung bot, wenn sie neue Patienten aufnahmen. Diese Regelung gibt es nun seit Anfang 2023 nicht mehr.

5 Faule Psychotherapeuten oder Versagen der Gesundheitspolitik?

Aber zurück zur Kritik an den TSSen. Genauer bedeutet der gerade eingeführte Kritikpunkt, wobei ich mich der Einfachheit halber ab jetzt nur noch auf Psychotherapeuten beziehe, folgendes: Wenn einem Psychotherapeuten durch die TSS ein Patient vermittelt wird, bedeutet das aktuell, dass man ihm, obwohl man aufgrund der Versorgungslage chronisch ausgebucht ist und viele Dutzend Menschen seit Monaten auf der eigenen Warteliste für ein Erstgespräch stehen, *einen* Termin, den man sonst einem Patienten von der Warteliste gegeben hätte, anbieten muss, und zwar in der Regel ein Erstgespräch in der Psychotherapeutischen Sprechstunde zur Abklärung des Behandlungsbedarfs von mindestens 25 Minuten Dauer – mehr *nicht*. Patienten denken allerdings, obwohl die TSSen immer wieder beteuern, dass sie Patienten hierüber aufklären, immer noch oft genug, dass dahinter direkt ein regelmäßiger Therapieplatz steckt, und sind dann bitter enttäuscht, wenn ich mir zwar 100 Minuten Zeit für Abklärung und Beratung nehme, aber eine Anschlussbehandlung nicht oder nur mit einigen Monaten Wartezeit anbieten kann. Ich habe volles Verständnis dafür, dass Patienten den Weg der TSS gehen, denn aufgrund der in diesem Kapitel schon ausführlich beschriebenen Umstände sind diese Menschen verzweifelt und greifen natürlich nach diesem Strohhalm. Ich würde wahrscheinlich, wenn ich oder ein Angehöriger erkrankt wäre, dasselbe tun – und deshalb ist es mir auch wichtig, zu betonen, dass ich definitiv nicht die Patienten als die Schuldigen sehe, sondern die Personen oder Institutionen mit Entscheidungsgewalt im Gesundheitssystem, die ohne Kenntnis der inneren Abläufe in psychotherapeutischen Praxen das Monstrum TSS und somit das Gegenteil einer guten Ausgangsbasis auf der Beziehungsebene erschaffen haben.

An diese richte ich die folgenden Fragen: Woher sollen Psychotherapeuten bitte Termine, zu denen sie gezwungen werden, nehmen, wenn sie sie nicht haben? Und inwiefern soll es in irgendeiner Weise gerecht sein, dass Menschen, die die TSS anrufen (und denen ich deswegen *keinen* Vorwurf mache) binnen maximal 4 Wochen ein Erstgespräch bekommen, das somit Patienten, die den klassischen Weg gehen, sich vielleicht gezielt einen Psychotherapeuten raussuchen und somit zehnmal so lange warten müssen, nicht mehr zur Verfügung steht? Ich empfinde diese Ungerechtigkeit als äußerst unangenehm und merke im Berufsalltag häufig, dass sie in mir Groll auslöst. Dies ist besonders dann der Fall, wenn Patienten, denen anscheinend nicht klar ist, welches Privileg ihnen mit einer solch kurzen Wartezeit zuteilwird, ihren Termin wenige Stunden vorher absagen oder ganz ohne Absage nicht erscheinen. Und das ist mir in 5 Jahren Praxistätigkeit leider fast ausschließlich mit TSS-Patienten passiert und nicht mit solchen, die aus eigener Motivation lange gewartet haben und die in der Regel dankbar sowie pünktlich zu ihrem

Termin erscheinen. Übrigens verhalten sich natürlich nicht *alle* über die TSSen vermittelten Patienten, sondern nur eine Minderheit so. Trotzdem: Bei einem solchen Verhalten ist meine Toleranzgrenze aus 2 Gründen überschritten: Erstens entstehen nicht unerhebliche Umsatzeinbußen im dreistelligen Bereich, auf denen ich sitzenbleibe, weil Patienten, die ohnehin nicht wiederkommen, sich typischerweise nicht verpflichtet fühlen, ein Ausfallhonorar zu zahlen (vielleicht auch, weil ihnen der Wert von Psychotherapie nicht bewusst ist). Zweitens, und das ist der wichtigere Punkt: Wenn so kurzfristig ein Termin frei wird, ist es unmöglich, ihn neu zu vergeben – z. B. an Menschen von der Warteliste, die sehnlichst auf einen Termin warten, aber natürlich nicht binnen 15 Minuten da sein können. Das ist aus meiner Sicht in einer Welt, in der Psychotherapie so ein knappes Gut ist, einfach nicht vertretbar.

Ein weiterer Kritikpunkt meinerseits ist der Missbrauch der TSSen für Zwecke, für welche diese nicht ins Leben gerufen wurden. Dabei beziehe ich mich stark auf die Aspekte, die ich schon in Kapitel 4 angerissen habe (Stichwort »problematische Motivationslage«). So »besorgen« sich z. B. immer mal wieder Menschen mit einem Rentenbegehren oder solche, die einen höheren Grad der Behinderung (GdB) beantragen wollen, einen Termin beim Psychotherapeuten, um von diesem »was Schriftliches« zu bekommen, das sie dann ihrem nächsten Widerspruch beifügen können. Zweimal ist es mir inzwischen sogar passiert, dass diese Patienten unverhohlen gesagt haben, dass ihr Hausarzt zu ihnen gesagt habe, er müsse sie jetzt mal per TSS-Vermittlungscode zum Psychotherapeuten schicken, damit der eine Diagnose stellen kann und dann endlich der Antrag auf Erwerbsminderungsrente »durchgeht«. Hier haben wir es nach meinem Dafürhalten mit einem Fall von Missbrauch von Psychotherapie zu tun, und als Psychotherapeut so von einem Kollegen vor den Karren gespannt zu werden, finde ich überdies respektlos. Hinzu kommt, dass dieser wertvolle Erstgesprächstermin dadurch nicht mehr für solche Patienten verfügbar ist, die wirklich Bedarf und Interesse an Psychotherapie haben. Mit anderen Worten: Der Termin fehlt dadurch denjenigen Patienten, für die Psychotherapie *gedacht* ist, wenn Sie an ▶ Kap. 4 zurückdenken. Auch hier ist mein Urteil erneut: nicht vertretbar. Übrigens: Bei den beiden Fällen, von denen ich gerade berichtet habe, gab es nicht einmal eine behandlungsbedürftige psychische Symptomatik, was ich zum Unmut der beiden Patienten auch schriftlich bestätigt habe.

Der deutlich weniger brisante Unteraspekt dieses Kritikpunkts ist derweil der, dass manche TSS-Vermittlungen, die durch Hausärzte initiiert wurden, mitunter zwar nicht in die Kategorie »Missbrauch« fallen, aber vielleicht etwas voreilig und unnötig erfolgen und man ein wenig den Verdacht bekommt, dass der Hausarzt sich einfach nicht länger selbst mit dem Thema des

Patienten beschäftigen, ihm aber schnell und unkompliziert etwas »anbieten« wollte. Ich begrüße es absolut, dass es in der Hausärzteschaft inzwischen ein besseres Bewusstsein für psychische Erkrankungen gibt, gar keine Frage. Aber zu häufig habe ich (und psychotherapeutische Kollegen in meinem Umfeld haben mir ähnliches bestätigt) es bei auf diesem Wege eingeleiteten TSS-Vermittlungen damit zu tun, dass Patienten aufgrund von psychischen »Lappalien« einen Vermittlungscode zum Psychotherapeuten erhalten, z.B. aufgrund von Konflikten mit dem Partner oder dem Arbeitgeber und daraus resultierender Unzufriedenheit, die jedoch schlichtweg menschlich, der Situation angemessen und eben nicht pathologisch ist. Ebenso läuft es auch ohne Hausarztvermittlerrolle ab, wenn Patienten direkt bei der TSS anrufen: Jeder, der anruft und einen Termin beim Psychotherapeuten möchte, bekommt einen. Der Patient wird nicht einmal grob nach seinem Grund hierfür gefragt. Das verstehe ich vor dem Hintergrund, dass man die Schamschwelle so gering wie möglich halten möchte, es hat aber den gravierenden Nachteil, dass Patienten dadurch sowie durch die extrem kurze Wartezeit suggeriert wird, dass Psychotherapie ein Selbstbedienungsladen ohne Hürden ist – was zur Geringschätzung der Termine sowie zu deren Missbrauch einlädt. Hinzu kommt, dass aus mir unerfindlichen Gründen immer wieder Patienten über die TSS bei mir landen, bei denen sich nachher herausstellt, dass ihr Hausarzt eigentlich eine Vermittlung zum Psychiater beabsichtigt hatte, weil es um eine medikamentöse Einstellung geht, dem Hausarzt aber offenbar der Unterschied nicht bekannt war (anders als Ihnen als Leser – ▶ Kap. 2). Kurz gesagt: TSSen, die die Versorgungslage für psychisch kranke Menschen verbessern sollten, führen leider in nicht vertretbarem Maße zu Fehlvermittlungen und verschärfen durch inflationäre, nicht notwendige Vermittlungen paradoxerweise auch noch die Terminknappheit. Wenn es dann heißt, Psychotherapeuten würden nur die »leichten Fälle« behandeln, ist das somit zumindest in Teilen ein (medizinisch ausgedrückt) *iatrogenes*, also ein hausgemachtes, durch den Lösungsversuch verursachtes Problem.

Diese beiden Kritikpunkte lassen sich also als 1) Ungerechtigkeit, 2) Blockierung von Behandlungskapazitäten durch unnötige und Fehlvermittlungen sowie 3) Verlust von Wertschätzung gegenüber Terminen beim Psychotherapeuten bis hin zum Missbrauch derer zusammenfassen und werden ausdrücklich auch in der Fachpresse benannt, z.B. vom ehemaligen Vorsitzenden der Landespsychotherapeutenkammer Schleswig-Holstein, Heiko Borchers, der überwiegend dieselben Kritikpunkte an den TSSen sehr prägnant im offiziellen Mitteilungsblatt der Kassenärztlichen Vereinigung Schleswig-Holstein zusammengefasst hat (Borchers, 2022). Verbesserungsvorschläge, wie ich sie in einer eigenen Beschwerde an die TSS einmal benannt habe, z.B. eine grobe Erfragung des Anliegens mit dem Zweck, zumindest Fälle von Missbrauch eindeutig auszusortieren, sind laut Borchers derweil unrealistisch, weil die TSS-Mitarbeiter hierfür nicht qualifiziert seien. Hierzu würde ich sagen: Man könnte sie aber entsprechend qualifizieren und sollte dafür vielleicht die Zeit und das Geld investieren, wenn beides auch schon vorhanden war, um die TSSen überhaupt ins Leben zu rufen. Mit anderen Worten: Ein Argument namens »Es ist unmöglich« kann man hier meiner Meinung nach unmöglich gelten lassen. Noch ein Aspekt am Rande: Borchers beschreibt in seinem Artikel sogar, dass bei nur zwei Dritteln der über die TSS Schleswig-Holstein vermittelten Termine am Ende tatsächlich ein Termin zustande kommt. Der Rest rufe erst gar nicht an, erschiene einfach nicht oder storniere, was zu freien, nicht belegten Terminen bei Psychotherapeuten führt – meiner Meinung nach erneut ein Unding, wenn man die Versorgungslage bedenkt.

Nun möchte ich mich vor dem Hintergrund dessen, dass es im Gesundheitssystem, vor allem seitens der Krankenkassen, derzeit noch viel wildere Pläne diesbezüglich gibt, gerne noch einmal dem im Grunde dritten Kritikpunkt widmen, nämlich dem den TSSen innewohnenden Prinzip »Zwang«. Hier muss jedoch kurz gesagt werden, dass das Ausmaß an Zwang nicht in allen Bundesländern bzw. KV-Gebieten gleich ausgeprägt ist. Vielerorts gilt das harte Zwangsprinzip, dass man dem vermittelten Patienten einen Termin anbieten *muss*. In der KV Westfalen-Lippe in NRW wiederum ist es z.B. meinem Kenntnisstand nach (noch) so, dass man als Psychotherapeut freiwillig entscheiden kann, ob man von der TSS Patienten vermittelt bekommen *möchte*. Mit diesem Freiwilligkeitsprinzip ist die Sache natürlich direkt eine ganz andere.

Wie Borchers (2022) darlegt, hat das TSS-System aufgrund des Prinzips »Zwang« bereits jetzt den äußerst unangenehmen Beigeschmack von Einmischung in die Behandlungshoheit eines Psychotherapeuten, obwohl diese zusammen mit der Behandlungsverantwortung sowie der Methoden- und Verordnungsfreiheit allein dem behandelnden Psychotherapeuten obliegt. Rechtliche Widersprüche zwischen diesen aus der Berufsordnung und dem SGB V abgeleiteten Prinzipien einerseits und dem Vorgehen der TSSen ergeben sich vor allem dann, wenn (was, wie ich finde, die übelste Praxis überhaupt ist und zum Glück selten vorkommt) dem Psychotherapeuten A ein Patient vermittelt wird, bei dem er einen dringenden Behandlungsbedarf erkennt, den er aber nicht selbst behandeln kann oder möchte, und Psychotherapeut A dem Patienten dann einen TSS-Vermittlungscode gibt, mit dem er dann durch die TSS zu Psychotherapeut B vermittelt wird – und zwar dann *nicht* zu einem zweiten Sprechstundentermin, sondern zu einer Akutbehandlung oder einer probatorischen Sitzung. In beiden Fällen gilt der

5 Faule Psychotherapeuten oder Versagen der Gesundheitspolitik?

Rechtsanspruch nur für eine Sitzung, aber rein rechtlich dürfte es so etwas gar nicht geben: Wie Borchers darlegt, regeln SGB V und die Berufsordnung (u. a. § 3 Abs. 5 der Muster-Berufsordnung für Psychotherapeuten) an mehreren Stellen, dass die Behandlungshoheit immer beim behandelnden Psychotherapeuten selbst liegt. Wird mir von einem Kollegen über die TSS ein Patient zur Akutbehandlung vermittelt (was ich von der Art und Weise schon recht unkollegial finde und nach meinem Empfinden etwas von »den schwarzen Peter weitergeben« hat), habe ich als Psychotherapeut weiterhin die Behandlungshoheit. Das bedeutet, ich kann selbst auch erst einmal ein eigenes Erstgespräch führen, in dem ich *selbst* die Indikation stelle, zumal es auch praktisch gesehen absoluter Unsinn ist, einen Patienten zu *behandeln*, über den ich ja gar nicht die für die Behandlung notwendigen *Informationen* selbst erhoben habe.

Die nächste Blüte in diesem Bereich, diesmal ausgetrieben vom GKV-Finanzstabilisierungsgesetz (GKV-FinStG), ist übrigens das Anfang 2023 eingeführte Instrument der sogenannten *HAFA-Vermittlungsfälle*. HA steht dabei für »Hausarzt« und FA für »Facharzt«. Unter letzteres fallen hier wieder einmal auch die Psychotherapeuten. Auch die HAFA-Vermittlung basiert auf dem Prinzip, dass man in die Autonomie der Terminvergabe der Psychotherapeuten und Fachärzte eingreift, und zwar indem Psychotherapeuten und Fachärzte in ein Online-Portal Termine einstellen, über die dann wiederum Hausarztpraxen, die für diesen Akt 15 Euro erhalten, verfügen und diese Termine verbindlich für Patienten buchen können, bei denen sie eine dringende Notwendigkeit hierfür sehen. Als ich davon zum allerersten Mal las, dachte ich tatsächlich, dies wäre ein verfrühter Aprilscherz, da ich nicht glauben konnte, dass es nun möglich wird, dass Hausärzte ihren fachärztlichen Kollegen Patiententermine in deren eigenen Kalender »reindrücken«, was ja nun nicht gerade die interkollegiale Harmonie befördert. Gerade im Bereich der Psychotherapie, wo es so sehr auf die persönliche Passung ankommt und ich als Psychotherapeut bitte gerne selbst entscheiden möchte, wer zu mir kommt, ist das aus meiner Sicht ein absolutes Unding. Einschränkend muss man dazu allerdings sagen, dass es (noch) nicht verpflichtend, sondern bislang freiwillig für Fachärzte und Psychotherapeuten ist, Termine zur Verfügung zu stellen, die Hausärzte dann buchen können. Und auch dieses System hat einen Belohnungsanreiz, nämlich die extrabudgetäre Vergütung, die aber, wie oben beschrieben, je nach Bundesland für Psychotherapeuten als Anreiz komplett zu vernachlässigen ist und den Eingriff in die eigene Autonomie als Behandler in eher unbefriedigender Weise aufwiegt. Weil anscheinend (ich kann mir gar nicht erklären, warum) noch zu wenige Fachärzte und Psychotherapeuten Termine zur Vermittlung durch Hausärzte im Online-Portal einstellen (wie auch, wenn man keine hat, die man anbieten kann), wurde nun kürzlich in der Fachpresse nach dem Motto »Alle müssen mithelfen« dazu aufgerufen, dass doch bitte zu tun und außerdem im Fall der Hausärzte nicht inflationär hiervon Gebrauch zu machen, sondern nur, wenn es wirklich *medizinisch notwendig* ist (Kaak et al., 2023). Was ich statt eines solchen Appells begrüßen würde, wäre demgegenüber ein ernst gemeintes Interesse an den Gründen, *warum* offenkundig so viele keine Termine einstellen, und eine Sensibilität für den Eingriff in die Autonomie der fachärztlichen Behandler – sowie ebenso für die undankbare Buhmann-Rolle der Hausärzte bei diesem Unterfangen. Was ich im Gegensatz zu einer solchen Verständnisoffensive jedoch leider erwarte, ist, dass wie meistens das Prinzip »Zwang« wieder aus der Tasche geholt und man in absehbarer Zeit verpflichtet werden wird, Termine anzubieten. Nur leider weiß ich als Psychotherapeut immer noch nicht, wo ich diese hernehmen soll, wenn ich 2 Erstgespräche pro Woche anbieten kann, eins davon typischerweise durch eine TSS-Vermittlung belegt wird und das andere an eine der rund 100 Personen geht, die sich per eigenmotivierter Anmeldung laufend auf meiner Warteliste befinden.

Wie Haserück (2023) berichtet und wie es in einer eigenen Veröffentlichung des vdek nachzulesen ist, wurde von dieser Seite nun tatsächlich der Vogel mit der Forderung danach abgeschossen, dass die Vermittlungsarbeit der TSSen, trotz der immer wieder von der Psychotherapeutenschaft geäußerten Kritik, noch *erweitert* werden solle – und zwar dahingehend, dass 1) Patienten per Vermittlung über die TSS einen Rechtsanspruch auf einen ganzen *Therapieplatz* und nicht nur auf eine einzelne Sitzung haben sollen und dass (2) Psychotherapeuten verpflichtet werden sollen, die Hälfte ihrer frei werdenden Therapieplätze den TSSen zur Vermittlung von Patienten mit akutem Bedarf zur Verfügung zu stellen (vdek, 2022).

Noch einen drauf setzt Ann Marini (Sie erinnern sich, die Pressesprecherin des G-BA) im besagten Interview mit Haluka Maier-Borst (2022), das nämlich noch einen krasseren Absatz enthält als den, mit dem ich das Kapitel eröffnet habe – nämlich folgenden:

> »Leider vermitteln [die TSSen] aber eben keinen Platz in der Richtlinientherapie selbst. Das ist aus meiner Sicht ein Knackpunkt. Diesen Teil der Versorgung hat der Gesetzgeber bisher außen vorgelassen. Überhaupt dass ein:e Therapeut:in ohne Begründung sagen kann, dass sie einen Patienten oder eine Patientin nicht aufnimmt, selbst wenn sie freie Kapazitäten hätte, das finde ich wirklich schwierig. Das machen andere Fachärzte oder Hausärzte nicht.«

Die Interviewerin wendet daraufhin sehr vernünftigerweise ein (danke, Frau Maier-Borst): »*Gut, aber bei der Psychotherapie geht es schon darum, dass es persönlich passen muss zwischen Patient:in und dem Behandelnden.*«

Marini entgegnet dem: »*Klar. Aber man muss auch sagen, dass eine Therapie eine medizinisch-fachliche Beziehung darstellt. Es geht darum, seelische Leiden zu lindern oder zu heilen. Dazu braucht es wie bei anderen Fachärzt:innen auch ein grundlegendes Vertrauensverhältnis. Aber das muss keine grenzenlose Sympathie füreinander sein.*«

Tatsächlich war ich selten so fassungslos wie in dem Moment, als ich diese Äußerung gelesen habe. Ganz offensichtlich kennt Frau Marini Psychotherapie weder aus der Patienten- noch aus der Behandlerperspektive. Anders kann ich mir dieses in diesen Aussagen offenbarte Unwissen nicht erklären. Erklären möchte ich aber Ihnen, lieber Leser, warum diese Aussage vorne und hinten nicht stimmt.

Zunächst einmal zum Begriff »medizinisch-fachliche Beziehung«. Nein, genau so ist das Verhältnis zwischen Psychotherapeut und Patient eben *nicht*, und das scheint ein essentieller Denkfehler bei Akteuren der Gesundheitspolitik zu sein, die nach meiner Wahrnehmung durch und durch vom medizinischen Rollenverständnis »Arzt sagt Patient, was er tun soll, und Patient tut dies« durchzogen ist. Ich habe in den vorherigen Kapiteln, denke ich, zu genüge beschrieben, warum Psychotherapie anders funktioniert. Ich möchte auch Ärzten absolut zugestehen, dass sie mit Menschen, die ihnen auf der Beziehungsebene sehr unangenehm sind, nicht arbeiten möchten; das gehört für mich zur von unserem Grundgesetz geschützten Würde des Menschen. Aber es macht eben auch noch einmal einen großen Unterschied, ob ich einen Facharzttermin für eine Magenspiegelung, eine Herzkatheteruntersuchung oder eine Mammographie benötige, bei denen wegen des apparativen Sachbezugs das persönliche Verhältnis zum Arzt zweitrangig ist, oder ob es darum geht, dass ich einem fremden Psychotherapeuten mein wahrscheinlich schambehaftetes inneres Erleben, womöglich mit Elementen wie sexuellem Missbrauch oder ähnlichem, schildere. Dass das einen gewaltigen Unterschied macht und in der Psychotherapie das »zwischenmenschliche Wohlfühlen« dasjenige ist, worauf es ankommt, versteht vermutlich jeder mit einem einigermaßen gesunden Menschenverstand. Denken Sie bitte außerdem an ▶ Kap. 3 zurück, in dem ich beschrieben habe, wie ausschlaggebend die Qualität der therapeutischen Arbeitsbeziehung für den Erfolg einer Psychotherapie ist und wie vergleichsweise irrelevant die spezifischen Interventionen sind (von denen man ja noch behaupten könnte, dass es egal ist, wer sie anwendet, z. B. die Allzweckwaffe »Aktivitätenaufbau«). Vieles deutet, wie Sie vielleicht erinnern, darauf hin, dass kaum ein Faktor wichtiger ist als die

Frage, ob die »Chemie« zwischen Patient und Therapeut stimmt. Behauptet man Dinge wie Ann Marini, wendet man sich somit de facto gegen umfangreiche wissenschaftliche Erkenntnisse oder offenbart die Unkenntnis dieser.

Diese Erkenntnisse sind übrigens auch der Grund, warum ein Psychotherapeut nicht nur sich selbst, sondern auch den Patienten schützt, wenn er das tut, was Frau Marini »schwierig« findet, nämlich sich entscheidet, einen Patienten nicht zu behandeln, weil z.B. aufgrund erkennbarer Probleme in der Interaktion, d.h. auf der Beziehungsebene, absehbar ist, dass kein tragfähiges therapeutisches Arbeitsbündnis zustande kommen und die Behandlung daher nicht erfolgreich im Sinne von wirksam, d.h. in der Sprache von § 12 SGB V nicht *zweckmäßig,* sein kann. Würde er die Therapie dennoch beginnen, wäre das rechtlich gesehen ein Übernahmeverschulden und würde er dem Patienten sehr wahrscheinlich *schaden.* Damit würde er zusätzlich gegen seine Berufsordnung, nämlich gegen die Sorgfaltspflicht (§ 5 Abs. 3 Muster-Berufsordnung) verstoßen, die sehr klar regelt, unter welchen Bedingungen ein Psychotherapeut die Behandlung eines Patienten ablehnen darf und sollte – nämlich u.a. dann, wenn »das notwendige Vertrauensverhältnis zwischen dem Patient*in und dem*der Behandelnden nicht herstellbar ist«. Eine sehr detaillierte juristische Analyse der Frage, inwieweit ein Psychotherapeut die Behandlung eines Patienten ablehnen darf, findet sich übrigens in einem informativen Artikel von Frehse und Best (2006). Dort werden zum einen die grundlegende Behandlungsfreiheit von Psychotherapeuten und Ärzten herausgestellt, jedoch auch die Einschränkungen dieser Freiheit beschrieben, die für Psychotherapeuten mit Kassenzulassung und entsprechendem Versorgungsauftrag gelten und sich aus der Verpflichtung ergeben, gesetzlich versicherte Patienten zu behandeln. Wie Frehse und Best sehr deutlich machen, bedeutet das aber eben *nicht* die Verpflichtung, *jeden* einzelnen anfragenden Patienten zu behandeln, und unangetastet bleibt außerdem die Ablehnung einer Behandlung aus einem von 3 Gründen: Erstens aufgrund eines fehlenden Vertrauensverhältnisses zwischen Psychotherapeut und Patient (siehe oben), zweitens aufgrund zu hoher Auslastung bzw. Überlastung und drittens, wenn erkennbar ist, dass die Behandlung nicht *zweckmäßig* wäre, z.B. weil der Patient nicht ausreichend motiviert ist oder nicht ausreichend in der Lage, sein Denken und Verhalten zu verändern (was gemeinhin als »Umstellfähigkeit« bezeichnet wird und was Sie als Leser dieses Buchs schon aus ▶ Kap. 4 kennen).

Je nachdem, wie ein Patient sich im Rahmen der ersten Anfrage am Telefon verhält, also z.B. aggressiv, vorwurfsvoll, hämisch und beleidigend, kann aus meiner Sicht übrigens auch durchaus schon in diesem frühen Stadium absehbar sein, dass die Etablierung einer tragfähigen therapeutischen Arbeitsbeziehung niemals möglich und eine Behandlung nicht zweckmäßig sein wird.

Aber hier, so meine Meinung, darf es auch *nicht nur* um das Wohl des Patienten gehen, sondern, aufgrund der nicht antastbaren Würde *aller* Menschen, auch um das des Psychotherapeuten. Ein Zwangs-System, wie der vdek und Frau Marini suggerieren, würde davon nicht viel übriglassen, wenn man das Ganze einmal weiterdenkt. Möchte ich als Psychotherapeut, der mit einem Mann verheiratet ist, jemanden zwangszugewiesen bekommen, der das Gespräch mit seinem Hass auf Schwule beginnt? Soll man einer Psychotherapeutin einen Patienten zumuten, der sich offen frauenfeindlich äußert? Kann man von einem Psychotherapeuten erwarten, dass er jemanden behandelt, der massiv gegen Menschen anderer Ethnien hetzt? Diese Fälle zeigen eindeutig: Das Prinzip »Zwang« ist mit dem sensiblen Gebiet der Psychotherapie auf keinen Fall vereinbar, und aus meiner Sicht ist es deswegen auch aus ethischer Perspektive problematisch.

Was ich mich auch frage, ist, ob die Menschen, die solche Dinge vorschlagen, nicht im Blick haben, was das Momentum des Zwangs bei der Vermittlung auf *beiden* Seiten, also bei Psychotherapeut *und* Patient, bewirkt. Wie haben Sie sich z.B. früher gefühlt, wenn Sie in der Schule vom Lehrer gezwungen wurden, mit einem unliebsamen Mitschüler eine Partnerarbeit zu machen? Neben Unwohlsein ist eine weitere menschliche Reaktion auf Zwang, wie man in der psychologischen Forschung seit Urzeiten weiß, *Trotz* (oder, wissenschaftlicher ausgedrückt, »Reaktanz«). Ich muss Ihnen wohl nicht erklären muss, dass Trotz sowohl in einer therapeutischen Beziehung als auch in der übergeordneten Beziehung zwischen dem Psychotherapeuten und dem ihm zwingenden Gesundheitssystem kontraproduktiv ist. Was ich damit sagen will: Alleine das Zwingen als Prozess per se führt mit hoher Wahrscheinlichkeit dazu, dass die Beziehungsebene von Anfang an vergiftet ist. Schon bei über die TSS vermittelten Erstgesprächen muss ich ja einen Weg finden, professionell mit meiner Dissonanz (weniger hochgestochen könnte man von »Frust« sprechen) umzugehen, die sich aus dem Ungerechtigkeitsempfinden darüber ergibt, dass ich hier jemandem (der aufgrund mangelnder Wertschätzung vielleicht auch noch leichtfertig absagt) einen Termin geben muss, den ich lieber jemandem gegeben hätte, der schon seit Monaten auf der Warteliste steht und sich motiviert immer wieder zurückgemeldet hat. Aber zu einer ganzen *Behandlung* gezwungen zu werden, was übrigens auch komplett die erwähnte und rechtlich verankerte Behandlungshoheit einreißen würde, wäre, um im Bild zu bleiben, eine Dosis an Gift sowohl für die therapeutische Beziehung als auch für das Verhältnis zwischen Psychotherapeut und Gesundheitssystem, die auf der Beziehungsebene mit Sicherheit tödlich wäre.

Und es gibt noch einen eher pragmatischen Grund, warum es niemals funktionieren könnte, dass eine TSS ganze Therapieplätze vermittelt. Das problematische Momentum der Einmischung in die Termingestaltung des Psychotherapeuten per se einmal beiseitegelegt, wäre es auch praxisorganisatorisch gar nicht machbar, jemandem einen ganzen Therapieplatz zu vermitteln. Zudem müsste man erst einmal definieren, was das heißt: Eine Terminserie von 12 Sitzungen einmal pro Woche? Eine Langzeittherapie mit 60 Sitzungen mindestens alle zwei Wochen? Und was ist, wenn der Verhaltenstherapeut im Erstgespräch zu dem Ergebnis kommt, dass eine TP – oder dass gar keine Psychotherapie indiziert ist? Und was ist, wenn nach 7 Sitzungen klar ist, dass die Therapie nichts bringt und somit zu beenden ist? Sie sehen: Hier haben Leute augenscheinlich nicht nur nicht nachgedacht, sie kennen auch weder den beruflichen Alltag von Psychotherapeuten noch die für sie geltenden Gesetze. Ich finde das erschreckend und stimme der Aussage des damaligen Präsidenten der BPtK, Dietrich Munz, zu, der von Haserück (2023) mit der Aussage zitiert wird: »Therapieplätze, die nicht vorhanden sind, können auch nicht vermittelt werden«. *Eigentlich* logisch.

Zusammenfassend kann man also festhalten, dass die verschiedenen Akteure im Gesundheitssystem in den vergangenen 15 Jahren einige gute Ideen wie die Möglichkeit zur Aufsplittung von Kassensitzen, die Einführung der Psychotherapeutischen Sprechstunde und (wenn auch stark eingeschränkt) die Förderung der Gruppentherapie hatten. Jedoch sind sie mit der Idee, zur Verbesserung der Versorgung ein System von aus meiner Sicht immer mehr Zwang, Bevormundung und Gängelung einzuführen und den angeblich »faulen« Psychotherapeuten den schwarzen Peter zuzuschieben, auf einen Zug aufgesprungen, der dabei ist zu entgleisen. Wie schon angesprochen, sind es uralte und hundertfach replizierte Erkenntnisse der Psychologie, dass Zwang bei den Gezwungenen Trotz hervorruft und Strafe bzw. deren Androhung bei den so unter Druck gesetzten bestenfalls Angst, aber keine positive Annäherungsmotivation schafft. Der beschriebene gesundheitspolitische Trend ist weder in der Lage, ein friedliches Verhältnis zwischen den Erbringern des Gesundheitssystems und seinen Gesetzgebern zu etablieren (im Gegenteil, er spaltet), noch führt er dazu, dass Patienten besser versorgt werden und sich etwas an den viel zu langen Wartezeiten ändert. Jeder, der sich auch nur ein wenig mit basalen psychologischen Lernmechanismen auskennt, entweder durch eine formale Ausbildung oder durch Lebenserfahrung, weiß, dass Menschen, die ein hohes Maß an Wertschätzung, Autonomie und Entscheidungsfreiheit bei ihrer Arbeit genießen, glücklicher und zufriedener ihre Arbeit erledigen und dass positive Anreize und Belohnung um ein Vielfaches mehr die Motivation steigern als die Androhung von Sanktionen wie z.B. Honorarkürzungen oder eine Beschneidung der Behandlungshoheit. Die Arbeitswelt hat das vielerorts längst begriffen, die Entscheidungsinstanzen im Gesundheitssystem offenbar noch nicht, sonst würden sie gegenüber Psychotherapeuten nicht auf die kontraproduktiven Instrumente Zwang und Strafe setzen. Um Dörte Hansen als eine meiner Lieblingsautorinnen mit einem beispiellos treffenden Satz aus ihrem Roman »Altes Land« aus dem Jahr 2015 zu zitieren, gilt für die Art, wie jene Entscheidungsinstanzen und die Psychotherapeutenschaft nun schon zu lange miteinander umgegangen sind, durchaus der Modus »*Alles was sie taten, taten sie einander an*« (S. 267). Mit anderen Worten: Die Beziehung ist vergiftet.

Doch was könnte man anders machen? Ich möchte diese Frage danach differenzieren, was man *innerhalb* der aktuell geltenden Gesetze anders machen könnte – und was wiederum darüber hinausgehend sinnvolle, umfassendere *Reformen* wären, die ich für den Bereich der Psychotherapie befürworten würde.

Lösungsansätze »innerhalb« des aktuellen Systems: Man kann es besser machen

Unter der Prämisse, dass die Gesetzeslage so bleibt, wie sie ist, sehe ich zwar keine Lösungen, die die beschriebenen Probleme grundlegend und in hinreichender Weise verändern, jedoch gäbe es aus meiner Sicht ein paar Ansätze, die zu einer gewissen Verbesserung der Versorgungslage psychisch erkrankter Menschen beitragen könnten. Fangen wir also an.

Vor der eigenen Haustüre kehren

Zuallererst schadet es aus meiner Sicht, da ich um Fairness und Differenziertheit bemüht bin, nicht, wenn wir Psychotherapeuten uns im Hinblick auf die Anteile, die wir uns vielleicht selbst ein wenig ankreiden müssen, in angemessenem Ausmaß an die eigene Nase fassen und für unseren, wenn auch nach meiner Analyse eher kleinen, Anteil an der schlechten Versorgungslage Verantwortung übernehmen. Gerade weil ich als Autor selbst Psychotherapeut und somit nicht völlig unparteiisch bin, ist mir an dieser Stelle die differenzierte Darstellung der Lage enorm wichtig. Tatsächlich sehe ich es, gerade vor dem Hintergrund der aus meiner Sicht oft wenig konstruktiv geführten und bisweilen vergifteten Debatte darum, wer nun Schuld an der schlechten Versorgungslage mit ihren langen Wartezeiten hat (die einem Hin- und Herschieben des schwarzen Peters ähnelt), als zentrale Voraussetzung für jede Art des diplomatischen Dialogs und der konstruktiven Lösungsfindung, dass *beide* Seiten ihre Verantwortung in dem Ausmaß einräumen, wie es angemessen ist. Ich weiß, dass es hierzu andere Meinungen gibt, aber ich vertrete die Überzeugung, dass das anteilige Einräumen eigener Verantwortlichkeiten die eigene Glaubwürdigkeit nach außen erhöht und nicht schmälert, wodurch die Verhandlungsposition stärker wird, als wenn man kategorisch alles abstreitet. Wenn ich mir die Vehemenz und den Tonfall, mit denen beide Seiten, zum einen die Vertreter der Psychotherapeutenschaft und zum anderen insbesondere G-BA und vdek, sich gegenseitig bezichtigen, an der Misere schuld zu sein (oder, im Fall des vdek, Zahlen präsentieren, die vermeintlich belegen, dass es gar keine Misere gibt), kann ich als Psychologe und Psychotherapeut mit einer gewissen Sensibilität für Verhandlungsprozesse keine gute Basis dafür erkennen, sich diplomatisch und übrigens zugunsten unserer Patienten zu einigen. Und in ähnlicher Weise, in der ich z. B. den Umgang des vdek mit Statistiken wenig förderlich für das Image des Verbands finde, erachte ich es teilweise als ungünstig für das Image des Psychotherapeutenberufs, wenn dessen Repräsentanten Kritik kategorisch zurückweisen, selbst wenn etwas Wahres dran ist. Es geht mir dabei nicht darum, meine Kollegen zu »bashen« oder den Berufsstand insgesamt negativ darzustellen. Ganz im Gegenteil: Es geht mir darum, unsere Glaubwürdigkeit in der Debatte zu erhöhen, indem wir mutig einräumen, wo Kritik berechtigt ist und der Ball im Feld der Psychotherapeuten liegt. Denn nur so kann irgendwie eine Lösung gefunden werden. Solange das nicht der Fall ist, sind die Leidtragenden des Streits leider vor allem die Patienten sowie das Image beider Seiten. Und wie Sie wahrscheinlich bestätigen werden, ist es beinahe ein zwischenmenschliches Naturgesetz, dass bei zwei diametral entgegengesetzten Positionen die Wahrheit in der Regel irgendwo dazwischen liegt, was jedoch nicht notwendigerweise bedeutet, dass sie genau in der *Mitte* liegt.

Doch was heißt das nun nach dieser ausschweifenden Vorrede konkret? Konkret bedeutet das z. B. in Bezug auf die nicht erfüllten Versorgungsaufträge, dass *alle* Psychotherapeuten aufgerufen sind, zu prüfen, ob sie in der Lage und gewillt sind, ihren Versorgungsauftrag zu erfüllen und, wenn sie sich dies nicht (mehr) zutrauen, einen Teil abzugeben und damit ganz direkt die Versorgungslage zu verbessern. Und es bedeutet womöglich, hier und da vielleicht noch einmal kritisch zu prüfen, ob wir die Therapie mit Herrn

Müller wirklich noch fortführen, weil er es braucht oder weil er uns (was absolut *menschlich* ist) inzwischen so ans Herz gewachsen ist und wir gerade keine Lust haben, uns in Herrn Meyer als neuen Patienten hineinzufinden und uns somit umzugewöhnen. Und es bedeutet ganz besonders, anders als der zu vereinfachte und pauschale Appell, generell *schwer kranke* Patienten zu bevorzugen, manchmal vielleicht auch eine Therapie, obwohl uns der Patient so schrecklich leid tut, *nicht* zu beginnen, weil, so traurig das sein mag, diverse prognostische Faktoren (z. B. mangelnde Änderungsmotivation oder zu geringe Introspektionsfähigkeit) uns sagen, dass diese Therapie nicht viel bewirken wird. Stattdessen könnten wir diese jemandem anbieten, bei dem die Zeichen so stehen, dass er hiervon profitieren wird (anstatt den Fall in der Intervision ergebnislos rauf und runter zu besprechen).

Darüber hinaus sollten ein paar weitere ungünstige Umstände nicht unerwähnt bleiben, die unseren Berufsstand betreffen und sich nach meinem Dafürhalten nachteilig auf dessen Image und außerdem auch auf die Versorgungssituation auswirken. Als Oberpunkt für die hier gemeinten Umstände möchte ich gerne den Begriff »ausbaufähige Professionalität« verwenden und meine hiermit explizit *nicht* alle und auch *nicht* die Mehrheit der Psychotherapeuten, jedoch eine für unser Image problematische Minderheit. Hierzu gehört z. B., dass, obwohl dies seit der Psychotherapiestrukturreform 2017 vorgeschrieben ist, viele psychotherapeutische Praxen sich nachgewiesenermaßen nicht an die telefonischen Erreichbarkeitszeiten halten, zu denen sie verpflichtet sind (100 Minuten pro Woche bei einem halben und 200 Minuten pro Woche bei einem vollen Versorgungsauftrag) und welche auch bei der jeweils zuständigen kassenärztlichen Vereinigung hinterlegt sein müssen. Dass dieser Eindruck, der bei mir alleine schon durch immer wieder dieselben Äußerungen von Patienten, die mich aufsuchen (»Sie waren die einzige Praxis auf der Liste, wo jemand ans Telefon ging«), entsteht, auch objektiv durch wissenschaftliche Erhebungen bestätigt wurde, fassen Linden et al. (2021) sehr ausführlich zusammen. Übrigens kann die telefonische Erreichbarkeitszeit auch an Praxispersonal delegiert werden, welches jedoch von den wenigsten Psychotherapeuten beschäftigt wird, obwohl genau dafür der sogenannte Strukturzuschlag gezahlt wird – ein weiterer, meiner Meinung nach berechtigter Punkt bzgl. professionellen Auftretens, bei dem ich dem vdek sogar in Teilen recht gebe (vdek, 2022; nachzulesen auch bei Haserück, 2023).

Nun kann man natürlich hinterfragen, wie sinnvoll es ist, als Psychotherapeut ans Telefon zu gehen, wenn man ohnehin keine Termine zu vergeben hat und immer dieselbe Antwort geben muss – klar. Aber man darf nicht vergessen, was für einen schlechten Eindruck über Psychotherapeuten als Ganzes das hinterlässt – nicht nur bei Patienten, sondern auch gegenüber

Kollegen (ärztlich wie psychotherapeutisch), die einen schlichtweg nicht erreichen können. Allerdings wohnt dem Streit um eine telefonische Erreichbarkeit auch etwas inne, das nicht unbedingt im Jahr 2024 angekommen ist. Ich fände es sinnvoll, wenn etwas breiter über Kontaktmöglichkeiten als lediglich über telefonische Erreichbarkeit debattiert würde. So wäre es aus meiner Sicht völlig in Ordnung, wenn eine Praxis zwar schlecht telefonisch erreichbar ist, aber dafür binnen 24 Stunden auf E-Mail-Anfragen reagieren würde oder es ein spezielles Kontaktformular gäbe, über das Patienten Terminanfragen senden können und innerhalb eines bestimmten Zeitfensters eine Rückmeldung erhalten. Alternativ könnte man, diese Form von Modernität und Professionalität vorausgesetzt, auf der Praxiswebsite eine jeweils aktuelle Information darüber vorhalten, ob derzeit Optionen auf Termine bestehen und sich eine Anfrage lohnt. So wäre ein Feedback an Patienten gewährleistet, ohne dass Psychotherapeuten (oder ihre Angestellten) die unschöne Aufgabe erledigen müssen, ans Telefon zu gehen und dort jeden Menschen einzeln abzuweisen.

Ein weiteres Beispiel ausbaufähiger Professionalität, das jedoch regional eine sehr unterschiedliche Bewandtnis hat, ist der Umstand, dass, ganz besonders in »meinem« Bundesland Schleswig-Holstein, noch viele Kollegen ihre Praxisräume in ihrem Privathaus haben. Seitens der kassenärztlichen Vereinigung ist das erlaubt, jedoch wird gefordert, dass die Praxisräume klar von den Privaträumen getrennt sind. Die Frage, die ich mir regelmäßig stelle – »Warum um alles in der Welt will man das als Psychotherapeut so haben?« – einmal dahingestellt, habe ich aus persönlicher Erfahrung und auf Basis von Patientenberichten den Eindruck gewonnen, dass diese Trennung nicht immer so ganz, sagen wir mal, gelingt, und es auf Patienten eher unangenehm und verunsichernd wirkt, wenn sie einen Psychotherapeuten »zu Hause« aufsuchen, wo dann vielleicht auch noch der Ehemann oder die Tochter die Tür aufmacht, weil Papa noch im Gespräch ist. Aus meiner Sicht verwischt das auch die so wichtige Grenze zwischen dem Angebot von uns »echten« Psychotherapeuten und dem der unseriösen Konkurrenz (selbst ernannte »Heiler« etc.) und ist daher als imageschädigend zu werten.

Mein letztes Beispiel für ausbaufähige Professionalität hat etwas mit der Kenntnis unserer Berufsordnung zu tun, die Sie in ▶ Kap. 4 kennengelernt haben. Gerade nachdem ich meine Ausbildung zum Psychologischen Psychotherapeuten abgeschlossen und im Zuge derer Dutzende großartige Dozenten, Supervisoren und Therapeutenvorbilder kennen gelernt hatte, die sich in allem auskannten, was von Bedeutung war, musste ich mich in meiner Anfangszeit als niedergelassener Psychotherapeut (damals noch unter 30) einer gewissen Desillusionierung stellen, die mit der Erkenntnis zu tun hatte, dass sicherlich die meisten, aber eben nicht alle Kollegen (gerade die älteren Semesters), ganz so, sagen wir mal, up to date sind, was die aktuell geltenden Regularien für unseren Beruf betrifft. Gelegenheiten, solche Kollegen kennenzulernen, sind sowohl Fortbildungen (bei denen man oft aus den Fragen auf den Kenntnisstand schließen kann, wobei natürlich positiv zu werten ist, dass die betreffende Person zur Fortbildung *geht*) als auch Gespräche, die sich ergeben, wenn man als Bewerber auf einen Kassensitz mit dem Praxisabgeber Kontakt hat. Ergänzt wird der Eindruck dann noch durch überzufällig häufige Berichte von Patienten, die Geschichten von Kollegen erzählen, welche Fragezeichen aufkommen lassen. Bzgl. letzterer »Quelle« ist natürlich einschränkend zu bedenken, dass man manchem Patienten natürlich unterstellen kann, dass sie einem schmeicheln wollen, indem sie über Kollegen ablästern – schon klar. Aber selbst wenn ich dadurch 50 % an Wahrheitsgehalt wegstreiche, bleibt leider noch zu viel übrig. Ein besonders gutes Beispiel ist die Dokumentationspflicht, also die Verpflichtung zur Aktenführung. Hier scheint sich zu häufig in bestimmten Kreisen die Annahme zu halten, der Psychotherapeut mache nur für sich selbst Notizen. Eine auf das Rentenalter zugehende Kollegin erzählte mir z. B. einmal beinahe stolz: »Am Anfang habe ich Akten geführt, aber irgendwann habe ich dann nicht mehr mitgeschrieben, weil ich mir das auch so merken konnte.« Akten gab es bei dieser Dame nicht. Und denken Sie bitte nicht, sie hätte sich hier von mir etwas erzählen lassen. Nein, doch nicht von einem, der noch grün hinter den Ohren ist. In eine ähnliche Kategorie fällt, dass erschreckend viele Patienten mit einer Vorbehandlung, die bei mir eine Therapie beginnen und die ich im Sinne meiner beruflichen Pflicht über die Diagnose und die bevorstehende Behandlung *aufkläre*, mich wie ein Auto angucken und auf Nachfrage sagen, dass sie so eine Art der Transparenz nicht kennen. Das finde ich vor dem Hintergrund der Ihnen aus ▶ Kap. 4 bekannten Aufklärungspflicht traurig, selbst wenn ich auch hier mit einrechne, dass man 50 % Wahrheitsgehalt abziehen muss.

Gerade weil dieser Aspekt aufgrund des Risikos, in ein grundsätzliches und in seinem Effekt kränkendes Anprangern älterer Kollegen zu verfallen, ein sehr sensibler ist, möchte ich für diese Gruppe von Kollegen auch um etwas Verständnis werben. Denn: Als nach 1999 der Psychotherapeutenberuf erstmals geregelt und eine Berufsordnung erlassen wurde, waren diese Personen oft schon Jahre, wenn nicht Jahrzehnte psychotherapeutisch tätig – jedoch ohne eine formale Ausbildung zu durchlaufen, die ihnen die gesetzlichen Rahmenbedingungen und die Berufsordnung nahe gebracht hätten. Natürlich ist jeder Psychotherapeut, egal ob »von vor 1999« oder »von danach«, verpflichtet, seine Berufsordnung zu kennen und zu befolgen, aber es macht vom

Gefühl her sicherlich einen Unterschied für das Verhältnis zu einem Gesetz, ob man selbst oder das Gesetz früher da war.

Zusammengefasst finden sich also durchaus ein paar Aspekte, die sich zum einen negativ auf das Image von Psychotherapeuten in der Bevölkerung auswirken und die zum anderen einen anteiligen Effekt auf die Versorgungslage haben. Dem Kollegialitätsprinzip unserer Berufsordnung folgend, sind wir Psychotherapeuten zuallererst selbst aufgerufen, unsere Kollegen, wenn uns der Name genannt wird, darauf anzusprechen, wenn wir ungünstige Verhaltensweisen beobachten oder von solchen erfahren. Das ist natürlich eine Gratwanderung, weil, gerade bei einem gewissen Altersunterschied, die Kränkung aufgrund wahrgenommener Bevormundung beinahe unausweichlich ist. Einen Verstoß gegen die Berufsordnung der Landespsychotherapeutenkammer zu melden, ist ein großer Schritt, aber aus meiner Sicht muss hier der Schutz des Kollegen gegen den Schutz eines möglicherweise geschädigten Patienten abgewogen und im Zweifelsfall zugunsten des Patienten entschieden werden. Dieses Vorgehen ist wichtig, denn wenn unsere Kammern nichts von solchen Verstößen erfahren, können sie auch nicht korrigierend eingreifen. Die Aspekte, die eher die Tätigkeit als Vertragspsychotherapeut mit Kassenzulassung betreffen (Ausfüllen des Versorgungsauftrags, telefonische Erreichbarkeit, Beachtung des Wirtschaftlichkeitsprinzips etc.) sind derweil vor allem durch die KVen besser zu managen, wobei aufgrund der beschriebenen kontraproduktiven Wirkung vielleicht nicht unbedingt mit dem Prinzip »Zwang«, sondern eher mit positiven Anreizen und attraktiven Belohnungen für die Regeleinhaltung gearbeitet werden sollte.

Hausärzte besser qualifizieren und ihre Gesprächszeit höher vergüten

Aber zurück zu weiteren Lösungsansätzen für das Wartezeitenproblem *innerhalb* des Systems. Hier würde ich im Hinblick auf die teilweise unnötigen und vorschnellen TSS-Vermittlungen durch Hausärzte zweierlei Dinge begrüßen: Erstens wäre es hilfreich, wenn Ärzte, zum einen bereits im Medizinstudium und zum anderen in späteren Fortbildungen, besser darin ausgebildet würden, zu erkennen, wenn »da was Psychisches ist«, und auch lernen würden, die Größe des Problems richtig einzuschätzen. Auch hier gilt: Natürlich kenne ich persönlich tolle hausärztliche Kollegen, die sehr gut darin sind, aber ich kann aus meiner Erfahrung nicht sagen, dass sie die Mehrheit darstellen. Dass diese Kompetenz aufgrund der Gestaltung des Medizinstudiums bei vielen Hausärzten leider kaum gegeben ist, bestätigen mir nicht nur

Patienten, sondern auch diverse befreundete Ärzte (manche am Anfang, manche schon weiter fortgeschritten in ihrer Laufbahn) selbst. Da psychische Diagnostik vor allem daraus besteht, Symptome abzufragen und es hierzu zahlreiche standardisierte Symptomchecklisten gibt, wäre es grundsätzlich nicht so schwierig, eine solche zu implementieren, würde aber, genauso wie ein längeres diagnostisches Gespräch, zeitliche Ressourcen erfordern. Diese haben Ärzte aber insofern nicht wirklich, als sie, wenn sie sich die Zeit nehmen, schnell in einen Bereich kommen, in dem sie aufgrund des problematischen Anreizsystems im Abrechnungssystem der gesetzlichen Krankenkassen unwirtschaftlich arbeiten (mehr dazu in ▶ Kap. 6). Dass ein Arzt das nicht möchte, kann ich ihm nicht vorwerfen – der Verbesserungsvorschlag geht daher erneut an die gesundheitspolitischen Instanzen, die entscheiden, wie medizinische Leistungen vergütet werden. Und obwohl die wissenschaftlichen Belege für die Wirksamkeit eines (recht einfach umzusetzenden) empathischen, validierenden Gesprächs ja nun in zahlreicher Form vorliegen (siehe die beschriebenen Wirkfaktoren von Psychotherapie in ▶ Kap. 3), spiegelt sich dies nicht im Vergütungssystem für Ärzte, speziell Hausärzte, wider. Stattdessen wandern reihenweise Patienten zu Heilpraktikern ab, weil diese nämlich zwei enorm wichtige Dinge richtig gut hinbekommen: Sie nehmen sich Zeit und hören zu – eine Erfahrung, die Patienten im »schulmedizinischen« System kaum mehr kennen. Ich weiß, dass viele Ärzte sich liebend gerne mehr Zeit für ihre Patienten nehmen *würden* und sich ebenso gerne sicherer im Bereich psychischer Symptome fühlen möchten. Daher wäre mein Appell: Bildet Ärzte entsprechend aus und schafft eine Vergütungslandschaft, die es ihnen ermöglicht, mittels einfacher, aber sehr effektiver Gesprächsmethoden Menschen mit unkomplizierten psychischen Problemen selbst zu behandeln, damit zumindest diese nicht mehr zum Psychotherapeuten weitergeschickt werden müssen (und Patienten weniger Gründe haben, sich enttäuscht von der Schulmedizin abzuwenden).

Digitale Gesundheitsanwendungen und standardisierte Universal-Programme

Ein dritter Lösungsansatz unter den geltenden Gesetzen wäre aus meiner Sicht, die gut bewährten »Universalinstrumente«, die insbesondere die Verhaltenstherapie (VT) hervorgebracht hat und für die es gute Wirksamkeitsbelege gibt, in »massentauglicher« Weise Menschen zugänglich zu machen. Der Grundstein hierfür ist gelegt, vor allem in Form der vor einigen Jahren eingeführten und bereits erwähnten Gesundheits-Apps, kurz DiGAs (die

Kurzform von »Digitale Gesundheitsanwendungen«), die sowohl Psychotherapeuten als auch Ärzte verschreiben können und die, soweit ich den Markt überblicken kann und eigene Erfahrungen mit den Apps sammeln konnte, besonders denjenigen Menschen gut helfen, welche die »prototypische« Variante einer Störung, z. B. eine typische depressive Episode haben. Hier kann ein durch die App unterstützter Aufbau positiver Aktivitäten durchaus erfolgreich sein, ebenso wie die gezielte App-basierte Anleitung zur Umsetzung von Expositionsübungen bei einer prototypischen Panikstörung mit Agoraphobie helfen kann. Meiner Einschätzung nach helfen diese Apps (ebenso wie sämtliche standardisierten Therapieprogramme der VT allgemein) allerdings umso weniger, je mehr die Problematik eines Patienten von den (künstlich-prototypischen) Diagnosekategorien einer Störung abweicht. Stülpt man einem solchen Patienten ein standardisiertes Vorgehen über, wird man meiner Auffassung nach wenig bis nichts erreichen, und der Patient wird vielleicht auch noch entmutigt, einen zweiten Anlauf bzgl. Therapie zu machen, weil er denkt, das sei alles, was Psychotherapie zu bieten hat. In solchen Fällen ist meiner Erfahrung nach so viel individuelles Zuschneiden des therapeutischen Vorgehens auf den Patienten notwendig, dass ich den Einsatz standardisierter Methoden, zumindest ohne Überwachung durch einen Psychotherapeuten, fahrlässig fände (wobei: Wer weiß, was künstliche Intelligenz in Zukunft noch bewerkstelligen wird). Da aber zumindest ein Teil der Patienten durch ein solches einfach zugängliches und gut umsetzbares Angebot von ihrem Leid befreit werden kann, stellen derartige digitale Lösungen meiner Meinung nach einen berechtigten Baustein einer verbesserten Versorgungslage innerhalb eines suboptimalen Systems dar.

Missbrauch von Psychotherapie reduzieren

Etwas, wogegen aus meiner Sicht ganz klar etwas getan werden muss, solange das aktuelle System bestehen bleibt, ist der Missbrauch von Psychotherapie. Mangels Daten hierzu kann ich nur mutmaßen, wie hoch der Anteil dieses Faktors an der derzeitigen Versorgungslage ist. Jedoch würde ich erfahrungsbasiert davon ausgehen, dass der Beitrag zur aktuellen Lage so groß ist, dass er erwähnt werden muss. Gemeint sind Fälle der Sorte, die ich in ▶ Kap. 4 sowie einige Seiten vorher in diesem Kapitel beschrieben habe: Menschen, die einen Psychotherapeuten nicht mit einem Behandlungsauftrag (»Es soll mir besser gehen!«) aufsuchen, sondern mit einem Rentenbegehren (»Geben Sie mir eine Diagnose, die die Rentenversicherung akzeptiert, und schreiben Sie mir eine entsprechende Stellungnahme!«), mit dem Ziel, ihren Grad der Behinderung (GdB) zu erhöhen (»Bestätigen Sie mir, wie beeinträchtigt ich bin!«) oder mit dem Bestreben, einfach nur krankgeschrieben zu bleiben. Das sind alles menschlich verständliche Gründe, aber diese Menschen sind mangels eines Behandlungsauftrags beim Psychotherapeuten *falsch* – und zwar aus zwei Gründen: Erstens, weil sie, hart gesprochen, Termine blockieren, die auch einem Patienten mit Behandlungsauftrag und Veränderungsmotivation zur Verfügung stehen könnten, was vor dem Hintergrund der knappen Behandlungskapazitäten nicht vertretbar ist, und zweitens, weil das Bestreben dieser Patienten (nämlich, für so krank wie möglich deklariert zu werden) natürlich dem Ziel einer Psychotherapie (nämlich, sie gesünder zu machen) diametral entgegengesetzt ist. Dadurch erhält die psychische Problematik (▶ Kap. 3 und ▶ Kap. 4) eine Funktionalität bzw. einen sekundären Krankheitsgewinn und wird, zumindest in vielen Fällen, durch eben diese/n *aufrechterhalten.* Mit anderen Worten: Es *darf* diesen Patienten ja gar nicht besser gehen, sonst würden sie ihr Ziel ja nicht erreichen.

Da es bei mir so wie bei Kollegen, mit denen ich mich hierüber ausgetauscht habe, leider schon zu häufig vorgekommen ist, dass dieser Missbrauch, vermutlich mit einer sehr guten Absicht gegenüber dem Patienten, durch Hausärzte lanciert wurde – z. B. via TSS-Vermittlungscode –, geht hier, auch wenn ich weiß, dass die Mehrheit der Berufsgruppe sehr gewissenhaft arbeitet, mein erster Appell an die Hausärzteschaft. Und zweitens geht er an die entscheidungsbefugten Instanzen der Gesundheitspolitik, die bitte dafür Sorge tragen mögen, dass entgegen der angeblichen Äußerung, dies sei wegen der fehlenden Qualifikation der dort Arbeitenden nicht möglich (vgl. Borchers, 2023), irgendeine Filterfunktion bei den TSSen eingeführt wird. Eine Möglichkeit wäre z. B., dass man dort Fachleute beschäftigt oder das Personal entsprechend schult, um zumindest grobe Fälle von Missbrauch vorab auszuschließen und Kapazitäten blockierende Fehlvermittlungen, die das Wartezeitenproblem verschärfen, zu verhindern.

Vorrang für Turbo-Therapieverfahren?

Der vdek (2022) schlug zudem vor, solche Therapieformen mehr zu fördern bzw. zu begünstigen, die schnellere Therapieerfolge erwarten lassen – womit de facto nur die VT und die ST gemeint sein können. Wie Sie aus ▶ Kap. 3 wissen, hat diese Forderung durchaus eine gewisse Berechtigung, wenn man die Wirksamkeitsnachweise für insbesondere die AP mit ihren Kontingenten von bis zu 300 Sitzungen betrachtet, sodass ich bei dieser Idee angesichts der empirischen Basis (okay, und weil ich eine verhaltenstherapeutische Erziehung mit gewissen Vorbehalten gegenüber der AP genossen habe) durchaus einen Moment lang verzückt gelächelt habe. Aber nur kurz. Denn die AP ist, wie im selben Kapitel beschrieben, ohnehin nur noch selten in Deutschland anzutreffen. Und darüber hinaus kommt einschränkend hinzu, dass Sie als Leser ja nun bestens darüber Bescheid wissen, dass es bei der Wirksamkeit von Psychotherapie erstens nachweislich ganz maßgeblich um die therapeutische Beziehung und weniger um die spezifischen Methoden geht und zweitens Menschen nicht gleich, sondern unterschiedlich sind und nicht jede Therapieform für jeden Menschen und jede Problemkonstellation gleichermaßen geeignet ist. Von daher ist dieser Vorschlag bei genauer Betrachtung nur noch mäßig bis wenig sinnvoll, wenngleich er in dem nun schon mehrfach zitierten Positionspapier des vdek noch zu den besten gehört.

Lösungssätze »außerhalb« des aktuellen Systems: Mehr Gesundheit statt Krankheit

Bevor ich damit anfange, Lösungen jenseits des aktuellen Systems (also solche, die grundlegende Reformen erfordern würden) zu beleuchten, muss ich allerdings noch kurz erklären, was eigentlich der hinter der gesamten Bedarfsplanung stehende Grundgedanke ist. Denn das ist wichtig, um nachvollziehen, wie ich auf die folgenden Lösungsansätze komme. Wie der G-BA auf seiner eigenen Website (G-BA, o.D.) beschreibt, ist der wesentliche Zweck der Bedarfsplanung, sowohl eine Unter- als auch eine Überversorgung zu verhindern. Dass man zum Wohl der Patienten eine Unterversorgung verhindern will, wird wohl jeder anerkennend abnicken. Aber warum genau soll eine Überversorgung verhindert werden? Wie Hartz (2023) beschreibt, wurde die Bedarfsplanung 1993 eingeführt, weil sich zu diesem Zeitpunkt eine Kostenexplosion durch eine immer größer werdende Zahl sich niederlassender Ärzte (damals gab es ja noch keine nicht-ärztlichen Psychotherapeuten, ▶ Kap. 2) abzeichnete. Diese Explosion der zulasten der gesetzlichen Krankenkassen gehenden Kosten wollte man, so Hartz, gerne bremsen, und wählte dafür das planwirtschaftliche Prinzip der Bedarfsplanung, welche die Zahl der Ärzte pro Einwohnerzahl beschränkt (Vielleicht erinnern Sie sich an das Prinzip der Verhältniszahlen zu Beginn dieses Kapitels).

Der G-BA schreibt hinsichtlich des Aspekts der Überversorgung auf seiner eigenen Website (G-BA, o.D.; Unterpunkt »Warum gibt es Bedarfsplanung?«):

»Gibt es in einem Stadtbezirk oder einer Region hingegen zu viele Praxen, ist deren wirtschaftliche Tragfähigkeit aufgrund der gegenseitigen Konkurrenz nicht garantiert.« Mit anderen Worten: Der G-BA selbst stellt weniger den Aspekt des Einsparens der Gesamtgesundheitskosten in den Vordergrund, sondern vielmehr, dass für die bestehenden Praxen garantiert werden solle, dass sie wirtschaftlich nicht untergehen, weil die Konkurrenz zu groß wird (und es somit nicht mehr genügend zu behandelnde Patienten pro Praxis gibt). Außerdem nennt der G-BA noch das Argument, dass durch die Bedarfsplanung das »Risiko, dass es zu einer sogenannten angebotsinduzierten Nachfrage von unwirtschaftlichen, über den medizinischen Bedarf hinausgehenden Leistungen kommt« (G-BA, o. D.), reduziert werden solle. Übersetzt bedeutet das, dass dem vorgebeugt werden soll, dass Ärzte, unter Druck gesetzt durch zu große Konkurrenz, salopp gesagt anfangen, Patienten lukrative Behandlungen aufzuschwatzen, die medizinisch gar nicht nötig sind. Im Endeffekt bedeutet das, neben dem ethisch wichtigen Ziel, Patienten vor »Überbehandlung« zu schützen, natürlich auch nichts anderes als das Einsparen von Ausgaben im gesetzlichen Krankenkassensystem. Nun wäre es ein Leichtes, mit dem Finger einfach auf »die geizigen Krankenkassen« zu zeigen. Wenn man allerdings bedenkt, dass die Krankenkassen letztlich dasjenige Geld verwalten, welches die Gesamtheit der gesetzlich Versicherten durch ihre Beiträge in die Kassen einzahlt, ist es tatsächlich überhaupt kein unlauteres Ziel, kritisch zu hinterfragen, wofür man das Geld der Einzahlenden ausgibt. So viel der Vorrede. Kommen wir auf Basis dieser Prämisse nun also zu möglichen Lösungsansätzen für die in diesem Kapitel beschriebene Misere, bei der ich mich ausschließlich auf den Bereich der Psychotherapie beschränke, den ärztlichen Bereich also ausklammere.

Idee 1: Niederlassungsfreiheit: Konkurrenz als Chance sehen und zulassen

Eine aus meiner Sicht durchaus berechtigte Frage ist, was im Bereich der Psychotherapie denn eigentlich so Schlimmes passieren sollte, wenn man die Bedarfsplanung abschaffen und erlauben würde, dass jeder Psychotherapeut sich niederlassen darf, der dies möchte. Ich bin weder Ökonom noch Finanzminister, habe aber ein ausreichend gutes Verständnis von wirtschaftlichen Grundprinzipien, um begründet vorherzusagen, dass bei einer Abkehr vom planwirtschaftlichen Prinzip »Bedarfsplanung« der Markt beginnen würde, sich aufgrund von Angebot und Nachfrage selbst zu regulieren. Dabei würde dies natürlich, anders als in einer freien Marktwirtschaft, nicht direkt die Preisgestaltung betreffen. Denn in dem hier beschriebenen Fall sind die »Kunden« (also die gesetzlich versicherten Patienten) ja nicht diejenigen, die die »Dienstleistung« (die Psychotherapie) selbst bezahlen. Somit hinkt der Vergleich zwar ein wenig, führt aber dennoch zu folgender Schlussfolgerung: Wenn irgendwann tatsächlich der Markt gesättigt sein sollte, d. h. alle Patienten mit Bedarf zeitnah versorgt werden (und somit die Wartezeiten auf ein erträgliches Minimum reduziert sind), dann wird dies automatisch dazu führen, dass sich nicht noch mehr Psychotherapeuten niederlassen. Denn keiner möchte sich auf einem übersättigten Markt selbstständig machen. Und noch etwas sehr Gutes würde aufgrund der geschaffenen Konkurrenzsituation wahrscheinlich passieren: Es gäbe einen Anreiz für Psychotherapeuten, »besser« zu werden. Damit meine ich nicht unbedingt »fachlich kompetenter«, sondern eher serviceorientierter und professioneller – und beziehe mich auf die einige Seiten zuvor beschriebenen Kritikpunkte an (manchen) Psychotherapeuten. So lange klar ist, dass jede Praxis, egal wie unprofessionell der Auftritt und die Organisation (Räumlichkeiten im Privathaushalt etc.) oder wie schlecht der Service (telefonisch nicht erreichbar usw.) ist, genügend Patienten zum wirtschaftlichen Überleben »abbekommt«, gibt es auch keinen Anreiz, sich dahingehend zu verbessern. Wozu auch – schließlich bedeutet all das Aufwand (was ernst und nicht zynisch gemeint ist). Ich würde mir als Praxisinhaber, der sich in diesen Bereichen nach eigenem Urteil recht viel Mühe gibt, durchaus wünschen, dass es einen Markt *gäbe*, auf dem solche Qualitätskriterien zählen und, übrigens *zugunsten* der Qualität der Patientenversorgung, sich die Spreu vom Weizen trennt.

Ein weiteres Argument, das diese Lösungsidee unterstützt, ist, dass man die Frage nach den Kosten im Gesundheitssystem, die überwiegend zulasten der gesetzlichen Krankenkassen gehen, noch einmal in einem größeren Kontext betrachten muss. Ja, es würde das System unter dem Strich eine Menge kosten, wenn sich jeder niederlassen kann, der dies möchte. Und mir ist auch wichtig, zu erwähnen, dass Krankenkassen nicht in derselben Weise und mit derselben Absicht »geizig« sind und den Finger auf den Ausgaben haben, wie dies bei Wirtschaftsunternehmen der Fall ist. Krankenkassen sind Körperschaften öffentlichen Rechts und wollen (und dürfen auch nicht) nicht ihre Gewinne maximieren, sondern in erster Linie verwalten sie das Geld der Solidargemeinschaft all jener Menschen, die in sie einzahlen. Wenn eine Krankenkasse also nach Abwägung der Wirtschaftlichkeit einer Behandlung die Kostenübernahme verweigert, tut sie das nicht, um das Individuum zu ärgern oder besonders reich zu werden, sondern aus Rücksicht auf die Millionen anderen Versicherten, die nicht kollektiv für eine Behandlung zahlen sollen, bei der nicht zu erwarten ist, dass sie etwas bringt. Das sollte man sich bitte *immer* bewusst machen, wenn man auf »die Krankenkassen« schimpft.

Wenn man aber betrachtet, dass durch eine bessere psychotherapeutische Versorgung, z. B. infolge einer Niederlassungsfreiheit, eine Behandlung früher beginnen kann, Chronifizierung somit verhindert und dadurch andere Kosten wie Krankengeld und Erwerbsminderungsrente reduziert werden können, ergibt sich ein ganz anderes Bild. Eine Beispielrechnung hilft hier weiter: Laut der Gesundheitsberichterstattung des Bundes (o. D.; Quelle siehe Kapitel 4) waren zum Stichtag des 31. 12. 2022 insgesamt 55.321 Personen als PP oder KJP in Deutschland tätig. Gut 39.000 davon sind laut dieser Statistik in ambulanten psychotherapeutischen Praxen tätig. Wie man der in Kapitel 2 schon genannten Quelle (KBV, 2022) entnehmen kann, sind von diesen PP und KJP gut 28.500 mit einer *eigenen* Kassenzulassung niedergelassen, der Rest arbeitet im Anstellungsverhältnis oder ähnlichem. Letztere Gruppe von rund 10.500 Personen wäre also die, der man am ehesten unterstellen würde, dass sie gerne eine eigene Kassenzulassung *hätte.* Daher nehmen wir doch mal nur aus Spaß an, es ließen sich nun durch eine Öffnung des Marktes deutschlandweit auf einen Schlag 10.000 weitere Psychotherapeuten nieder, was ein Vielfaches der langjährigen und gut begründeten Position der BPtK wäre, die eine Absenkung der Verhältniszahlen um 20 % und 1600 zusätzliche Kassensitze fordert (Bühring & Beerheide, 2023). Dies würde, wenn jeder von diesen Psychotherapeuten im Mittel einen Jahresumsatz von 100.000 Euro mit gesetzlich Versicherten machte, eine Milliarde Euro zusätzliche Ausgaben pro Jahr bedeuten, was nach sehr viel Geld klingt, bis man es in Relation betrachtet. Laut einer weiteren Auswertung des vdek (2023, 14. Juli) lagen die Gesamtleistungsausgaben der GKV im Jahr 2022 nämlich bei 274,2 Milliarden Euro, was jene Milliarde an Mehrkosten ziemlich lächerlich erscheinen lässt. 17,9 Milliarden Euro hiervon wurden laut derselben Statistik übrigens 2022 alleine an Krankengeld gezahlt. Wenn man nun die Information hinzunimmt, dass es laut Statista (2022) keinen Diagnosenbereich gibt, auf den mehr Krankengeldtage entfallen als auf psychische Erkrankungen, nämlich 180 Tage pro 100 Versicherten (Platz 2 belegen Erkrankungen von Muskeln und Skelett), wirft das die Frage auf, warum man diese eine Milliarde nicht einfach in die Hand nimmt, weil sie sehr wahrscheinlich am Ende durch die eingesparten Krankengeldleistungen (von Erwerbsminderungsrenten und Kosten für verhinderbare Klinikaufenthalte einmal ganz abgesehen) um ein Vielfaches aufgewogen würde.

Zu einem ähnlichen Ergebnis kommen tatsächlich auch zwei wissenschaftliche Studien. Wunsch et al. (2013) berechneten für Angststörungen und affektive Störungen (letztere beinhalten u. a. Depressionen, insgesamt wird somit der überwiegende Teil der häufigsten psychischen Diagnosen abgedeckt) eine aufwändige Kosten-Nutzen-Analyse für den hypothetischen Fall, dass alle von einer solchen Diagnose Betroffenen, die dies wünschen, auch behandelt würden. Den Autoren zufolge wäre auf Basis ihrer Berechnung – selbst bei einer so starken Steigerung der Behandlungsraten, dass 100-mal mehr Patienten als aktuell von ihrer Symptomatik (weitgehend) befreit würden –, davon auszugehen, dass der finanzielle Nutzen die direkten Kosten für die Behandlungen übersteigen würde. Dies gilt hinsichtlich Einsparungen beim ausgezahlten Krankengeld, Ausgaben für verhinderbare Krankenhausaufenthalte, verhinderter vorzeitiger Berentungen und gesteigerter Bruttowertschöpfung durch weniger Arbeitsunfähigkeitstage. Wunsch et al. beziffern das Gesamteinsparpotenzial für einen in Psychotherapie investierten Euro mit 2 bis 5 Euro. Eine von der Techniker Krankenkasse in Auftrag gegebene Studie (Wittmann et al., 2011) kommt durch eine Analyse ebenfalls zu dem ähnlichen Ergebnis, dass jeder in Psychotherapie investierte Euro volkswirtschaftlich einen Nutzen von 2 bis 4 Euro hervorbringt und sich daher mehr als auszahlt.

So oder so bleibt die Schlussfolgerung dieselbe: Wenn durch mehr niedergelassene Psychotherapeuten mehr Menschen früher behandelt werden könnten, würde das unter dem Strich sehr wahrscheinlich Gesundheitskosten einsparen – *sofern* (sehr wichtige Einschränkung) dies auch tatsächlich dazu führt, dass Patienten weniger lang krankgeschrieben bleiben und (Haus-)Ärzte, die es gut meinen, nicht die Arbeitsfähigkeit für zu lange Zeit zu pessimistisch einschätzen. Und neben dem weiteren Vorteil, den eine Konkurrenzsituation für die Qualität der Versorgung hätte, hätte die hier skizzierte Idee sogar noch etwas Gutes: Wenn der beschriebene Vorwurf stimmt (man sehe mir das bisschen Sarkasmus am Ende dieses Abschnitts bitte nach), dass Psychotherapeuten zu faul sind und ohnehin nicht viel arbeiten, dann wäre ja auch eigentlich mit keiner großen Kostenexplosion zu rechnen, nicht wahr?

Idee 2: Psychotherapie präventiv einsetzen

Idee 2 ergibt sich im Grunde aus all den Argumenten, die ich zu Idee 1 bereits beschrieben habe. Kern der Idee ist die (für viele Gesundheitspolitiker wahrscheinlich radikal anmutende) Abkehr vom in § 12 SGB V geregelten Notwendigkeitsprinzip, das ich in ▶ Kap. 4 beschrieben habe. Wie Sie vielleicht erinnern, ist es derzeit noch so, dass Psychotherapie nur zur Behandlung behandlungsbedürftiger psychischer Störungen eingesetzt werden kann, d. h. es muss eine Diagnose, sprich eine Indikation bestehen. Vorbeugend bei den ersten Anzeichen z. B. einer Depression tätig zu werden, ist derweil offiziell nicht zulasten der Krankenkassen erlaubt. Wenn Sie das unsinnig finden, stimme ich Ihnen grundsätzlich zu. Im medizinischen Bereich mag es mitunter korrekt sein, z. B. bei einem auffälligen Muttermal nach einer Abwägung von Kosten (finanzieller Art hinsichtlich des operativen Eingriffs, aber auch bzgl. der Berechtigung des invasiven Eingriffs in den Körper per se) und Nutzen (Verhinderung von Hautkrebs) sich gegen die präventive Operation zu entscheiden. Aber bei einer sich anbahnenden Depression den Patienten wegzuschicken, weil er noch »nicht krank genug« ist, um behandelt zu werden, entbehrt nicht nur jeder Sinnhaftigkeit, sondern ist aus meiner Sicht auch ethisch problematisch.

Forschung zur präventiven Wirkung von Psychotherapie ist nach meinem Kenntnisstand noch recht rar gesät, was zum einen am aktuellen System liegt, denn untersucht wird eben hauptsächlich die Wirkung von Psychotherapie bei vorhandenen Störungen. Zum anderen ist es dem Umstand geschuldet, dass man sich in eine ethische Problemzone begibt, wenn man eine Studie so konzipiert, dass man über einen längeren Zeitraum zwei Gruppen von Menschen begleitet und immer wieder vergleicht: eine Gruppe von Menschen ohne Präventionsmaßnahme mit einer Gruppe von Menschen, die an einer solchen Präventionsmaßnahme teilnehmen – und zwar hinsichtlich der Frage, in welcher Gruppe im folgenden Zeitraum eine bestimmte psychische Störung häufiger auftritt. In der Wissenschaft nennt man so etwas eine »Längsschnittstudie«. Jedoch würden, obwohl man auf diese Weise klare Aussagen über den präventiven Wert solcher Maßnahmen treffen könnte, wohl die meisten Ethikkommissionen eine solche Studie kritisch sehen, weil der Hälfte der Menschen eine als wirksam vermutete Maßnahme *vorenthalten* wird. Weil Präventionsforschung dadurch ein Feld ist, in dem Forschende es schwer haben, gibt es auch den geflügelten Ausdruck »There's no glory in prevention« (frei auf Deutsch übersetzt: »Mit Prävention erntet man keine Lorbeeren.«). Präventionsforschung im Bereich der Psychotherapie wird daher vergleichsweise wenig und »behelfsmäßig« durchgeführt, z. B. indem man Menschen mit zwar vorhandenen, aber noch nicht klinisch bedeutsamen (d. h. »subklinischen«) Symptomen untersucht und überprüft, ob eine Präventionsmaßnahme diese Symptome stärker reduziert als eine Vergleichsbedingung, in der Patienten eine Art Behandlung erhalten, wie Sie im jeweiligen Gesundheitssystem der »Standard« ist. So wurde es z. B. in fünf randomisierten kontrollierten Studien (das Nonplusultra der klinischen Forschung, ▶ Kap. 3) mit älteren Menschen gemacht, die subklinische depressive Symptome aufwiesen. Die Ergebnisse dieser fünf Studien wurden von Lee et al. (2012) systematisch analysiert und zusammengefasst – mit dem wichtigen Ergebnis, dass Psychotherapie im Vergleich zum »Standardvorgehen« eine kosteneffektive Maßnahme darstellt, um die Gesundheitsbelastung durch depressive Symptome in der älteren Bevölkerung zu reduzieren. Young et al. (2006) wiederum konnten in ihrer Studie mit Jugendlichen zeigen, dass ein Training in zwischenmenschlichen Fähigkeiten (das war die Präventionsmaßnahme) nach 3 bzw. 6 Monaten zu geringeren Diagnoseraten bzgl. depressiver Störungen führte als eine Vergleichsintervention (»school counseling«, also eine Art schulbezogene Beratung, die in dem Fall den »Standard« im Schulsystem darstellte). Randnotiz: All diese Studien, also die von Young et al. ebenso wie die von Lee et al. zusammengefassten, verglichen somit jeweils die zu untersuchende Intervention mit einer anderen »aktiven« Intervention, meist aus dem Bereich der »Standardversorgung«, z. B. einer niedrigschwelligen Art von Beratung oder ähnlichem. Dies erklärt, warum die zuständigen Ethikkommissionen den Studien zugestimmt haben, denn somit war der unethische Umstand beseitigt, dass eine Gruppe von Patienten jede Art der Hilfe verwehrt wird.

Zusammengefasst kann man also sagen, dass sowohl die (noch nicht wirklich umfangreiche) wissenschaftliche Evidenz als auch die Berufserfahrung von Psychotherapeuten sowie der nicht zu vergessende gesunde Menschenverstand darauf hindeuten, dass Psychotherapie, z. B. in Form der Vermittlung bestimmter Bewältigungsfähigkeiten, präventiv wirken kann. Im Grunde hätte man es dann mit einer Gesundheitsleistung zu tun, die man ähnlich wie Coaching betrachten könnte und die u. a. dem bei vielen Menschen vorhandenen Wunsch, heikle, schambehaftete und belastende Themen mit einer außenstehenden, neutralen Person zu besprechen, nachkommen würde. Kern und Ziel dieser Leistung wäre es, psychische *Gesund*heit zu fördern und zu erhalten (anstatt psychische *Krank*heit zu »heilen«), und zwar z. B. durch selbstreflexive Erkenntnisse im therapeutischen Gespräch, emotionale Entlastung von Problemen, die unbehandelt zu einer psychischen Störung führen könnten, und das Training von essentiellen Fertigkeiten wie Strategien der Emotionsregulation und sozialen Kompetenzen zum Lösen zwischenmenschlicher Probleme. Gerade letzteres ist etwas, bei dem ich mir immer wieder in meinen hierauf bezogenen Gruppentherapien wünschen würde, dass solch wichtige Fertigkeiten weiter verbreitet wären und vielleicht schon in der Schule unterrichtet würden – anstelle von Dingen wie Geometrie oder Gedichtanalyse, die einen weitaus geringeren praktischen Nutzen für die Lebensbewältigung haben.

Folglich wäre es also doch zumindest bedenkenswert, Psychotherapie auch regelhaft präventiv anwenden zu dürfen – und zwar nicht nur in Form anonymer, standardisierter Online-Kurse (wie es sie durchaus schon auf dem

5 Faule Psychotherapeuten oder Versagen der Gesundheitspolitik?

Markt gibt), sondern im »traditionellen« Eins-zu-eins-Kontakt zwischen Patient und Therapeut. Das bzgl. Idee 1 genannte Argument, dass sich hierdurch sehr wahrscheinlich mehr Kosten einsparen ließen als entstehen, gilt hierfür in gleichem Maße. Ich könnte mir z. B. ein System vorstellen, in dem jeder Patient, ganz ohne dass gegenüber der Krankenkasse irgendein Antrag mit Bewilligung erfolgen muss (ähnlich wie bei der Akutbehandlung) pro Jahr eine gewisse Zahl an Sitzungen beim Psychotherapeuten, sagen wir mal 12 Stück, also eine pro Monat, zur Verfügung steht, die er zur Erhaltung der psychischen *Gesundheit* (und eben nicht zur Behandlung einer psychischen *Krankheit*) in Anspruch nehmen kann. Liegt tatsächlich eine Diagnose vor, könnte es z. B. so ablaufen wie bisher: Konsiliarbericht, Antragsstellung, Bewilligung. Zum einen würde dies nach meiner Erfahrung dem Bedürfnis vieler Patienten entsprechen, die z. B. bei einem Psychotherapeuten gute Erfahrungen gemacht haben und merken, dass die Aussicht auf »ab und an mal eine Sitzung« sie stabil und gesund hält. Zum anderen würde dies zu einer massiven Entbürokratisierung des aktuellen Systems führen, denn das viele Papier, das für Psychotherapieanträge von der Post transportiert wird, macht den Sachbearbeitern bei den Krankenkassen eine Menge Arbeit, deren Sinnhaftigkeit man hinterfragen kann. Auch Psychotherapeuten würden hierdurch entlastet, und zwar einerseits zeitlich-bürokratisch und anderseits dahingehend, dass sie von dem Konflikt befreit werden, ethisch gerne präventiv helfen zu wollen, es aber nicht zu dürfen. Denn genau das führt ja schnell dazu, dass man dann eben doch offiziell eine »schwache« Diagnose wie eine Anpassungsstörung vergibt, um den Patienten behandeln zu dürfen, obwohl diese Diagnose eigentlich nicht erfüllt wird. Aber auch ganz allgemein könnte durch das Präventivkonzept der aktuell verbreiteten Praxis, zur Rechtfertigung der Behandlung so viele Diagnosen wie möglich zu vergeben und den Patienten dadurch unnötig zu stigmatisieren, Einhalt geboten werden. Wenn man dieses hypothetische Präventivkonzept wirklich sinnhaft und klug konzipiert, müsste man für mein Verständnis übrigens dafür sorgen, dass beide Therapieformen, also die präventive Behandlung und die Heilbehandlung aufgrund einer tatsächlichen Diagnose, genau gleich vergütet werden. Würde man die eine oder die andere Form höher vergüten, würde das falsche Anreize setzen, entweder doch wieder nicht vorhandene Diagnosen zu vergeben (dann hätten wir dasselbe Problem wie jetzt auch) oder umgekehrt nur noch Präventionsarbeit zu leisten, wodurch wiederum die »wirklich Erkrankten« hintenüberfallen könnten.

Und noch einen Vorteil hätte dieses präventive Konzept: Es wäre endlich in ausreichendem Umfang möglich, diejenigen Patienten bedarfsgerecht zu versorgen, die chronisch psychisch krank sind und die man aber ziemlich gut auf einem relativ stabilen Niveau halten kann, wenn der Sicherheit gebende Kontakt zu ihrem vertrauten Psychotherapeuten z.B. einmal im Monat oder alle 6 Wochen stattfinden kann. Diese Patientengruppe, die jeder niedergelassene Psychotherapeut kennen dürfte, fällt nämlich im bisherigen System der Richtlinientherapie weitgehend durch das Raster, wenngleich man mit Rezidivprophylaxesitzungen, psychotherapeutischen Sprechstundenterminen und eingeschobenen Akutbehandlungskontingenten die 2 Jahre, die regelhaft zwischen zwei Richtlinientherapien vergehen müssen, behelfsmäßig irgendwie überbrücken kann. Es bleibt aber behelfsmäßig, und diesem Vorgehen haftet natürlich der mahnende Gedanke an, dass Psychotherapie für solche Begleitungen auf Dauer im aktuellen System konzeptuell nicht gedacht ist, da das Prinzip lautet: »Psychotherapie hat einen Anfang und ein Ende und ist nicht auf Dauer ausgelegt.« Für viele Patienten ist dieses Konzept aus meiner Sicht auch genau richtig, und es stimmt natürlich, dass man gerne der Entwicklung eines Abhängigkeitsverhältnisses zwischen Psychotherapeut und Patient vorbeugen möchte, indem man die Therapie nicht zu lange zieht. Aber ich bin bedingt durch meine Erfahrung der Auffassung, dass es nun mal besagte Patientengruppe gibt, die mit einer dauerhaften regelmäßigen Begleitung besser durchs Leben kommt und genau das zur Erhaltung eines gewissen Gesundheitslevels braucht. Ein präventives Psychotherapie-System mit einem gewissen Kontingent an wahrnehmbaren Sitzungen auch ohne Indikation könnte dem Rechnung tragen und dazu beitragen, dass auch diese Patientengruppe anerkannt und offiziell im System abgebildet wird – vorausgesetzt, es gibt genügend Psychotherapeuten mit Kassenzulassung, was zuerst gewährleistet werden müsste (z.B. durch Idee 1).

Wie man sieht, wären also sowohl eine »Öffnung des Marktes«, d.h. Niederlassungsfreiheit, als auch ein präventives Konzept von Psychotherapie sinnvolle Maßnahmen, um erstens die Versorgungslage zu verbessern sowie die mentale Krankheitslast in der Bevölkerung mit all ihren volkswirtschaftlichen Folgekosten zu verringern und zweitens die (um verbal am Puls der Zeit zu sein) »toxische« Beziehung zwischen Psychotherapeutenschaft und Gesundheitspolitik zu entgiften und für etwas mehr Harmonie durch gemeinsame und geteilte Ziele zu sorgen. Jener Aspekt ist gleichermaßen die Überleitung in das letzte Kapitel dieses Buchs, in dem ich Ihnen beschreiben werde, was die vielen weiteren »toxischen« Momente im Alltag eines Psychotherapeuten sind, aber auch darlegen werde, worin, um im Bild zu bleiben, auch das Gegengift besteht, d.h. was diesen Beruf trotz allem zu einem ganz wunderbaren macht.

Literatur

Zum Verhältnis von direkten und indirekten Gesundheitskosten durch psychische Erkrankungen

Angerer, P. & Wege, N. (2013). Psychische Erkrankungen–Auswirkungen auf die Arbeitsfähigkeit und Versorgung psychisch erkrankter Erwerbstätiger. *Die Psychiatrie, 10*(02), 71–81.

Statista (2022, Dezember). *Durchschnittliche Anzahl von Krankengeldtagen in Deutschland nach ausgewählten Diagnosehauptgruppen im Jahr 2021.* https://de.statista.com/statistik/daten/studie/788760/umfrage/krankengeldtage-in-deutschland-nach-ausgewaehlten-diagnosehauptgruppen/

vdek. (2023, 14. Juli). *Daten zum Gesundheitswesen: Ausgaben.* https://www.vdek.com/presse/daten/d_versorgung_leistungsausgaben.html

Wittmann, W. W., Lutz, W., Steffanowski, A., Kriz, D., Glahn, E. M., Völkle, M. C., Böhnke, J. R., Köck, K., Bittermann, A. & Ruprecht, T. (2011). *Qualitätsmonitoring in der ambulanten Psychotherapie: Modellprojekt der Techniker Krankenkasse - Abschlussbericht.* Techniker Krankenkasse. https://api.bptk.de/uploads/TK_Abschlussbericht_Qualitaetsmonitoring_in_der_ambulanten_Psychotherapie_474b2bbc7e.pdf

Wunsch, E. M., Kliem, S., Grocholewski, A. & Kröger, C. (2013). Wie teuer wird es wirklich?. *Psychologische Rundschau, 64*(2), 75–93.

Zur vermeintlichen Zunahme psychischer Erkrankungen in der Gesellschaft

Becker, N. & Abholz, H. H. (2005). Prävalenz und Erkennen von depressiven Störungen in deutschen Allgemeinarztpraxen–eine systematische Literaturübersicht. *ZFA-Zeitschrift für Allgemeinmedizin, 81*(11), 474–481. https://doi.org/10.1055/s-2005-872584

Meschede, M., Roick, C., Ehresmann, C., Badura, B., Meyer, M., Ducki, A. & Schröder, H. (2020). Psychische Erkrankungen bei den Erwerbstätigen in Deutschland und Konsequenzen für das Betriebliche Gesundheitsmanagement. *Fehlzeiten-Report 2020: Gerechtigkeit und Gesundheit*, 331–364.

Richter, D. (2020). Die vermeintliche Zunahme psychischer Erkrankungen–Gesellschaftlicher Wandel und psychische Gesundheit. *Psychiatrische Praxis, 47*(07), 349–351. https://doi.org/10.1055/a-1228-9503

Zur Bedarfsplanungs-Richtlinie und ihren Weiterentwicklungen sowie zur Budgetierung

G-BA. (2012, zuletzt geändert 2022). *Richtlinie des Gemeinsamen Bundesausschusses über die Bedarfsplanung sowie die Maßstäbe zur Feststellung von Überversorgung und Unterversorgung in der vertragsärztlichen Versorgung.* https://www.g-ba.de/downloads/62-492-2937/BPL-RL_2022-04-21_iK-2022-08-19.pdf

Geinitz, C. (2024, 9. Januar). Versorgungsstärkungsgesetz: Hausärzte kriegen wieder Geld für jede Behandlung. *Frankfurter Allgemeine Zeitung.* https://www.faz.net/aktuell/wirtschaft/

mehr-wirtschaft/neues-gesetz-hausaerzte-kriegen-wieder-geld-fuer-jede-behandlung-19436232/unzufrieden-die-19436324.html

KBV. (2019). *Die Bedarfsplanung: Grundlagen, Instrumente und Umsetzung*. https://www.kbv.de/media/sp/Instrumente_Bedarfsplanung_Broschuere.pdf

Sundmacher, L., Flemming, S., Franke, S., Höser, C., van den Berg, N., Becker, U., Schang, L., Frank-Tewaag, J., Wende, D., Kistemann, T., Hoffmann, W., Brechtel, T., Schüttig, W., Geiger. I., Weinhold, I., Kemen, J. & Kleinke, F. (2018). *Gutachten zur Weiterentwicklung der Bedarfsplanung i.S.d. §§ 99ff. SGB V zur Sicherung der vertragsärztlichen Versorgung*. Gemeinsamer Bundesausschuss. https://www.g-ba.de/downloads/39-261-3493/2018-09-20_Endbericht-Gutachten-Weiterentwickklung-Bedarfsplanung.pdf

Informationen zu Aufgaben des G-BA sowie zur der Bedarfsplanung und ihrer Geschichte

Bundesgesundheitsministerium. (o.D.). *Bedarfsplanung*. https://www.bundesgesundheitsministerium.de/service/begriffe-von-a-z/b/bedarfsplanung.html

G-BA. (o.D.). *Bedarfsplanung für die vertragsärztliche Versorgung*. https://www.g-ba.de/themen/bedarfsplanung/bedarfsplanungsrichtlinie/

G-BA. (o.D.). *Mitglieder*. https://www.g-ba.de/ueber-den-gba/wer-wir-sind/mitglieder/

Zur Debatte um die langen Wartezeiten und das kritische Thema »Diagnosen«

Ballwieser, D. & Teevs, C. (2013, 5. November). Funktionär empfiehlt Bier statt Psychotherapie. *SPIEGEL Psychologie*. https://www.spiegel.de/gesundheit/psychologie/psychische-probleme-josef-hecken-empfiehlt-bier-statt-therapie-a-931850.html

Bleckmann, W., Maier-Borst, H. & Mersmann, S. (2022, 25. Mai). Wartezeiten für Psychotherapieplätze sind weit höher als von Krankenkassen angegeben. *rbb24*. https://www.rbb24.de/panorama/beitrag/2022/05/wartezeiten-psychotherapie-laenger-als-angaben-krankenkassen.html

Borchers, H. (2022). Immer wieder in der Kritik: TSS-Vermittlung von psychotherapeutischen Terminen. *KVSH-Nordlicht AKTUELL, 24*(11), 27–29.

Borchers, H. (2023). Psychotherapie: Versorgung im Wandel. *KVSH-Nordlicht AKTUELL, 25*(3), 20–21.

BPtK. (2021, 29. März). *BPtK-Auswertung: Monatelange Wartezeiten bei Psychotherapeut*innen. Corona-Pandemie verschärft das Defizit an Behandlungsplätzen*. https://www.bptk.de/bptk-auswertung-monatelange-wartezeiten-bei-psychotherapeutinnen/?cookie-state-change=1650887941140

Bundesamt für soziale Sicherung. (o.D.). *Risikostrukturausgleich*. https://www.bundesamtsozialesicherung.de/de/themen/risikostrukturausgleich/rsa-einfach-erklaert/

Bühring, P. (2022). Wartelistendiskussion: Faule Psychotherapeuten?. *Deutsches Ärzteblatt für Psychologische Psychotherapeuten und Kinder- und Jugendlichenpsychotherapeuten, 21*(7), 289. https://www.aerzteblatt.de/archiv/226161/Wartezeitendiskussion-Faule-Psychotherapeuten

Bühring, P. (2023). Psychotherapeutische Versorgung. Keine guten Vorschläge. *Deutsches Ärzteblatt für Psychologische Psychotherapeuten und Kinder- und Jugendlichenpsychotherapeuten, 22*(3), 97.

Bühring, P. & Beerheide, R. (2023). »Gute Weiterbildung bekommt man nicht zum Nulltarif«. Interview mit Dr. phil. Andrea Benecke, Präsidentin der Bundespsychotherapeutenkammer. *Deutsches Ärzteblatt für Psychologische Psychotherapeuten und Kinder- und Jugendlichenpsychotherapeuten, 22*(7), 298–300.

Frehse, M. & Best, D. (2006). Berechtigung des Psychotherapeuten, eine Behandlung abzulehnen. Forum *Psychotherapeutische Praxis, 3*(2), 69–72. https://econtent.hogrefe.com/doi/abs/10.1026//1616-1041.3.2.69

G-BA. (2021, 23. März). *Unterausschuss Psychotherapie: Evaluation der Regelung zur Veränderung der Gruppengröße gemäß § 42 Absatz 3 der Psychotherapie-Richtlinie.* https://www.g-ba.de/downloads/17-98-5104/2016-06-16_2016-11-24_PT-RL_Aenderung_Strukturreform-amb-PT_konsolidiert_Evaluation.pdf

Grobe, T. G., Steinmann, S., & Szecsenyi, J. (2020). *BARMER Arztreport 2020. Psychotherapie – veränderter Zugang, verbesserte Versorgung?.* (Schriftenreihe zur Gesundheitsanalyse – Band 21). BARMER Institut für Gesundheitssystemforschung. https://www.barmer.de/resource/blob/1026240/4f989562e2da4b0fbc785f15ff011ebe/barmer-arztreport-2020-band-21-bifg-data.pdf

Hach, I., Rentsch, A., Ruhl, U., Becker, E., Türke, V., Margraf, J., Krappweis, J. & Kirch, W. (2003). Validität von Krankenscheindiagnosen psychischer Störungen. *Das Gesundheitswesen, 65*(06), 359–364. https://doi.org/10.1055/s-2003-40310

Hartz, B. (2023). Prüfung der Einhaltung von Versorgungsaufträgen – Ziel erreicht?. *KVSH-Nordlicht AKTUELL, 25*(5), 14–17.

Haserück, A. (2023). Psychotherapie: Diskussion um Ansätze zur Verbesserung. *Deutsches Ärzteblatt für Psychologische Psychotherapeuten und Kinder- und Jugendlichenpsychotherapeuten, 22*(2), 62–63.

Hillienhof, A. (2017). Psychotherapeutische Vergütung: Mehr Geld für Gruppentherapien. *Deutsches Ärzteblatt für Psychologische Psychotherapeuten und Kinder- und Jugendlichenpsychotherapeuten, 16*(5), 205.

Institut für das Entgeltsystem im Krankenhaus GmbH (InEK). (2022, 13. Oktober). *PEPP-Entgeltkatalog.* https://www.g-drg.de/pepp-entgeltsystem-2023/pepp-entgeltkatalog

Kaak, I., Wolter, D. & Krebs, D. (2023). Handhabung von HAFA-Vermittlungsfällen. *KVSH-Nordlicht AKTUELL, 25*(7), 17.

Lee, S. Y., Franchetti, M. K., Imanbayev, A., Gallo, J. J., Spira, A. P. & Lee, H. B. (2012). Non-pharmacological prevention of major depression among community-dwelling older adults: A systematic review of the efficacy of psychotherapy interventions. *Archives of Gerontology and Geriatrics, 55*(3), 522–529. https://doi.org/10.1016/j.archger.2012.03.003

Linden, M., Zänker, I., Solvie, J. & Rose, M. (2021). Ambulante Versorgung: Erreichbarkeit von Psychotherapeuten. *Deutsches Ärzteblatt, 118*(5), A 252–254.

Ludwig, K. (2017, 19. Juni). Gesundheitspolitik. Wie Kassen an Kranken verdienen. *Süddeutsche Zeitung.* https://www.sueddeutsche.de/wirtschaft/gesundheitspolitik-wie-kassen-an-kranken-verdienen-1.3551769

Maier-Borst, H. (2022, 18. Juni). »Zu kurze Praxisöffnungszeiten sind Teil des Problems«. *rbb24*. https://www.rbb24.de/politik/beitrag/2022/06/psychotherapie-wartezeiten-gemeinsamer-bundesausschuss-interview.html

Martin, M. (2023). Kindergesundheit. Pandemiefolgen bekämpfen. *Deutsches Ärzteblatt für Psychologische Psychotherapeuten und Kinder- und Jugendlichenpsychotherapeuten, 22*(3), 107–108.

Müller, D. (2016, 12. Oktober). Krankenkassen-Verträge mit Ärzten. »Hier besteht eine Manipulationsanfälligkeit«. *Deutschlandfunk*. https://www.deutschlandfunk.de/krankenkassen-vertraege-mit-aerzten-hier-besteht-eine-100.html

Nationale Versorgungsleitlinien. (2022). *Unipolare Depression. Langfassung. Version 3.1.* AWMF-Register-Nr. nvl-005. https://register.awmf.org/de/leitlinien/detail/nvl-005

Signal Iduna (2020, 19. August). *Wenn falsche Abrechnungen den BU-Schutz gefährden.* https://maklerblog.signal-iduna.de/wenn-falsche-abrechnungen-den-bu-schutz-gefaehrden.php

vdek. (2022, 3. August). *Forderungen der Ersatzkassen zur Bedarfsplanung und Reform der Versorgungsstrukturen in der ambulanten Psychotherapie.* https://www.vdek.com/content/dam/vdeksite/vdek/presse/pm/2023/vdek_Forderungspapier_Psychotherapie.pdf

vdek. (2023, Juni). *Wartezeiten in der ambulanten Psychotherapie: Eine Analyse der Ersatzkassen.* https://www.vdek.com/content/dam/vdeksite/vdek/presse/pm/2023/2023-06-13_vdek_Wartezeitenanalyse_Presse.pdf

Young, J. F., Mufson, L. & Davies, M. (2006). Efficacy of interpersonal psychotherapy-adolescent skills training: An indicated preventive intervention for depression. *Journal of Child Psychology and Psychiatry, 47*(12), 1254–1262. https://doi.org/10.1111/j.1469-7610.2006.01667.x

Zentralinstitut kassenärztliche Versorgung. (2022). *Zi-Praxis-Panel Jahresbericht 2021. Wirtschaftliche Situation und Rahmenbedingungen in der vertragsärztlichen Versorgung der Jahre 2017 bis 2020.* https://www.zi.de/fileadmin/Downloads/Themen/Praxis-Befragungen/Veroeffentlichungen/Jahresberichte/ZiPP_Jahresbericht_2021.pdf

Zimmerman, M., Morgan, T. A., & Stanton, K. (2018). The severity of psychiatric disorders. *World psychiatry: official journal of the World Psychiatric Association (WPA), 17*(3), 258–275. https://doi.org/10.1002/wps.20569

Roman von Dörte Hansen

Hansen, D. (2015). *Altes Land* (17. Aufl.). Penguin Verlag.

6 Zwischen Heimlichkeit, Hassobjekt und Heiligkeit: Ein Blick auf Licht und Schatten in meinem Beruf

So, nun haben Sie bereits ziemlich umfassende Einblicke in die Blackbox der Psychotherapie gewonnen: Sie wissen, wie eine Psychotherapie abläuft, für wen sie gedacht ist, was Psychotherapeutinnen von verwandten Berufsgruppen unterscheidet, an welche Regeln sie sich zu halten haben und sogar, was Ursachen und mögliche Lösungen für das Versorgungsproblem sind. Dieses letzte und eher kurze Kapitel möchte ich nun nutzen, um Sie ein wenig an meiner Innenperspektive auf den Beruf teilhaben zu lassen. Ich werde Ihnen zunächst sehr ehrlich und transparent von den Schattenseiten und später dann von den positiven, erfüllenden und bereichernden Aspekten meines Berufs erzählen, was ich natürlich vorrangig aus meiner persönlichen Perspektive tue, ohne Anspruch darauf zu erheben, die Erfahrung *aller* Psychotherapeutinnen abzubilden.

Die Schattenseiten: Vieles hat gar nichts mit Patientinnen zu tun

Mentale und emotionale Belastung

Einsteigen möchte ich gerne, indem ich das lose Ende aus dem Abschnitt »Arbeiten Psychotherapeuten zu wenige Stunden am Patienten?« in ▶ Kap. 5 aufgreife, welches die Frage danach betraf, warum Psychotherapeutinnen rund 10 Stunden pro Woche weniger an der Patientin (und auch insgesamt weniger) arbeiten als Ärztinnen. Ein wichtiger Aspekt hierbei ist die Tatsache, dass Psychotherapie, wie es aus den Statistiken in ▶ Kap. 2 hervorgeht, zu 67–80 % (je nach Berufsgruppe) von Frauen und somit zu einem vergleichsweise geringen Anteil von Männern ausgeübt wird. Dieser Anteil ist damit sehr viel höher als in den ärztlichen Berufen, in denen mit ganz wenigen Ausnahmen, z. B. dem Gebiet der Frauenheilkunde, der überwiegende Anteil der ausübenden Personen männlich ist (Gesundheitsberichterstattung des Bundes, o. D.). Da die Vereinbarkeit von Beruf und Familie in Deutschland bekanntermaßen noch immer ein großes Problem ist und Frauen hiervon in besonderem Maße betroffen sind, lässt sich der Großteil der geringeren Wochenarbeitszeit, der sich übrigens auch in dem hohen Anteil nicht-voller Versorgungsaufträge widerspiegelt (▶ Kap. 5), darauf zurückführen, dass Psychotherapie häufig von Frauen durchgeführt wird, die bedingt durch Care-Arbeit bzw. Kindererziehung eher in Teilzeit als in Vollzeit arbeiten – im Gegensatz zu Männern in ärztlichen Berufen, die nach »traditioneller« Rollenverteilung noch immer meist in Vollzeit arbeiten.

Ich denke jedoch, dass dieser Faktor nicht die gesamte Differenz in der Wochenarbeitszeit erklärt, sondern dass hierbei weitere grundlegende Unterschiede zwischen der ärztlichen und der psychotherapeutischen Arbeitsweise eine Rolle spielen. So würde ich z. B. sagen, dass die »Arbeit an der Patientin« bei Psychotherapeutinnen *qualitativ* anders ist als bei den meisten Ärztinnen, was vor allem dem eigentlich luxuriösen Umstand geschuldet ist, dass wir im Regelfall fast eine Stunde am Stück mit unseren Patientinnen sprechen und arbeiten – und dabei sowohl gedanklich als auch emotional in die Tiefe gehen. Das strengt in zweierlei Weise enorm an: Erstens ist es emotional anstrengend, mit der Patientin »mitzugehen« und ihr vielfältiges Erleben mitzufühlen. Zweitens, und das erlebe ich als die noch größere Herausforderung, erfordert es eine sehr starke Konzentrationsleistung, sich, und das bei jeder Patientin aufs Neue, in deren individuelle Gedankenwelt hineinzuversetzen und die Welt aus ihrer Perspektive zu verstehen. Es erfordert außerdem, bei jeder Patientin, möglichst ohne großes Nachlesen, die elementaren Kontextfaktoren (wichtige Personen im sozialen Umfeld, zentrale Akteure in der Biographie, wichtige Ereignisse der letzten Zeit, individuelle Ressourcen etc.) in dem Moment präsent zu haben, wenn die Patientin einem gegenübersitzt. Und dann geht es meist 50 Minuten lang darum, zuzuhören und auf das Gesagte sinnvoll einzugehen, wobei das Zuhören, anders als wahrscheinlich im Durchschnitt bei somatisch tätigen Ärztinnen, nicht hauptsächlich auf der Sachebene stattfindet (»Was liegt vor? Was ist passiert? Wie sieht die Behandlung aus?«), sondern (ein bisschen unterschiedlich je nach Therapieverfahren) gleichzeitig auf der Beziehungsebene (»Was geschieht gerade zwischen mir und der Patientin?«), auf der Problemverständnisebene (»Was hat dieses Thema mit dem zu tun, weswegen die Patientin hier ist?«) und der Lösungsebene (»Welchen Lösungspfad könnte man einschlagen und was könnte die Patientin brauchen?«). Daher können Sie es sich im Grunde so vorstellen, dass es die meiste Zeit des Arbeitstages darum geht, in sehr kurzer Zeit zu entscheiden, was man jeweils (Sinnvolles, Empathisches und Hilfreiches) auf das antwortet, was die Patientin gesagt hat. Das ist mental enorm kräftezehrend – und zwar nach meiner vorsichtigen Einschätzung auf Basis von persönlichen Gesprächen mit somatisch tätigen Ärztinnen nicht in *quantitativer*, sondern in *qualitativ anderer* Weise als z.B. eine hausärztliche Tätigkeit, die aufgrund der Natur der Sache und des Zeitmangels (notwendigerweise) emotional mehr an der Oberfläche bleibt, typischerweise symptomorientiert vorgeht und tendenziell nach relativ klaren Wenn-Dann-Regeln erfolgt (im Sinne von »Wenn Symptom oder Diagnose X, dann Medikament Y«). Mit anderen Worten (und bevor der falsche Eindruck entsteht, ich würde despektierlich auf die Arbeit somatisch tätiger Ärzte schauen): Eine somatisch-ärztliche Tätigkeit ist aufgrund zahlreicher Faktoren (Zeitdruck, Bürokratie, Vielfalt an Problemstellungen, mit denen Patientinnen sich vorstellen, und vieles mehr) natürlich ebenfalls hochgradig herausfordernd. Jedoch ist dieser Stress möglicherweise erstens qualitativ anders und zweitens etwas besser durch Routinen, Automatismen und Delegation von Aufgaben an medizinische Fachangestellte zu kompensieren als im Fall von Psychotherapeutinnen.

Gemäß meiner Erfahrung und der Erfahrung mir bekannter Kolleginnen nimmt diese mental-emotionale Belastung auf Seiten der Psychotherapeutin mit zunehmender Komplexität und »Verworrenheit« der Problematik zu, mit der Patientinnen uns aufsuchen. Das ist aus meiner Sicht übrigens nicht gleichbedeutend mit der Schwere der Symptomatik, z.B. einer Depression, und erst recht nicht mit der Anzahl der Diagnosen (▶ Kap. 5). Nein, als komplexe Fälle würde ich, weitgehend *unabhängig* von der Symptomatik und Diagnose, einerseits solche bezeichnen, bei denen es so viele Probleme gibt, dass man permanent mit »Feuerlöschen« beschäftigt ist und nicht dazu kommt, mal am grundlegenden Problem zu arbeiten, oder aber Fälle, die auf Seiten der Patientin von einer durchgehend ambivalenten Veränderungsmotivation in Verbindung mit einer eingeschränkten Einsicht in die eigene Verantwortung bzgl. vorhandener Probleme (beides häufig bei Persönlichkeitsstörungen anzutreffen) gekennzeichnet sind. Sie erinnern aus ▶ Kap. 4 vielleicht, dass es genau deswegen kritisch abzuwägen ist, diesen Patientinnen überhaupt eine Psychotherapie anzubieten. Andererseits empfinde ich Fälle als komplex, bei denen sehr tiefliegende biographische Belastungen bis hin zu Traumata vorliegen, die einer (zeit-)intensiven Bearbeitung bedürfen, weil hierfür ein besonderes Ausmaß an Konzentration und Fingerspitzengefühl von Nöten ist. Und dann gibt es natürlich noch die Fälle, die tatsächlich aufgrund der eigentlichen Symptomatik oder Diagnose mehr Ressourcen von der Psychotherapeutin fordern, beispielsweise Patientinnen mit einer bipolaren Störung, einer psychotischen Erkrankung wie der Schizophrenie (ja, auch hier empfehlen Behandlungsleitlinien inzwischen Psychotherapie, jedoch mit gewissen Einschränkungen) oder ausgeprägt suizidale Patientinnen (d.h. solchen mit starker oder häufig schwankender Selbsttötungsabsicht). Dass die Behandlung solcher Patientinnen »anspruchsvoller« ist, liegt dabei aus meiner Sicht nicht in erster Linie darin begründet, dass man hier, wie auch bei Menschen mit Trauma-Problematik, spezifische therapeutische Strategien benötigt, die sich vom Standardrepertoire etwas unterscheiden (die kann man sich ja gut aneignen), sondern mehr darin, dass man als Psychotherapeutin bei diesen drei Gruppen immer im Hinterkopf hat, dass »bitte nichts passiert«. D.h., die Patientin mit bipolarer Störung soll bitte nicht durch irgendetwas, das man übersieht, vor der nächsten Sitzung in eine manische Phase rutschen, die Patientin mit Schizophrenie soll bitte nicht während des Praxisurlaubs in die nächste akute psychotische Phase abgleiten, und die stark suizidale Patientin soll sich bitte am Wochenende nicht das Leben nehmen. Ich denke, es ist klar geworden, warum diese Fälle einer Psychotherapeutin ebenfalls überdurchschnittlich viel abverlangen und warum ich diese somit auch als »schwer« bzw. komplex bezeichnen würde. Und daneben gibt es natürlich auch noch die Dinge, die Patientinnen, als hätten sie mit ihrer Erkrankung noch nicht genug zu tragen, zusätzlich während der Therapie widerfahren und bei denen man einfach nur menschlich mitfühlt und sich denkt: »Das kann doch nicht wahr sein.« Ich denke dabei z.B. an Fälle, bei denen während der Therapie, die einen völlig anderen Anlass hatte, ein Kind oder eine Ehepartnerin einer Patientin in viel zu jungem Alter plötzlich verstirbt, Patientinnen als Zufallsbefund eine Krebsdiagnose erhalten oder sich ohne Vorwarnung ein Elternteil das Leben nimmt.

Diese Definition von »schwerem« bzw. komplexem Fall, die von mir und aus keiner offiziellen Quelle stammt, einmal vorausgesetzt, möchte ich noch ein letztes Mal den in ▶ Kap. 5 ausführlich diskutierten Vorwurf aufgreifen, dass Psychotherapeutinnen sich »die leichten Fälle rauspicken« und sich vor den »schweren Fällen« drücken. Ich habe hierzu zwar bereits vieles dargelegt und auch beschrieben, warum ich denke, dass die Debatte am eigentlichen Thema vorbeigeht. Vor dem Hintergrund des Themas dieses Kapitels möchte ich diesen Aspekt aber noch einmal anders beleuchten und die Frage stellen: Angenommen, es würde sich in Zukunft eindeutig empirisch nachweisen lassen (wie auch immer das geschehen soll), dass dieser Vorwurf gemäß meinem obigen Definitionsversuch zutrifft, wäre das solch ein Skandal?

Ich möchte hier gerne eine Lanze für meinen Berufsstand brechen und darauf verweisen, dass es aufgrund der kognitiv-emotionalen Belastung schlichtweg für die allermeisten Psychotherapeutinnen unmöglich ist, ausschließlich oder überwiegend komplexe Fälle zu behandeln – genau, wie es die meisten Chirurginnen nicht leisten können, den ganzen Tag über nur selten stattfindende, komplizierte und heikle Operationen durchzuführen. In beiden Fällen ist klar: Beruflich leistungsfähig bleibt man dann, so mein Standpunkt, wenn der Großteil der Arbeit *routiniert* ablaufen kann, d. h. nach etablierten und bewährten Schemata. Das ist der Grund, warum ich, neben den Faktoren, die ich in ▶ Kap. 5 beschrieben habe, den Vorwurf des »Sich-leicht-Machens« ungerecht finde: Wer diesen Vorwurf formuliert, missachtet meiner Meinung nach, dass Psychotherapeutinnen nicht nur Psychotherapeutinnen sind, sondern zuallererst *Menschen*. Und Menschen haben so unschöne Eigenschaften wie Belastungsgrenzen, die die Funktionsfähigkeit einschränken.

Nun gibt es, weil es eine psychologische Grunderkenntnis ist, dass die meisten menschlichen Merkmale von Intelligenz bis Gewissenhaftigkeit einer Normalverteilung (das ist die berühmte Gauß'sche Glockenkurve) folgen, sicherlich sowohl überdurchschnittlich als auch unterdurchschnittlich belastbare Psychotherapeutinnen – was menschlich und somit nicht verwerflich ist. Ich liege mit meiner Wochenarbeitszeit offenbar über dem Durchschnitt, aber wer weiß, ob ich dasselbe Pensum an Arbeit an der Patientin und speziell an komplexen Fällen im Alter von 55 Jahren immer noch schaffe. Überlegungen, Psychotherapeutinnen, die (wie auch immer definiert) zu viele »leichte Fälle« behandeln, dazu zu zwingen, mehr komplexe zu behandeln, fände ich ethisch problematisch, aber auch kontraproduktiv, und zwar aus denselben Gründen, die ich in ▶ Kap. 5 gegen noch stärkere Zuweisungszwänge durch die TSSen angeführt habe. Allgemein kann man festhalten, dass es grundsätzlich nie eine gute Idee ist, Menschen zu etwas zu zwingen, das sie entweder nicht wollen oder auch gar nicht können (nicht jede Psychotherapeutin dürfte aufgrund der besagten Normalverteilungskurve gleich gut im Behandeln »komplexer Fälle« sein). Ebenfalls könnte man, da dies lerntheoretisch betrachtet sehr viel effektiver wäre, darüber nachdenken, »komplexe Fälle« besser zu vergüten. Grundsätzlich würde ich das befürworten, weil es eine gewisse Fairness dahingehend schaffen würde, dass »komplexe Fälle« der behandelnden Psychotherapeutin mehr kognitiv-emotionale Ressourcen abverlangen. Das große Aber ist jedoch folgende Gretchenfrage: Wie definiert man einen »komplexen Fall«? Wie Sie in Kapitel 5 schon gesehen haben, ist es schon ein schwieriges Unterfangen, das Ausmaß der Symptombelastung zu quantifizieren. Man ahnt also, wie anspruchsvoll es wäre, einen aussagekräftigen (fachsprachlich: *validen*) Indikator für Komplexität zu definieren. Meine Vorhersage wäre, dass, sollte so ein Belohnungssystem eingeführt werden, »Komplexität« trotz der beschriebenen Probleme wahrscheinlich über die

Anzahl oder die Art der Diagnosen (z. B. Persönlichkeitsstörung = »komplexer Fall«) definiert würde, weil alles andere viel zu viel Aufwand wäre. Und das würde wiederum, da natürlich jeder gerne den »Komplexitäts-Bonus« ausgezahlt bekommen möchte, eher zu dem unschönen Effekt führen, den wir aus diversen Gründen in vielen Bereichen des Gesundheitsbereichs schon haben: unnötige Zusatzdiagnosen, schwerwiegende und stigmatisierende Diagnosen wie z. B. Persönlichkeitsstörungen, obwohl diese gar nicht zutreffen – kurzum: Patientinnen würden vermutlich kränker gemacht, als sie sind. Daher würde ich von einem auf diese Weise umgesetzten Belohnungssystem klar abraten. Stattdessen würde ich auf das zurückkommen, was ich schon am Ende von Kapitel 5 als Lösung vorgeschlagen habe: eine Öffnung des Marktes. Denn wenn der Vorwurf stimmen *sollte*, dass Psychotherapeutinnen sich (aus sehr menschlichen, nachvollziehbaren Gründen) die »leichten Fälle rauspicken«, dann wäre ein freier Markt das Beste, was den Patientinnen mit komplexen Problematiken passieren kann. Denn die unter den Anbieterinnen weniger beliebte Nische »Behandlung komplexer Fälle« würde, im Gegensatz zu einem planwirtschaftlichen System, natürlich schnell besetzt werden, weil dies einen Wettbewerbsvorteil bedeuten würde.

Kommen wir zum Abschluss dieses Unterkapitels noch zum »Heimlichkeits«-Teil meiner Kapitelüberschrift und lösen somit das erste Element der Alliteration auf. Was ich damit meine und als Teil der emotional weniger schönen Seiten meines Berufs sehe, schlägt gewissermaßen einen Bogen zu ▶ Kap. 1, in dem ich beschrieben habe, wie beschämt aufgrund der gesellschaftlichen Stigmata bis heute manche Patientinnen zur Psychotherapie gehen und auf dem Weg dorthin alles unternehmen, um bloß nicht gesehen zu werden. Ich hatte z. B. mal eine Patientin, die beruflich als Vertreterin unterwegs war und immer mit ihrem geschäftlich anmutenden Koffer hereinkam, damit es auch ja so aussieht, als würde sie mir etwas verkaufen. Dieselbe Dame wollte auch immer lieber durch Hintertür, Garten und Carport rausgehen, als den normalen Eingang zu benutzen, um die Chance des Gesehenwerdens zu reduzieren. Aus den in Kapitel 1 beschriebenen Gründen würde ich das wahrscheinlich heute nicht mehr durchgehen lassen, da ich in der Zwischenzeit zu einer anderen Haltung gelangt bin. Dennoch muss ich zugeben, dass die Tatsache, dass eine Psychotherapie-Praxis, etwas zugespitzt, einen ähnlichen Schamfaktor hat wie die Wirkungsstätte einer Sexarbeiterin, mich nicht ganz kalt lässt. Es ist aus einer menschlichen Perspektive nicht gerade schön, wenn Leute sich schämen, zu Ihnen zu kommen. Daher rührt wahrscheinlich auch in Teilen mein besonderes Engagement gegen jene Stigmata – wenngleich ich nicht ich wäre, wenn ich nicht auch mit Humor anerkennen würde, dass die Parallelen doch recht groß sind: In beide Arten von Räumlichkeit gehen Menschen meist schambehaftet hinein, bleiben ca. eine Stunde drin, sind währenddessen mit ihren Bedürfnissen der Mittelpunkt des Geschehens und gehen danach in der Regel sichtlich besser gelaunt wieder heraus.

Druck von allen Seiten

Nach diesem (versprochen!) letzten Schlenker zur Debatte über die Wartezeiten komme ich zurück zu dem, was ich als die Schattenseiten des Berufs sehe und unter dem gemeinsamen Nenner »Druck« zusammenfassen würde. Fast alle Punkte, die ich hierunter fasse, habe ich in den zurückliegenden 5 Kapiteln schon beschrieben. Ganz vorne mit dabei sind die immer zahlreicher und strikter werdenden Vorgaben, die aus der Politik, aber auch der Selbstverwaltung (damit sind u.a. die Kammern gemeint) kommen und deren emotionalen Effekt ich aufgrund der fortschreitenden Beschneidung der Autonomie der Behandelnden (TSS-Zwangsvermittlungen sind das drastischste Beispiel hierfür, aber es trifft auch auf die beiden Reizthemen Datenschutz und Telematikinfrastruktur zu) mit einem Korsett vergleichen würde, das immer enger zugeschnürt wird. Meinem Eindruck nach liegt das ganz besonders am omnipräsenten Prinzip »Zwang«, das sich, wie ich ausführlich beschrieben habe, im Gesundheitssystem ausbreitet wie Giersch im Gartenbeet und sich u.a. in zahlreichen Newslettern, E-Mails, Briefen und Faxen der KVen und Kammern offenbart, die einem in regelmäßigen Abständen Botschaften der Sorte »Sie müssen Regelung X bis Datum Y umsetzen, sonst droht Ihnen Sanktion Z« übermittelt (wobei diese Akteure in der Regel auch nur die Übermittler sind, sie haben die Regelungen nicht *gemacht*). Wie ungünstig Zwang und Strafe für die Motivation der Betroffenen sind, habe ich ja bereits beschrieben. Aus der Innensicht kann ich Ihnen nur sagen: Es macht keinen Spaß, so zu arbeiten. Dass dieses Empfinden nicht nur bei mir so ist und für einen Großteil der gesamten Ärztinnenschaft gilt, zeigt übrigens eine aktuelle Umfrage der Stiftung Gesundheit aus dem zweiten Quartal 2023, der zufolge 72% der Ärztinnen und Psychotherapeutinnen bejahen, dass sich Entscheidungen der Gesundheitspolitik sowie Vorgaben der KVen und der Kammern »negativ auf ihre Arbeitssituation auswirken«.

Druck erzeugt auch der nicht zu bewältigende Ansturm von Behandlungsanfragen. Ich z.B. bekomme schon allein rund 20 bis 30 Mal so viele Anfragen für Erstgespräche, wie ich realistischerweise versorgen kann. Das Resultat ist im Endeffekt, wenn auch zu verschiedenen Zeitpunkten, dasselbe: Entweder ich selbst oder meine Mitarbeiterinnen müssen Patientinnen (wenn sie nicht gerade über die TSS vermittelt wurden) abweisen oder ihnen eine sehr lange Wartezeit mitteilen. Als mitfühlender Mensch ist das nicht schön, und es führt, so mein Erleben, zu einer Art dauerhaftem, wenn auch meist hintergründigem Schuldgefühl, das sich nicht so einfach abschütteln lässt. In ähnlicher Form belastend können Sie sich außerdem den dauerhaften inneren Konflikt zwischen Regeltreue und dem gesunden Menschenverstand vorstellen, der z. B. immer dann akut wird, wenn wir eine psychische Störung in ihrer Entstehung beobachten, sie aber noch nicht manifest ist und wir gemäß geltender Regeln noch keine Therapie anbieten dürfen (s. mein Appell bzgl. präventiver Psychotherapie in ▶ Kap. 5).

Kommen wir nun zum zweiten Element des Dreiklangs in der Kapitelüberschrift – dem recht drastischen Wort »Hassobjekt«. Denn es gibt es auch noch Druck auf ganz anderem Level, nämlich von Patientinnen, die fordernd-aggressiv bis beleidigend auftreten, wenn sie nach einem Termin fragen und sie über die Wartezeit informiert werden – was bedeutet, dass meine Mitarbeiterinnen, die am Telefon an vorderster Front arbeiten, sich manchmal eine ganze Menge anhören. Das müssen sie sich meiner Meinung nach übrigens nicht gefallen lassen, weshalb ich sie explizit zum Setzen von Grenzen ermutige, wenn diese überschritten werden. Natürlich haben viele Menschen sich aufgrund ihrer psychischen Probleme nicht so gut im Griff und sind zudem frustriert, wenn sie vorher schon 20 Praxen abtelefoniert haben, aber ich vertrete den Standpunkt, dass dies keine Rechtfertigung ist, diese Frustration in Form von Hass auf meine Mitarbeiterinnen und mich zu projizieren und uns anzuschreien oder zu beleidigen. In dieselbe Kategorie fallen übrigens auch Patientinnen, die mit einer (sich meiner Wahrnehmung nach ebenfalls im Gesundheitssystem ausbreitenden) Grundhaltung zu mir kommen, dass ich bitte entweder das ausführende Organ all ihrer Wünsche (»Machen Sie, dass ich in Rente gehen kann!«) oder ihr uneingeschränkt loyaler, ihnen nach dem Mund redender Anwalt (»Wehe, Sie stellen meine Sichtweise infrage, dass die Menschen in meinem Umfeld die Bösen sind!«) sein soll. Letzteres ist ein typisches »Spiel« in der Psychotherapie, ersteres dürften auch alle Ärztinnen sehr gut kennen: Die auf Seite mancher Patientinnen vorherrschende Meinung, Ärztinnen und Co. seien Dienstleisterinnen, bei denen man wie im Gratis-Selbstbedienungsladen Dinge beanspruchen kann, weil Ärztinnen ja das zu tun haben, was die Patientin möchte. Nein, so ist es eben nicht: Ärztinnen und Psychotherapeutinnen sind dazu da, Krankheiten zu behandeln sowie Gesundheit zu fördern und dafür Maßnahmen auszuwählen, die sinnvoll (bzw. *zweckmäßig* und *wirtschaftlich*, ▶ Kap. 4 und ▶ Kap. 5) sind. Mehr *nicht*. Und wenn Psychotherapeutinnen und Ärztinnen, entweder weil sie es »gut meinen« oder weil sie sich lästige Diskussionen sparen wollen, sich dazu verleiten lassen, *Gefälligkeitsbescheinigungen* auszustellen (d.h. solche, die eigentlich anhand der vorliegenden Befunde nicht fachlich gerechtfertigt wären), z.B. eine Arbeitsunfähigkeitsbescheinigung oder eine Stellungnahme zur Befürwortung einer Erwerbsminderungsrente, ist das nicht nur ein Verstoß gegen die meisten Berufsordnungen (Stichwort Sorgfaltspflicht), sondern auch ein Straftatbestand nach § 278 StGB mit einem Strafmaß von bis zu 5 Jahren Freiheitsstrafe (Van den Heuvel, 2023). Wenn man Patientinnen darauf hinweist, stößt man oft auf Verständnis, manchmal schwappt einem aber auch eine wütende Hasswelle der Art »Sie nehmen mein Leid nicht ernst«, »Sie lassen mich im Stich« oder »Sie wollen mir absichtlich Steine in den Weg legen« entgegen.

Ebenfalls potenziell Druck auslösend, jedoch durch konsequente Abgrenzung zu handhaben, ist die durchaus von manchen Patientinnen implizit an einen herangetragene Erwartung bis Forderung, eine immer erreichbare, selbstlose Helferin zu sein. Gerade Psychotherapeutinnen mit starkem »Helferinnen-Herz« laufen hier Gefahr, sich emotional in ein Verpflichtungskorsett schnüren zu lassen – wozu ich nur sagen kann: Vorsicht. Ich weiß, dass überzeugte DBT-Therapeutinnen, die hauptsächlich mit Patientinnen mit Borderline-Störung arbeiten, für ihre Patientinnen typischerweise immer erreichbar sind und sagen, dass Patientinnen dies so gut wie nie ausnutzen würden. Ich vertrete dennoch eine andere Haltung und kläre daher meine Patientinnen vor Beginn der Behandlung darüber auf, dass ich in der einen Sitzung pro Woche voll und ganz für sie da bin – dazwischen aber nicht, weil ich sowohl noch andere Patientinnen als auch ein Privatleben habe. Man kann es so oder so halten. Wichtig finde ich aber, dass man als Psychotherapeutin diesbezüglich eine klare Haltung gegenüber Patientinnen vertritt und diese auch kommuniziert.

Das ganze Drumherum: Technische Dramen und die Selbstständigkeit an sich

Der letzte Teil der Schattenseiten ist tatsächlich einer, der rein gar nichts mit der psychotherapeutischen Arbeit an sich zu tun hat, sondern sich aus der Organisation der Praxis bzw. der beruflichen Selbstständigkeit einerseits und den vielen technischen Herausforderungen (was ich eigentlich sagen will: *Problemen*) ergibt. Da wäre zum einen der »normale« technische Wahnsinn mit der ihm innewohnenden Eigenschaft, dass selten einfach einmal alles so funktioniert, wie es soll. Mal hat die Praxisverwaltungssoftware nach einem Update einen Bug, mal fallen aus unerklärlichen Gründen das Internet oder die Hardware-Firewall aus. An einem anderen Tag hat das interne Netzwerk Probleme, wodurch einzelne Geräte wie der Drucker oder die digitale Flipchart rausfliegen, und wenn man denkt, dass man heute mal Glück hat, fällt die WLAN-basierte Videogegensprechanlage aus. Es klingt belustigend, aber diese ständigen Probleme, die man sich mit einer digitalisierten Praxis gratis mit ins Haus holt, kosten meine Mitarbeiterinnen und mich im realen Praxisalltag so viel Zeit und Energie, dass es nervt. Und das ist in Sachen Technik-Drama ja nur eine Facette. Die zweite Facette ist das Thema Datenschutz und IT-Sicherheit, das spätestens seit Inkrafttreten der Datenschutz-Grundverordnung (DSGVO) Formen angenommen hat, die man mit gesundem Menschenverstand kaum mehr nachvollziehen kann. Dass es sich beim Schutz der besonders sensiblen Daten von Menschen in psychotherapeutischer Behandlung im Grunde um ein hehres Ziel handelt, streitet sicherlich keiner ab. Dass daraus aber über die Jahre ein Bürokratiemonster geworden ist, bei dem Aufwand und Nutzen meiner Meinung nach in keinem vernünftigen Verhältnis mehr zueinander stehen, nutzt derweil keiner einzigen Patientin, sondern frustriert nur und führt kontraproduktiverweise eher zu Augenrollen als Begeisterung. Nur, um einmal ein paar Begriffe in den Raum zu werfen: Seit der IT-Sicherheitsrichtlinie der Kassenärztlichen Bundesvereinigung (KBV) bin ich angehalten, über ein detailliertes IT-Sicherheitskonzept zu verfügen. Dazu gehört u. a. eine Hardware-Firewall, die von einem externen Anbieter gesteuert wird, sodass ich bei Problemen in meinem Netzwerk ohne Hilfe von deren Hotline gar nichts mehr machen kann. Aufgrund der DSGVO wiederum musste ich sowohl Maßnahmen zum Datenschutz verschriftlichen und eine schriftliche Aufstellung aller Datenverarbeitungstätigkeiten erstellen. Wem das de facto etwas nützen soll, habe ich aufgehört zu hinterfragen.

Beim Thema Praxis-Technik darf aber das größte Aufregerthema der letzten Jahre auf keinen Fall fehlen: die *Telematikinfrastruktur*, kurz TI. Wie auch die Themen Datenschutz und IT-Sicherheit basiert die TI auf einer grundsätzlich guten Idee, die jedoch katastrophal umgesetzt wurde: der Digitalisierung des Gesundheitswesens und der Verabschiedung von den Fax-Geräten. Im Kern geht es darum, alle Teilnehmenden im Gesundheitswesen, also Praxen von Ärztinnen und Psychotherapeutinnen, aber auch Krankenhäuser und Apotheken, datenschutzmäßig sicher miteinander zu verbinden, damit Patientinnendaten schneller ausgetauscht werden können. Die in den Medien viel auftauchende elektronische Patientenakte (ePA) oder auch die digitale Arbeitsunfähigkeitsbescheinigung (eAU) sind z. B. Anwendungen der TI, genau wie der elektronische Arztbrief oder KIM, was für »Kommunikation im Medizinwesen« steht und nichts anderes ist als ein sicherer E-Mail-Dienst, auf dem Ärztinnen und Psychotherapeutinnen Informationen über Patientinnen austauschen können (wenn sie untereinander von der Schweigepflicht entbunden sind; dieses Detail wird gerne vergessen zu erwähnen) – sofern sie über einen elektronischen Ärztinnen- oder Psychotherapeutinnenausweis verfügen, der natürlich auch erst einmal unter Frist-Androhungen beantragt werden musste. Das alles klingt supergut, und auch ich als Freund von digitalen Lösungen war 2022 Feuer und Flamme, als in meiner Praxis KIM eingerichtet wurde und ich die ersten elektronischen Briefe an Hausärztinnen verschicken konnte. Tja, wie sich dann Stück für Stück herausstellte, waren, obwohl die Frist, bis zu der alle Praxen über die TI und KIM verfügen *mussten* (die Newsletter mit vielen Ausrufezeichen-Warnungen, dass bei Verstreichen der Frist Honorarkürzungen drohen, waren zahlreich), längst überschritten war, die meisten Praxen in meiner Umgebung noch nicht so weit. Und als sie es waren, kam heraus, dass beidseitig Briefe nicht ankamen, nicht geöffnet werden konnten, nur halb angezeigt wurden etc. pp. Allgemein ist die TI ziemlich störanfällig und läuft selten »einfach so«. Ich habe dann irgendwann im Laufes des Jahres 2023 in meiner Praxis die Konsequenz daraus gezogen, bis auf Weiteres wieder aufs Faxgerät zurückzugreifen – was bitter ist. Mit anderen Worten: Die TI ist ein ziemlicher »Fail« auf ganzer Linie – was okay wäre, wenn das einfach eine frühe Beta-Version gewesen wäre. War es aber nicht. Und mit vielen weiteren Anwendungen, z. B. eAU und ePA, läuft es genauso schleppend und ruckelig – gut 5 Jahre nach Einführung der TI. Aber es geht noch weiter: Die in den Praxen fest installierten Konnektoren (d.h. die Geräte, die die Hardware-Voraussetzung für die TI darstellen), müssen nach 5 Jahren ausgetauscht werden, was seit 2022 nun die ersten Praxen betrifft. Diese Geräte kosten sehr viel Geld – nicht direkt die Praxen selbst, weil diese es von den KVen erstattet bekommen, aber im Endeffekt alle Menschen, die Beiträge in die GKV einzahlen, weil letztlich die Krankenkassen die Kosten für die TI tragen. Fun fact am Rande: Wenn im eigenen System schon nur *eine* TI-Funktion nicht funktionsfähig ist, bekommt man als Praxisinhaber bereits nur die Hälfte erstattet. Das Thema wird nicht zuletzt aufgrund diverser Absurditäten in der Fachpresse heiß diskutiert (Borchers, 2023; KBV, 2023). Es ist damit zu rechnen, dass im Endeffekt für die ganze TI in Deutschland ein mittlerer dreistelliger Millionenbetrag versenkt wird, wenn man bedenkt, dass die 5 Jahre alten Konnektoren bisher kaum irgendeinen nennenswerten Nutzen, sondern überwiegend Ärger gebracht haben. Und das wurde durchgesetzt, *obwohl* ein Tausch des Geräts ohnehin nur von kurzer Dauer sein wird, da der Plan mit dem fetzigen Titel »TI 2.0« ohnehin ist, dass die TI in absehbarer Zeit ganz ohne Konnektoren in den Praxen auskommen soll. Ullrich (2022) fasst dies sehr prägnant in einem Leserbrief zusammen und vergleicht das finanzielle Desaster recht treffend mit dem Fiasko der PKW-Maut.

Nun, jenseits der Technik ist da natürlich noch all das, was sich aus der Arbeit als Selbstständiger in eigener Praxis ergibt. Zum einen bedeutet eine Praxis im Grunde, einen weiteren Haushalt zu führen (einkaufen, Wäsche waschen, putzen etc.) bzw. sich in meinem Fall auch um einen weiteren Garten zu kümmern. Es bedeutet zum anderen die Buchhaltung, Abrechnung, Korrespondenz mit der Steuerkanzlei, Betreuung und Führung der Mitarbeiterinnen von der Erstellung des Arbeitsvertrags bis zum Arbeitszeugnis, Besprechungen mit den Mitarbeiterinnen, die Auseinandersetzung mit diversen Dienstleistern (von der IT bis zur Blumenlieferantin), Erarbeitung und Verbesserung von eigenen Therapiekonzepten – und natürlich jede Menge Telefonate und »Papierkram« mit Krankenkassen, der KV, dem MDK, dem Landesamt für soziale Dienste (bei GdB-Anträgen) und der Deutschen Rentenversicherung. Genau, und irgendwo zwischen all jenem und dem ganzen Technik-Drama mache ich das, was ich in den vorherigen 5 Kapiteln beschrieben habe: Psychotherapie. Je nachdem, wie die Praxis strukturiert ist, kann man natürlich einen Teil dieser ganzen Zusatz-Aufgaben an Mitarbeiterinnen delegieren, unter dem Strich sollte man aber, so meine Auffassung, als Praxisinhaber besser nicht den Überblick verlieren.

Die hellen Seiten: Was diesen Beruf besser macht als viele andere

Nachdem ich Ihnen nun seitenweise einen davon vorgejammert habe, wie unschön mein Beruf sein kann, möchte ich Ihnen zum Abschluss des gesamten Buches natürlich gerne noch erzählen, warum ich trotz alledem keinen anderen Beruf haben möchte. Denn, so viel steht fest: Es gibt sehr gute Gründe, diesen Beruf zu ergreifen. Wichtig: Ich beziehe mich hierbei vor allem auf die Vorzüge dessen, sich als Psychotherapeutin mit eigener Kassenzulassung in eigener Praxis niederzulassen – was, wie wir gesehen haben, das am weitesten verbreitete Modell ist.

Die Privilegien

Die erste Kategorie von guten Seiten, die der Beruf mit sich bringt, habe ich bewusst Privilegien genannt, weil alle hier versammelten Aspekte Dinge beschreiben, über welche die meisten Erwerbstätigen nicht verfügen. Da wäre natürlich als allererstes die Einkommenssituation zu nennen. Ich weiß, dass im Internet hierzu viele schwer nachvollziehbare Zahlen (die meiner Einschätzung nach nicht korrekt sein können) kursieren, und ja, Ärztinnen verdienen noch mehr Geld als Psychotherapeutinnen, aber es hat einen Grund, warum ich den finanziellen Aspekt zu den Privilegien zähle und zuallererst nenne. Gehen wir das Ganze mal Stück für Stück an.

Eine gute Quelle für Daten zur wirtschaftlichen Situation von Ärztinnen und Psychotherapeutinnen ist erneut das Zi-Praxis-Panel aus 2021, das Sie in ▶ Kap. 5 kennengelernt haben und welches viele interessante Informationen bereithält. Beispielsweise ist es so, dass die Kluft zwischen Ärztinnen und Psychotherapeutinnen, was die Umsätze bzw. Einnahmen angeht, vor allem in den vergangenen 6 Jahren merklich kleiner geworden ist, was man daran erkennt, dass der Umsatzzuwachs im Zeitraum 2017–2020 im Bereich Psychotherapie bei 20,4 % lag, während der durchschnittliche Zuwachs in allen Arztgruppen bei 10,5 % lag (Zentralinstitut kassenärztliche Versorgung, 2022, S. 68). Das liegt vor allem daran, dass, während jedes Jahr der sogenannte *Punktwert* aller ärztlichen und psychotherapeutischen Leistungen als eine Art Inflationskorrektur um meist 1–4 % steigt, die Bewertung der Leistungen (d. h., für Fachleute, die *Punktzahl*) von Psychotherapeutinnen *darüber hinaus* erhöht wurde, und zwar 2019 um knapp 10 % und 2023 noch einmal um rund 2 %. Anlass hierfür waren jeweils die Entscheidungen des sogenannten *(Erweiterten) Bewertungsausschusses.* Hinzu kamen dazwischen zudem noch der Strukturzuschlag (der für die Beschäftigung von Praxispersonal gedacht ist und durchaus 3000 € oder mehr pro Quartal ausmachen kann) und der Zuschlag zu den ersten 10 Sitzungen einer Kurzzeittherapie in Höhe von inzwischen knapp 17 Euro pro Sitzung. Das hatte einen ziemlichen Effekt auf die Umsätze von Psychotherapeutinnen. Um das einmal anschaulich zu machen: 2018, als ich mich niederließ, lag die Vergütung für eine Sitzung Einzel-Psychotherapie bei knapp 90 Euro. Im Jahr 2024 liegt sie bei gut 112 Euro, mit KZT-Zuschlag bei rund 130 Euro und mit sowohl KZT- als auch Strukturzuschlag ca. bei 150 Euro. Und wie Sie vielleicht erinnern, liegt bei Gruppentherapie die Vergütung pro Zeiteinheit beim Eineinhalb- bis Zweieinhalbfachen. Um es konkret zu machen: Die Vergütung für 100 Minuten Gruppentherapie mit 7 Teilnehmenden beträgt 2024 ziemlich genau 500 Euro. Allerdings wissen Sie ja aus ▶ Kap. 5, dass nur die Minderheit der Psychotherapeutinnen Gruppentherapie durchführen darf und sie noch viel seltener durchgeführt *wird.*

Gehen wir nun noch ein bisschen mehr ins Detail. Wenn Sie sich die ausführlichen Graphiken im Zi-Praxis-Panel (S. 48–69) anschauen, werden Sie erst einmal feststellen, dass der durchschnittliche *Umsatz* (bei allen folgenden

Nennungen ist, wenn ich »Durchschnitt« oder »Mittelwert« schreibe, immer der Median und *nicht* das arithmetische Mittel gemeint) von Psychotherapeutinnen ungefähr 64 % niedriger ausfällt als der Durchschnitt über alle Gruppen hinweg. Das klingt erst einmal heftig. Was am Ende eine selbstständige Psychotherapeutin oder Ärztin sich als Netto-Einkommen selbst auszahlen kann, ist aber tatsächlich gar nicht so eklatant unterschiedlich – doch warum? Nun, zum einen fällt natürlich enorm ins Gewicht, dass, wie die Graphiken auf den besagten Seiten zeigen, die vom Umsatz abzuziehenden Kosten bei Psychotherapeutinnen um ein Vielfaches geringer sind als bei Ärztinnen – was ganz maßgeblich an den hohen Personalkosten in einer ärztlichen Praxis liegt. Denken Sie einmal daran, wie viele medizinische Fachangestellte in typischen ärztlichen Praxen herumlaufen, während die Menge an Praxispersonal in Psychotherapiepraxen zwischen »überschaubar« und »nicht vorhanden« rangiert. Dadurch ist der Unterschied zwischen Ärztinnen und Psychotherapeutinnen beim *Jahresüberschuss*, was in etwa dem *Gewinn vor Steuern* entspricht, schon gar nicht mehr so groß: 85.000 Euro bei den Psychotherapeutinnen gegenüber 150.000 Euro im Mittel über alle Gruppen hinweg. Übrigens, für all jene angehenden Psychotherapeutinnen, die hierbei etwas Aufmunterung gebrauchen können: Aus persönlicher Erfahrung kann ich Ihnen versichern, dass man auch als Psychotherapeutin einen Jahresüberschuss in Höhe des Gruppendurchschnitts erzielen kann, *wenn* man in gewissem Umfang Gruppentherapie durchführt und insgesamt in Vollzeit arbeitet. Vom Gewinn bzw. Überschuss werden dann noch individuelle Vorsorge-Leistungen (Kranken-, Pflege- und Rentenversicherung) und natürlich ein Berg Steuern abgezogen. Wie Tabelle 5 auf S. 27 zeigt, lag gemittelt über alle Gruppen hinweg das durchschnittliche monatliche Netto-Einkommen pro selbstständig tätiger Person (Ärztinnen und Psychotherapeutinnen zusammengefasst) im Jahr 2020 bei rund 6.250 Euro. Und auch hier möchte ich angehende Psychotherapeutinnen aus eigener Erfahrung ermutigen: Auch *das* ist als Psychotherapeutin realistisch möglich, *ohne* sich total kaputt zu arbeiten.

Aber wenn Sie zu Beginn dieses Kapitels gut aufgepasst haben, dann wissen Sie natürlich, dass man bei den Umsätzen und Jahresüberschüssen noch eine zweite Korrektur vornehmen muss: Wenn man weiß, dass z. B. Hausärztinnen pro Woche rund 10 Stunden mehr arbeiten als Psychotherapeutinnen, ist es natürlich nicht ganz richtig, die finanziellen Verhältnisse einfach so zu vergleichen. Korrekter wäre ein Vergleich der Art »Verdienst pro gearbeitete Stunde«. Tabelle 7 auf S. 28 des Zi-Praxis-Panels liefert daher genau diese Zahlen, nämlich einen um die jeweilige Wochenarbeitszeit korrigierten durchschnittlichen Gewinn pro Stunde (das ist übrigens noch keine Netto-

Zahl, denn Vorsorgeleistungen und Steuern gehen davon noch ab). Diese Zahl ist diejenige, die, weil um alles Relevante korrigiert, am besten die realen Verdienstunterschiede zwischen Ärztinnen und Psychotherapeutinnen beschreibt, und sie beträgt für den psychotherapeutischen Bereich im Schnitt 53 Euro pro Stunde, während der Median über alle Gruppen hinweg bei 81,60 Euro liegt. Demnach könnte man sagen, dass Psychotherapeutinnen bei ihrem »Brutto-Stundenlohn« im Mittel rund 35 % unter dem Durchschnitt liegen. Auch hier gilt: Man kann, zumindest wenn man neben Einzel- auch Gruppentherapie durchführt, auch als Psychotherapeutin recht nah an die 80 Euro heranrücken.

Interessanterweise zeigt die Graphik auf S. 68 des Praxis-Panels übrigens trotz der Kluft zwischen ihnen und den Ärztinnen, dass 71 % der Psychotherapeutinnen ihre finanzielle Situation als gut oder sehr gut bewerten (so würde ich es auch tun), während dieser Wert im Mittel über alle Gruppen hinweg nur bei 54 % liegt. Mit anderen Worten: Die ärztlichen Kolleginnen verdienen mehr, bewerten ihre finanzielle Situation aber als weniger gut. Das wirft natürlich die eine oder andere Frage danach auf, wie unterschiedlich möglicherweise die Anspruchshaltungen sind und mit welcher in der Vergangenheit liegenden (besseren oder eben schlechteren) Situation die beiden Gruppen sich vergleichen. Denn während es in finanzieller Hinsicht in den letzten eineinhalb Jahrzehnten für die Psychotherapeutinnen steil bergauf ging, hatten Ärztinnen mit immer mehr Sparmaßnahmen und Gängeleien zu tun, die *relativ* zu einer finanziellen Verschlechterung führten, ohne dass man behaupten kann, Ärztinnen ginge es in *absoluten* Zahlen finanziell schlecht. Absolut berechtigt finde ich von Seiten der Ärztinnen die oft vorgebrachte Kritik, dass das Vergütungssystem keinerlei Anreize dafür setzt, sich Zeit für die Patientin zu nehmen, dass (wenn auch für Hausärztinnen vielleicht bald nicht mehr) ab einem gewissen Quartalsumsatz die Vergütung stark gedeckelt wird (durch die Budgetierung, ▶ Kap. 5) und dass es eine so große Kluft zwischen der Vergütung für Privatversicherte gegenüber gesetzlich Versicherten gibt (siehe hierzu z.B. eine von ärztlicher Seite initiierte Petition an den Deutschen Bundestag, Id-Nr. 152350). Was aber dennoch bleibt, ist, wie wir gerade gesehen haben, die Tatsache, dass Ärztinnen (und, wenngleich etwas weniger, auch Psychotherapeutinnen) unter dem Strich in Deutschland ziemlich viel Geld verdienen. Im Endeffekt (wieder eine psychologische Basisweisheit) hängt unsere relative Zufriedenheit ja maßgeblich davon ab, *mit wem* wir uns vergleichen. Natürlich kann man sich als Hausärztin z.B. darüber beklagen, dass Orthopädinnen mehr Geld verdienen. Und klar kann ich mich darüber ärgern, dass ärztliche Leistungen immer noch höher vergütet werden als psychotherapeutische, weil es keinen Grund gibt, der dies rechtfertigen würde. Und es ist sicherlich berechtigt, zu fordern, dass diese Kluft weiter verringert wird – ebenso wie ich alle Forderungen dahingehend unterstütze, dass es keine finanziellen Anreize mehr dafür geben sollte, möglichst viele Patientinnen pro Quartal möglichst selten und kurz zu behandeln (was im Jahr 2024 im nicht-psychotherapeutischen Bereich des Gesundheitssystems definitiv der Fall ist). Aber man sollte, selbst wenn man die lange Ausbildung, die hohe Expertise und die große Verantwortung dieser Heilberufe berücksichtigt, aus der man durchaus gewisse Vergütungsansprüche ableiten kann, vielleicht hier und da doch auch die eigene Anspruchshaltung überdenken und in die andere Richtung schauen. Egal ob Psychotherapeutin oder Ärztin: Wenn Sie z. B. 5000 Euro netto monatliches Einkommen als Einzelperson für sich beanspruchen können, sind Sie de facto bereits ziemlich privilegiert und gehören in der Gesamtbevölkerung zu den oberen 4 %, was das Einkommen betrifft – bei 6250 Euro haben nur noch 2 % der Gesamtbevölkerung mehr im Monat zur Verfügung (Focus Online, 2022). Daher ist es mein dringender Appell, dass man den Blick für den Großteil der Bevölkerung, der weniger verdient, nicht dadurch verlieren sollte, dass man sich immer nur nach *oben* (oder vielleicht, im Fall ärztlicher Kolleginnen, mit der Situation *früher*) vergleicht. Denn das beinhaltet, weil es immer Leute gibt, denen es *noch* besser geht, eine Garantie zur Unzufriedenheit (noch eine uralte psychologische Weisheit). Es gibt auch Menschen, die für einen Mindestlohn von 12,41 Euro pro Stunde arbeiten und von 53 oder 81 Euro nur träumen können. Bedenken Sie allerdings bei allen hier genannten Zahlen aus dem Zi-Praxis-Panel, dass sie die Zeit *vor 2021* abbilden und nicht den aktuellen Stand des Jahres 2024. Das bedeutet, dass z. B. die Inflation seit 2022, die in der Vergütung der ambulanten Versorgung kaum ausgeglichen wurde (2023 stieg der Orientierungswert um gut 1 %, 2024 um knapp 4 % – die Inflationsrate der letzten Jahre ist hinreichend bekannt), dort nicht berücksichtigt ist.

Übrigens: Zum Vergleich zwischen Kassen- und Privatpatientinnen sollten Sie den interessanten Umstand kennen, dass Psychotherapeutinnen seit ein paar Jahren meines Wissens die einzige Facharztgruppe sind, die an Privatversicherten *weniger* Geld verdient als an gesetzlich Versicherten – zumindest wenn man Einzelsitzungen nach dem üblichen 2,3-fachen Satz abrechnet, was in der Verhaltenstherapie (VT) eine Vergütung pro Sitzung von 100,55 Euro und in der Tiefenpsychologisch fundierten Psychotherapie (TP) und der Analytischen Psychotherapie (AP) von jeweils 92,50 Euro bedeutet. Das liegt daran, dass die »Gebührenordnung für Ärzte« (GOÄ) bzw. konkret deren »Spin-off« für Psychotherapeutinnen, die GOP, seit dem Jahr 2000 nicht mehr angepasst wurde (Bühring, 2023). Dieser Umstand bedeutet aber auch ein weiteres Privileg für Psychotherapeutinnen dahingehend, dass sie im Gegensatz zu Ärztinnen, bei denen dies in teils drastischer Weise umgekehrt ist, nicht unter Druck stehen, möglichst viele Privatversicherte »abzubekommen«. Wie die Graphiken auf den Seiten 48–69 des Zi-Praxis-Panels zeigen, gilt in fast allen Gruppen außer den Psychotherapeutinnen der Umstand, dass ein überproportional großer Anteil der Einnahmen durch Privatversicherte generiert wird. Erkennbar ist dies daran, dass der Privat-Anteil an den Gesamt*einnahmen* in den meisten Gruppen prozentual deutlich höher ist als der Anteil der Privatversicherten an allen behandelten *Patientinnen.*

Nach dieser langen Analyse der Verdienstmöglichkeiten als Psychotherapeutin ist mir noch wichtig, darauf hinzuweisen, dass ein noch gar nicht erwähntes, aber sehr großes Privileg auch darin besteht, dass man als Psychotherapeutin mit Kassenzulassung nicht nur ein absolut *sicheres* Einkommen hat, eben weil man *nicht* auf einem freien Markt agiert und man sich somit keine Sorgen machen muss, keine Patientinnen zu finden (▶ Kap. 5 für die großen Nachteile dieses Umstands), sondern man kann genau aus demselben Grund auch flexibel sein Einkommen *selbst bestimmen*, indem man die Zahl der Sitzungen pro Woche nach oben oder unten korrigiert (oder, wenn man kann und darf, Gruppentherapie anbietet). Ich kenne wenige andere Berufe, in denen dies ohne Weiteres möglich ist – übrigens auch nicht unter anderen Selbstständigen jenseits des Gesundheitssystems, die in einem freien Markt unterwegs sind und die sich ständig darum kümmern müssen, ihre Dienstleistung oder ihr Produkt an den Mann oder die Frau zu bringen. Unbezahlbar ist außerdem, zumindest für mich als sehr gerne selbstständig Tätigen, an diesem Beruf die Autonomie, die, sämtliche Eingriffe in diese seitens der ausführlich beschriebenen Instanzen mit eingerechnet, immer noch größer ist als in jedem Beruf, den man als Angestellte oder Beamtin ausüben kann. Man ist weitgehend frei von Personen, die man »Vorgesetzte« nennen könnte, und kann im Rahmen der geltenden Gesetze und Ordnungen (▶ Kap. 4) relativ frei arbeiten. Und was auch in kaum einem selbstständigen Beruf außerhalb des Gesundheitssystems so sein dürfte, ist der Luxus, dass man unabhängig davon, *wo* die eigene Praxis liegt (ob nun in der Münchener Innenstadt oder auf dem Land in Mecklenburg-Vorpommern), exakt *gleich vergütet* wird und, weil die Nachfrage grundsätzlich das Angebot übersteigt, auch überall genügend Patientinnen zu einem finden werden. Anders als Ärztinnen, die aus den o. g. Gründen ihre Praxen gerne lieber dort haben, wo es viele Privatversicherte gibt, besteht aufgrund des gerade beschriebenen Umstands dieser Anreiz für Psychotherapeutinnen *nicht*. Die Praxismiete wird sich derweil aber natürlich zwischen München und Ludwigslust erheblich unterscheiden.

Während das finanzielle Plus im ärztlichen Spielfeld liegt, zeichnen den psychotherapeutischen Beruf aber noch eine Reihe weiterer, erst auf den zweiten Blick sichtbare Privilegien aus, die daraus bestehen, dass diverse sehr lästige Umstände Psychotherapeutinnen eben *nicht* betreffen. So bin ich extrem froh, dass ich als Psychotherapeut z. B. Patientinnen nicht krankschreiben kann und mir die sehr unangenehmen Interessenskonflikte und Streitgespräche darüber, ob jemand nun arbeitsfähig ist oder nicht (▶ Kap. 4 und ▶ Kap. 5) komplett sparen darf. Abgesehen davon hat man es als Psychotherapeutin zwar schon mit viel Bürokratie und Papierkram zu tun, die aber nichts im Vergleich zu dem sind, womit Ärztinnen sich tagtäglich herumschlagen müssen und worüber sie sich zurecht beklagen. Erinnern Sie z. B. die Zahlen aus dem Zi-Praxispanel zu der Zeit, die Ärztinnen nicht »an der Patientin« arbeiten, sondern genau mit solchem Kram beschäftigt sind. Auch genießt man als Psychotherapeutin das erleichternde Privileg, etwas weniger Verantwortung als Ärztinnen zu tragen – allein schon deshalb, weil die gesamte Frage der medikamentösen Einstellung mit all ihren Risiken bzgl. Haftung etc. im ärztlichen Spielfeld liegt. Und – was ich persönlich unglaublich angenehm finde – anders als Ärztinnen müssen Psychotherapeutinnen während ihres Urlaubs keine Urlaubsvertretung organisieren, was, wenn man mit ärztlichen Kolleginnen spricht, von diesen meist als großes Ärgernis erlebt wird. Hinzu kommt, dass mein Berufsstand etwas genießt, wovon der ärztliche Bereich nur träumen kann, nämlich luxuriöse Zeitkontingente: 50 Minuten am Stück mit derselben Patientin zu arbeiten, das wäre für Ärztinnen zwar möglich, aber erstens unwirtschaftlich und zweitens zulasten der vielen Patientinnen, die auch noch im Wartezimmer sitzen. Und zu guter Letzt weiß ich spätestens seit einigen Gesprächen mit Patientinnen und niedergelassenen Ärztinnen sehr zu schätzen, dass, während Patientinnen über ärztliche Praxen (manchmal zurecht, manchmal auch nicht) überwiegend schimpfen und sich über Dinge wie das schnelle Abgefertigtwerden, fehlendes Zuhören und mangelhafte Kommunikation etc. beschweren, Psychotherapeutinnen zumindest von denen, die bei ihnen in Behandlung sind, meist als die »Guten« wahrgenommen werden, die sich Zeit nehmen und einem »wirklich zuhören« – und mein Berufsstand so im Vergleich zu Ärztinnen deutlich mehr Dankbarkeit erfährt.

Hier schleicht sich allerdings leider auch wieder eine Schattenseite des Berufs ein, was mich zur Auflösung des letzten Elements der Alliteration in der Kapitelüberschrift bringt. Denn nicht selten wird man von Seiten der Patientinnen auch etwas zu sehr zu einer engelsgleichen »Heiligkeit« emporgehoben, z. B. wenn diese die Erwartung auf uns projizieren, dass wir Rettende mit »Superkräften« sind, an denen sie sich festhalten können und die sie von ihrem Leid befreien werden. Es ist zwar etwas Schmeichelhaftes daran, wenn

Patientinnen mir schreiben oder sagen, dass sie nach der Lektüre meiner Praxiswebsite sicher sind, dass ich der »Richtige« für sie sei (und außerdem der einzige in der Umgebung, in dessen Praxis jemand ans Telefon gehe). Aber es setzt auch unter Druck und schnürt das symbolische Korsett wieder etwas enger zu. Stellen Sie es sich – überspitzt – ein bisschen so vor wie die Schlussszene von »Das Parfum« von Patrick Süskind, in der der Protagonist letztlich von einer Horde leidender Menschen, die von seiner Engelhaftigkeit angezogen werden, aufgefressen wird.

Das Unterhaltsame und das Erfüllende

Wie vorhin schon angedeutet, bietet der psychotherapeutische Beruf nicht nur eine Reihe großer Privilegien, sondern er ist, so meine Erfahrung, in seinem Kern (also jenseits des ganzen lästigen Drumherums) auch zutiefst sinnstiftend und erfüllend. Es ist, so meine Sicht, mit keinem Geld der Welt aufzuwiegen, was es einem für eine Erfüllung und Zufriedenheit verschafft, Menschen real helfen zu können und sie dabei zu begleiten, wie sie ihr Leben in oft fundamentaler Weise verändern, Zugang zu ihren Bedürfnissen finden, über sich hinauswachsen, nicht selten lange aufgeschobene Probleme lösen – und auf diesem Weg aus einer Depression herausfinden, lange bestehende Ängste überwinden oder beginnen, sich und ihren Körper zu akzeptieren. Von den Patientinnen, die mit der passenden Haltung eine Psychotherapie beginnen und die Chance, die diese ihnen zur Arbeit an sich selbst bietet, richtig nutzen, erfahre ich häufig eine Dankbarkeit, die in ihrer Tiefe und ihrem Umfang ihresgleichen sucht und mich regelmäßig zutiefst berührt (zum Glück bin ich Verhaltenstherapeut und darf somit diese Gefühle zulassen). Neben persönlichen, meist selbst gebastelten Dankeschön-Geschenken oder überraschenden Blumenstrauß-Lieferungen zum Abschluss der Therapie freue ich mich hierbei auch immer ganz besonders, wenn ehemalige Patientinnen auch noch nach Jahren eine E-Mail oder Weihnachtskarte schicken und erzählen, dass es ihnen immer noch gut geht und dass sie immer noch häufig positiv an die Therapie zurückdenken. Eine Patientin wollte vor einiger Zeit sogar nur deswegen noch einmal vorbeikommen, um mir begeistert davon zu erzählen, was sie seit unseren nicht einmal 10 Sitzungen vor einigen Jahren alles an ihrem Leben verändert hat und wie viel diese paar Sitzungen sie weitergebracht haben. Hier versteckt sich meiner Meinung nach ein weiterer Vorteil des psychotherapeutischen gegenüber dem ärztlichen Beruf. Ich kenne kaum Ärztinnen, die diesen Aspekt auf die Frage nennen, was sie an ihrer Tätigkeit erfüllend finden. Hinzu kommt außerdem der Umstand, dass auch ich als

Psychotherapeut jede Menge von den Menschen *lerne*, die meine Hilfe in Anspruch nehmen – sowohl durch die Einblicke, die ich in unterschiedlichste Lebensentwürfe und Berufe erhalte, als auch durch Inspirationen für Problemlösungen, auf die keine Psychotherapeutin je zuvor gekommen ist und die in keinem Manual zu finden sind. Hier ist deswegen meiner Ansicht nach durchaus eine gewisse Demut gegenüber unseren Patientinnen angebracht.

Neben dem erfüllenden Charakter gibt es in einer Psychotherapie, wenn man sich traut, ernste Dinge nicht noch ernster zu nehmen, als sie ohnehin schon sind, übrigens auch sehr viel Unterhaltsames, was ich als einen Segen bezeichnen würde, weil es dem Prozess oft an den entscheidenden Stellen die schmerzende Schwere nehmen kann. Damit meine ich nicht nur die vielen unglaublichen und bisweilen skurrilen Geschichten, die uns aufgrund der Schweigepflicht anvertraut werden und mit denen, ohne dass ich dies in irgendeiner Form abwertend meine, jede Seifenoper und jedes griechische Drama mithalten kann. Selbstverständlich werden diese in unserem »Ozean voller Geheimnisse« sicher und verantwortungsbewusst aufbewahrt und nicht als Drehbuch an gewisse Privatsender verkauft. Neben diesen von Patientinnen gelieferten Anlässen zum gemeinsamen Schmunzeln kann man eine Therapie aber auch so *gestalten*, dass Lachen und Weinen weitgehend gleich viel vorkommen – vorausgesetzt, man kann die Patientin auf dieser Ebene abholen und ist gewillt sowie in der Lage, sich auch als Psychotherapeutin hier und da selbst nicht ganz so ernst zu nehmen und ein Minimum an Selbstironie an den Tag zu legen. Letzteres halte ich für eine äußerst wichtige Voraussetzung dafür, mit einer Patientin den »Humorweg« zu gehen, denn Humor sollte immer auf Augenhöhe passieren und nicht den Eindruck erwecken, die Therapeutin lache die Patientin aus. Insbesondere bei Patientinnen, deren psychische Problematik eng mit der eigenen Lebensführung verwoben ist und in deren Umfeld Drama und Chaos an der Tagesordnung sind (mit anderen Worten, deren Leben nach dem Drehbuch einer brasilianischen Telenovela verläuft), hilft es meiner Erfahrung nach oft enorm, sich mittels Humor von dem damit einhergehenden emotionalen Leid zu distanzieren – z. B. indem man der Patientin die Aufgabe gibt, ihre momentane Lebenssituation in einem Schlagertext auszudrücken. Genauso kann es Menschen, denen es immer wieder nicht gelingt, sich abzugrenzen, und die sich im Anschluss daran selbst niedermachen, helfen, wenn sie sich die ewig nagende Frage »Warum hast du nicht Nein gesagt?« einfach im Kopf von Roland Kaiser und Maite Kelly vorsingen lassen – um nur ein alltagsnahes Beispiel für diese Methode zu nennen.

So, damit hätten wir den Umstand erreicht, dass ein Buch über Psychotherapie mit einem Verweis auf einen Schlagertext endet, womit ich das Versprechen der Selbstironie aus dem Vorwort nun wohl vollumfänglich eingelöst habe. Egal ob Sie selbst praktizierende oder angehende Psychotherapeutin, Psychologiestudentin, Angehörige eines anderen Gesundheits- oder verwandten sozialen Berufs sind oder aber aus ganz anderen Gründen, z. B. aufgrund eigener Erfahrungen mit Psychotherapie oder einfach aus regem Interesse am Thema, zu diesem Buch gegriffen haben: Ich hoffe, dass es mir gelungen ist, ein sehr wichtiges Thema für Sie sowohl anschaulich und fundiert als auch verständlich und unterhaltsam aufzuarbeiten. Wenn ich mit diesem Buch auch nur ein wenig dazu beitragen konnte, dass Sie und möglichst viele andere Menschen nach dem Blick in die Blackbox nun besser über all die Irrtümer und Missstände rund um die Psychotherapie Bescheid wissen und zur Genüge informiert sind, um entweder (bei Bedarf) aufgeklärt und mündig eine solche in Anspruch zu nehmen bzw. jemand anderem dies zu empfehlen oder aber selbst diesen beruflichen Weg einzuschlagen, so würde ich mein Ziel, das ich mit diesem Buch verfolgt habe, als erreicht und die Mühe, die in dieses geflossen ist, als gut investiert ansehen.

In besonderem Maße würde mich, egal zu welcher Zielgruppe des Buches Sie gehören, überdies freuen, wenn Sie einen an mehreren Stellen erwähnten Umstand nie außer Acht lassen würden, der mir aufgrund der wachsenden Tendenz in unserer Gesellschaft, immer schneller und radikaler zu urteilen, sehr am Herzen liegt. Bitte bedenken Sie *immer*, dass sowohl diejenigen, die Psychotherapie in Anspruch nehmen, als auch jene, die sie durchführen, jenseits ihrer jeweiligen Rolle jederzeit und zuallererst eines sind: *Menschen*.

Literatur

Borchers, H. (2023). Bosheit oder Unwissenheit?. *KVSH-Nordlicht AKTUELL, 25*(8), 31–32.
Bühring, P. (2023). Gebührenordnung für Psychotherapeuten. Der Druck wächst. *Deutsches Ärzteblatt für Psychologische Psychotherapeuten und Kinder- und Jugendlichenpsychotherapeuten, 22*(5), 193.
Focus Online. (2022, 11. Mai). *Gehören Sie zu den oberen 10 Prozent? Rechner zeigt Ihnen, wie gut Ihr Gehalt ist.* https://amp.focus.de/finanzen/karriere/mit-3700-euro-netto-gehoeren-sie-in-deutschland-zu-den-reichsten-zehn-prozent_id_31962669.html
Gesundheitsberichterstattung des Bundes (o. D.). *Ärztinnen und Ärzte, die mit einer Schwerpunktbezeichnung bzw. einer bestimmten Facharztbezeichnung an der vertragsärztlichen Versorgung teilnehmen (Anzahl). Gliederungsmerkmale: Jahre, Region, Geschlecht, Teilnahmestatus, Schwerpunktbezeichnung.* https://www.gbe-bund.de/gbe/!pkg_olap_tables.prc_set_orientation?p_uid=gast&p_aid=90907844&p_sprache=D&p_help=2&p_indnr=118&p_ansnr=12435597&p_version=3&D.000=1&D.001=3&D.003=1&D.931=3&D.336=2

KBV. (2023, 29. Juni). *PRAXISNACHRICHTEN. BMG legt neue TI-Pauschale für Praxen fest.* https://www.kbv.de/html/1150_64198.php

Stiftung Gesundheit. (2023). *Wirtschaftliche Stimmung: Aufwärtstrend ist gestoppt. Stimmungsbarometer Q2/2023: 72 Prozent der Ärzt:innen kritisieren Vorgaben von Politik und Selbstverwaltung.* https://www.stiftung-gesundheit.de/studien/stimmungsbarometer/q2-2023-aerzte/

Süskind, P. (1994). *Das Parfum: Die Geschichte eines Mörders* (1. Aufl.). Diogenes.

Ullrich, J. (2022). Digitalisierung: Milliardengrab TI. *Deutsches Ärzteblatt, 119*(16), A724. https://www.aerzteblatt.de/archiv/224796/Digitalisierung-Milliardengrab-TI

Van den Heuvel, M. (2023, 7. Juli). Gefälligkeits-AU: Kollegen, lasst die Finger davon!. *Doccheck.* https://www.doccheck.com/de/detail/articles/43641-gefaelligkeits-au-kollegen-lasst-die-finger-davon

Zentralinstitut kassenärztliche Versorgung. (2022). *Zi-Praxis-Panel Jahresbericht 2021. Wirtschaftliche Situation und Rahmenbedingungen in der vertragsärztlichen Versorgung der Jahre 2017 bis 2020.* https://www.zi.de/fileadmin/Downloads/Themen/Praxis-Befragungen/Veroeffentlichungen/Jahresberichte/ZiPP_Jahresbericht_2021.pdf